Jules Michelet (1798-1874) gilt als einer der bedeutendsten Historiker Frankreichs. Seiner neunzehnbändigen *Geschichte Frankreichs*, seiner zehnbändigen *Geschichte der Revolution* liegen unzählige Quellen und Dokumente zugrunde, die er mit großer,
seltener Gabe entstaubt und lebendig zu machen vermag. So
wirkt seine historische Darstellung suggestiv. Zeitlich nahe und
menschlich wohl am nächsten steht Jules Michelet die Geschichte
der Französischen Revolution. Als erster hat er die Darstellung
dieses umwälzenden Ereignisses des neuzeitlichen Europa bewäl-
tigt und noch heute geltende Maßstäbe gelegt. Auch das Buch
über *Die Frauen der Revolution* ist weit mehr als kühle Historie:
Es ist eine Hommage an die Frauen, von denen in jenen Jahren
des Schreckens unmenschliche Opfer gefordert wurden. Michelet
geht in seiner Darstellung vom Einfluß der Frauen im 18. Jahrhundert aus, portraitiert führende weibliche Figuren der Zeit,
von Madame der Staël bis zu Dantons zweiter Frau. Stellvertre-
tend für die unzähligen heimlichen Opfer, die die Frauen jener
Zeit erbrachten, stellt er das Schicksal einiger berühmter und
einiger unbekannter Frauen dar.

insel taschenbuch 726
Michelet
Die Frauen der Revolution

JULES MICHELET
DIE FRAUEN
DER REVOLUTION

HERAUSGEGEBEN UND ÜBERSETZT
VON GISELA ETZEL

Mit zahlreichen Abbildungen

INSEL VERLAG

insel taschenbuch 726
Erste Auflage 1984
Vertrieb durch den Suhrkamp Taschenbuch Verlag
Mit freundlicher Genehmigung
des Langen-Müller Verlags, München
© Albert Langen, München 1913
Umschlag nach Entwürfen von Willy Fleckhaus
Satz: LibroSatz, Kriftel
Druck: Nomos Verlagsgesellschaft, Baden-Baden
Printed in Germany

1 2 3 4 5 6 – 89 88 87 86 85 84

INHALT

DRITTER TEIL: *Die Führerinnen*

(Fortsetzung)

ERSTER TEIL

DIE ANFÄNGE

ERSTES KAPITEL

Einfluß der Frauen im achtzehnten Jahrhundert.
Mutterschaft

Jedermann ist die außergewöhnliche Fruchtbarkeit der Jahre 1768, 1769 und 1770 aufgefallen, die so reich an Genies waren, die Jahre, die einen Bonaparte, einen Fourier, Saint-Simon, Chateaubriand, de Maistre, einen Walter Scott, Cuvier, Geoffroy Saint-Hilaire, Bichat, Ampère, eine schier unglaubliche Woge an Erfindern und Forschern hervorbrachten.

Ein anderer, zehn Jahre früher liegender Zeitpunkt (um 1760) ist nicht weniger erstaunlich. Es ist die Epoche der heroischen Generation, die mit ihrem Blut die erste Furche der Freiheit düngte, die Epoche, welche mit ihrem fruchtbaren Blut das Vaterland geschaffen und begabt hat: die Zeit der späteren Girondisten und Montagnards, der Roland und Robespierre, der Vergniaud und Danton, des Camille Desmoulins, die keusche, heldenhafte und opfermütige Generation, welche die unüberwindlichen Heere der Republik, die Kleber und so viele andere hervorbrachte.

Ist der Reichtum dieser beiden Zeiten, der einzigartige Überfluß an Kräften, die mit einem Male emporquellen, ein Zufall? Wir meinen: es gibt keinen Zufall in dieser Welt.

Nein, die natürliche und ganz einfache Ursache der

Erscheinung ist der Überschuß an Jugendkraft, die damals losbrach.

Das erste Moment (um 1760) ist der Aufstieg Rousseaus, der Beginn seines Einflusses bei der ersten mächtigen Wirkung des »Emilie«[1], die neue Bewegung unter den Müttern, die selbst stillen wollen und sich über die Wiege ihrer Kinder beugen.

Das zweite Moment ist der Triumph der Ideen des Jahrhunderts, nicht nur durch das allgemeine Bekanntwerden Rousseaus, sondern auch durch den vorausgesehenen Sieg seiner Gedanken in den Gesetzen, durch die großen Prozesse Voltaires, durch seine glänzende Verteidigung Sirven's Calas' und La Barres.[2] Die Frauen wurden still und verinnerlichten sich unter diesen mächtigen Erregungen, sie brüteten über dem Heil der Zukunft. Die Kinder aus diesen Jahren tragen alle ein Zeichen an der Stirn.

Machtvolle Geschlechter, hervorgegangen aus dem hohen Gedanken einer gesteigerten Liebe, empfangen von der Flamme der Begeisterung, geboren aus dem allzu kurzen Augenblick der Weihe, in dem die Frau über die Leidenschaft hinaus die Idee ahnte und sie anbetete.

Der Anbeginn war schön. Auf dem Wege zu den neuen Ideen trat ihnen zunächst der Gedanke der Erziehung entgegen, die Hoffnungen, das Verlangen nach Mutterschaft, alle Fragen, die das Kind von seiner Geburt an in einem Frauenherzen, was sage ich: in jedem Mädchenherzen lange vor dem Kinde erregt: »Möge dies Kind glücklich werden! Möge es gut und groß werden! Möge es frei werden! – Heilige Freiheit des Altertums, die du Helden schufst, wird mein Sohn in deinem Schatten leben . . .?« So dachten die Frauen, und darum sah man sie auf den Plätzen und in den Gärten, wo das Kind unter den Augen der Mutter oder der Schwester spielt, träumen und lesen. Wie heißt das Buch, welches das junge Mädchen, als du zu ihm tratest, so schnell in seinem Busen verbarg? Irgendein Roman? Die Héloise? Nein, sondern die »Lebensbilder« Plutarchs oder der »Gesellschaftsvertrag«.

Die Macht der Salons, der Reiz der Konversation spielten damals, was man auch dagegen gesagt hat, nur die zweite Rolle im Einfluß der Frauen. Das waren ihre Mittel im Zeitalter Ludwigs XIV. gewesen. Was sie vielmehr im achtzehnten Jahrhundert besaßen, was sie unüberwindlich machte, das war die enthusiastische Liebe, die einsame Schwärmerei für die großen Ideen und der Wille, *Mutter zu sein* in der umfänglichen Bedeutung und dem Ernst dieses Wortes.

Die geistreichelnden Fraubasereien der Frau Geoffrin, die beredten Monologe der Frau von Staël, der Reiz der société d'Auteuil, der Madame Helvétius oder der Madame Récamier würden die Welt nicht geändert haben, noch weniger die vielschreibenden Frauen, die unermüdliche Feder der Frau von Genlis.

Ein Umstand änderte seit der Mitte des Jahrhunderts die ganze Lage: beim ersten Leuchten der Morgenröte eines neuen Glaubens trafen sich im Herzen der Frauen, im Busen der Mütter zwei Strahlen: *Menschenliebe und Mutterschaft*.

Und aus diesen beiden Strahlen – verwundern wir uns nicht darüber! – ging eine brennende Woge von Liebe und fruchtbarer Leidenschaft hervor: eine übermenschliche Mutterliebe.

ZWEITES KAPITEL

Heldenmut aus Mitleid. Eine Frau
zerstört die Bastille

Das erste Auftreten der Frauen auf der Bahn des Heldenmutes (außerhalb des Kreises der Familie) wurde – dessen mußte man gewärtig sein – durch eine Regung glühenden Mitleids veranlaßt.

Dergleichen geschah zu allen Zeiten; aber was dem großen Jahrhundert der Humanität eigen ist, das Neue und Unvergleichliche daran, das ist die erstaunliche Zähigkeit bei einem unendlich gefährlichen, schwierigen und unwahrscheinlichen Werk, eine unerschrockene Menschlichkeit, die der Gefahr trotzte, jedes Hindernis überwand und selbst die Zeit bändigte.

Und all das für ein Wesen, das zu andern Zeiten vielleicht niemanden interessiert hätte, für das nichts weiter sprach, als daß es Mensch und sehr unglücklich war!

Keine Sage ist tragischer als die vom Gefangenen Latude; keine erhebender als die von seiner Befreierin, Madame Legros.

Ich werde weder die Geschichte der Bastille noch die so bekannte Latudes erzählen. Es genügt die Bemerkung, daß, während alle Gefängnisse erträglicher wurden, die Bastille immer unerträglicher geworden war. In jedem Jahre steigerte man die Härten, man mauerte die Fenster zu und erhöhte sie, man machte noch mehr Gitter.

Es fügte sich, daß die alte schwachköpfige Tyrannei in diesem Latude ihren leibhaftigen Ankläger eingekerkert hatte, einen feurigen, schrecklichen Menschen, den nichts zähmen konnte, dessen Stimme die Mauern erschütterte, dessen Geist und Kühnheit unüberwindlich waren. Er besaß einen eisenstarken, unverwüstlichen Körper, an dem alle Gefängnisse zuschanden wurden, die Bastille, Vincennes, Charenton, zuletzt die Schrecken von Bicêtre, in denen jeder andere umgekommen wäre.

Was diese seine Anklage schwer und drückend macht und keine Berufung zuläßt, das ist der Umstand, daß dieser Mann, der zweimal entwichen war, sich zweimal aufs Geratewohl selbst auslieferte. Einmal schrieb er von seinem Zufluchtsort an Frau von Pompadour, und sie läßt ihn wieder greifen. Das zweitemal geht er nach Versailles und will den König sprechen, kommt in sein Vorzimmer – und sie läßt ihn wieder greifen! Wie? So ist nicht einmal das Gemach des Königs ein geweihter Ort!

Es ist unglücklicherweise meine Pflicht, zu sagen, daß es in dieser weichlichen, schwachen, morschen Gesellschaft viele Philanthropen, Minister, Beamte, Grandseigneurs gab, die über das Ereignis weinten; niemand tat etwas. Malesherbes weinte, Lamoignon, Rohan, alle weinten heiße Tränen.

Er saß auf seiner Strohschütte in Bicêtre, buchstäblich von Flöhen aufgefressen, in einem unterirdischen Verließ, oft vor Hunger heulend. Er hatte noch einmal mit Hilfe eines betrunkenen Aufsehers ein Gesuch an irgendeinen Philanthropen gerichtet. Dieser verliert es glücklicherweise, eine Frau hebt es auf. Sie liest es, schaudert, *sie* weint nicht, aber sie handelt augenblicklich.

Frau Legros war eine arme kleine Kurzwarenhändlerin, die von ihrer Hände Arbeit lebte und in ihrem Laden nähte; ihr Gatte war Privatlehrer und gab Nachhilfestunden im Lateinischen. Sie ließ sich furchtlos in diese gräßliche Sache ein. Sie sah mit ihrem gesunden Menschenverstand, was die anderen nicht sahen oder wohl nicht sehen wollten; daß der Unglückliche nicht verrückt war, sondern das Opfer einer abscheulichen Zwangslage der Regierung, dazu bestimmt, die Ruchlosigkeit ihrer früheren

Verfehlungen zu verbergen und fortzusetzen. Das sah sie und ließ sich nicht entmutigen oder erschrecken. Kein Heldenmut ist vollkommener: sie hatte die Kühnheit zu handeln, die Kraft zu beharren, den Starrsinn, sich täglich und stündlich zu opfern, den Mut, Drohungen zu verachten, zudem den Scharfsinn und alle heiligen Listen, mit denen man die falschen Beschuldigungen der Tyrannen abwendet und vereitelt.

Drei Jahre nacheinander verfolgte sie ihr Ziel mit einer im guten unerhörten Hartnäckigkeit und setzte, Recht und Gerechtigkeit zu erlangen, jene sonderbare Verbissenheit des Jägers oder des Spielers daran, die wir sonst nur an unsere schlimmen Leidenschaften zu setzen pflegen.

Trotz allen Unglücks auf dem Leidenswege läßt sie nicht locker. Ihr Vater stirbt, ihre Mutter stirbt; sie verliert ihren kleinen Handel, sie wird von ihren Verwandten getadelt und häßlich verdächtigt. Man fragt sie, ob sie die Liebste des Gefangenen sei, für den sie sich so sehr interessiere. Die Liebste dieses Schattens, dieses von Krätze und Ungeziefer verzehrten Kadavers!

Und dann der Versuchungen schwerste, der Gipfel, die äußerste Spitze des Kalvarienberges: die Klagen, die Ungerechtigkeiten, das Mißtrauen desjenigen, für den sie sich verbraucht und opfert!

Ein hohes Schauspiel: diese arme, schlecht gekleidete Frau, wie sie von Tür zu Tür geht und mit den Bedienten schöntut, um die Häuser betreten zu können, ihre Sache vor den Großen zu führen und sie um Unterstützung zu bitten.

Die Polizei knirscht, entrüstet sich. Frau Legros kann in jedem Augenblick verhaftet, eingekerkert werden, für immer verloren sein. Jedermann warnt sie davor. Der Polizeileutnant läßt sie kommen, droht ihr. Sie bleibt standhaft, fest; schließlich macht sie *ihn* zittern.

LUDWIG XVI.

Glücklicherweise verschafft man ihr die Unterstützung der Madame Duchesne, Kammerfrau der Prinzessinnen. Sie reist nach Versailles, zu Fuß, mitten im Winter; sie war im siebenten Monat schwanger. Die Beschützerin ist abwesend; sie eilt ihr nach, verstaucht sich den Fuß und eilt nichtsdestoweniger. Madame Duchesne weint sehr, aber ach! was kann sie tun? Eine Kammerfrau gegen zwei oder drei Minister, das ist ein ungleiches Spiel! Sie hält die Bittschrift in der Hand, ein Abbé vom Hof, der zufällig dasteht, nimmt sie ihr ab und sagt ihr, es handele sich um einen verächtlichen Irren und man solle sich nicht hineinmischen. Ein ähnliches Wort genügt, um Marie Antoinette, der man von ihm erzählt hatte, zu erkälten. Sie hatte Tränen in den Augen. Man machte einen Scherz. Und die Sache war vorbei.

Der beste Mann in Frankreich war der König. Schließlich ging man zu ihm. Der Kardinal Rohan, ein Zotenreißer, aber im übrigen ein wohlwollender Mensch, sprach dreimal mit Ludwig XVI., und dreimal lehnte der ab. Ludwig XVI. war zu gutmütig, um Herrn de Sartines, dem früheren Polizeileutnant, keinen Glauben zu schenken. Er war nicht mehr im Amt, aber das war kein Grund, ihn herabzuwürdigen und seinen Feinden auszuliefern. Von Sartines abgesehen, ist zu sagen, daß Ludwig XVI. die Bastille liebte, er wollte ihr nicht unrecht tun, ihren guten Ruf nicht gefährden.

Der König war sehr human. Er hatte die tiefen Zellen des Châtelet abgeschafft, er hatte Vincennes abgeschafft und la Force errichtet, um die Schuldgefangenen hineinzusetzen und sie von den Dieben zu trennen.

Aber die Bastille! die Bastille! Das war ein alter Diener, den die alte Monarchie nicht ohne weiteres schlecht behandeln konnte. Das war ein Mysterium des Schreckens, das war, wie Tacitus sagt, *instrumentum regni*.

Als der Graf von Artois und die Königin den »Figaro«[3] spielen lassen wollten und dem König das Stück vorlasen, sagte er nur als Einwurf, auf den keine Antwort erwartet wurde: »Dann müßte man also die Bastille abschaffen!«

Als im Juli 1789 die Revolution in Paris ausbrach, erschien der König ganz sorglos, um seinen Entschluß zu fassen. Als man ihm aber sagte, daß der Pariser Gemeinderat die Zerstörung der Bastille befohlen hatte, wirkte das auf ihn wie ein Schlag vor die Brust: »Ah!« sagte er. »Das ist ein starkes Stück!«

Er konnte nicht wohl im Jahre 1781 eine Bittschrift entgegennehmen, welche die Bastille bloßstellte. Er wies die zurück, welche Rohan ihm für Latude vorlegte. Frauen von hohem Rang drangen in ihn. Da machte er sich gewissenhaft an das Studium der Sache und las alle Papiere; es waren aber nur Polizeiakten vorhanden, Schriftstücke von Leuten, die ein Interesse daran hatten, das Opfer bis zum Tode im Gefängnis zu behalten. Er gab den endgültigen Bescheid, daß das ein gefährlicher Mensch sei, dem er *niemals* die Freiheit zurückgeben könne.

Niemals! Jeder andere hätte die Partie verloren gegeben. Nicht so Madame Legros. Sie blieb hartnäckig. Was sich nicht durch den König machen läßt, wird sich trotz des Königs machen lassen. Sie wird von den ewig unzufriedenen und murrenden Condés empfangen, vom jungen Herzog von Orléans, von seiner empfindsamen Gemahlin, der Tochter des guten Penthièvre; sie wird von den Philosophen empfangen, vom Marquis de Condorcet, dem ständigen Sekretär der Akademie der Wissenschaften, von Dupaty, von Villette, dem *quasi* Schwiegersohn Voltaires usw. usw.

Die öffentliche Meinung murrt dumpf; die Flut, die Flut steigt. Necker hatte Sartines verjagt; sein Freund

und Nachfolger Lenoir war seinerseits gestürzt ... Bald wird die Beharrlichkeit den Sieg davontragen! Latude bleibt hartnäckig am Leben, und Madame Legros bleibt hartnäckig dabei, Latude zu befreien.

Der Mann der Königin, Breteuil, kommt im Jahre 1783; er hätte sie am liebsten anbeten lassen. Er erlaubt der Akademie, den Tugendpreis der Madame Legros zu verleihen, sie zu krönen, mit der sonderbaren Bedingung, daß man die Krone nicht begründe.

Dann, 1784, entlockte man Ludwig XVI. die Befreiung Latudes. Und einige Wochen darauf kam der sonderbare und bizarre Befehl, welcher den Intendanten vorschreibt, auf Verlangen der Angehörigen niemanden mehr einzuschließen, es sei denn *aus wohlbegründeter Ursache,* die *Dauer* der geforderten Haft *genau* anzugeben usw.; das bedeutete, daß man die Tiefe des monströsen Abgrundes der Willkür enthüllte, worin man Frankreich gehalten hatte. Das Land wußte schon viel davon, aber die Regierung bekannte noch mehr.

Madame Legros sah die Zerstörung der Bastille nicht mehr. Sie starb kurz vorher. Aber gleichwohl trägt sie den Ruhm, sie zerstört zu haben. Denn sie empfand zuerst die volkstümliche Vorstellung von Haß und Abscheu für das Gefängnis *des gnädigsten Willens,* das so viele Märtyrer des Glaubens und des Gedankens eingeschlossen hatte. Die schwache Hand einer armen, alleinstehenden Frau zerbrach in Wahrheit das stolze Bollwerk, riß die starken Steine, die massiven Eisengitter auseinander und schleifte die Türme.*

---

* Die wunderbaren Briefe Latudes sind noch nicht herausgegeben, mit Ausnahme des Wenigen, das Delort zitiert hat. Sie widerlegen nur allzu sehr die nichtige Polemik von 1787.

DRITTES KAPITEL

Die Liebe und die Liebe zur Idee
(1789–1791)

Das Charakteristische an dieser einzigartigen Zeit ist, daß die Parteidoktrinen zu Religionen werden. Zwei Religionen treten in den Vordergrund, die frömmelnde royalistische Götzenanbetung und der republikanische Idealismus. In der ersten klammert sich die Seele, von Mitleid selbst verwirrt und mit Gewalt auf die Vergangenheit gedrängt, die man ihr streitig macht, an die Idole aus Fleisch und Blut, an die Götter in Menschengestalt, die sie fast vergessen hatte. In der andern erhebt und begeistert sich die Seele an der Verehrung der reinen Idee; sie will keine Idole mehr, keinen andern Gegenstand der Religion als das Ideal, das Vaterland, die Freiheit.

Die Frauen sind weniger als wir durch sophistische und schulmäßige Verbildung verdorben und schreiten in beiden Religionen den Männern weit voran. Es ist ein erhebender und rührender Anblick, wie nicht nur die reinen, untadeligen unter ihnen, sondern sogar die weniger würdigen einem edlen Antrieb zum uneigennützigen Schönen folgen, das Vaterland zur Herzensfreundin nehmen und das ewige Recht zum Liebhaber.

Zwar änderten sich die Sitten nicht, aber die Liebe nahm ihren Flug zu den Höhen des Gedankens. Vaterland, Freiheit, das Glück der Menschheit ergriffen die Herzen der Frauen. Die Tugend der Römerzeit lebt nicht in den Sitten, aber in der Vorstellung, in der Seele, im edlen Begehren. Sie blicken um sich und suchen nach den Helden Plutarchs, auf diese richtet sich ihr Wille, diese wollen sie hervorbringen. Von Rousseau und Mably zu sprechen genügt nicht, um ihnen zu gefallen. Lebhaft und aufrichtig, voll von ernsthaften Ideen, wollen sie, daß die Worte zu Taten werden. Immer haben sie die Stärke geliebt. Sie vergleichen den modernen Mann mit dem Ideal antiker Kraft, das sie im Geiste tragen. Nichts vielleicht hat mehr als dieser Vergleich, als das ungestüme Verlangen der Frauen dazu beigetragen, die Männer zu Taten zu treiben und den reißenden Lauf unserer Revolution zu beschleunigen.

Diese Gesellschaft brannte! Wenn wir unter sie treten, glauben wir den glühenden Atem zu spüren!

Wir haben auch in unseren Tagen außergewöhnliche Taten gesehen, wunderbaren Opfermut, viele Menschen, die ihr Leben hingaben, und dennoch: jedesmal, wenn ich mich aus der Gegenwart zurückziehe und mich wieder zur Vergangenheit, zur Geschichte der Revolution wende, finde ich hier eine viel stärkere Hitze; die Temperatur ist ganz anders. Sollte der Erdball seitdem kälter geworden sein?

Männer aus jener Zeit hatten mir den Unterschied erklärt, doch ich hatte ihn nicht verstanden. Erst im Laufe der Jahre, als ich in die Einzelheiten drang, als ich nicht mehr nur den Mechanismus der Gesetzgebung, sondern die Bewegung der Parteien studierte, und nicht allein die Parteien, sondern die Menschen, die Persönlichkeiten, die Lebensbilder einzelner, habe ich den Sinn des Wortes der Alten gefunden.

Der Unterschied der alten Zeit zur neuen läßt sich in einem Worte zusammenfassen: *man liebte.*

Interesse, Ehrgeiz, die ewigen Leidenschaften des Menschen waren mit im Spiel wie heute, aber der stärkste Anteil fiel der Liebe zu. Der Liebe in jedem Sinne, als Liebe zur Idee, Liebe zur Frau, Liebe zum Vaterland und zur Menschheit. Sie liebten das vergangene und das unvergängliche Schöne: zwei Empfindungen, die sich damals mischten, wie Gold und Bronze im korinthischen Erz verschmolzen sind*.

Die Frauen herrschten damals durch das Gefühl, durch die Leidenschaft und – das muß gesagt werden – auch durch die Überlegenheit ihrer Initiative. Niemals, weder vorher noch nachher, hatten sie soviel Einfluß. Im achtzehnten Jahrhundert, zur Zeit der Enzyklopädisten, herrschte der Geist in der Gesellschaft; später war es die Tat, Taten des Mordes und des Schreckens. Im Jahre 1791 herrschte das Gefühl und folglich die Frau.

Das Herz Frankreichs schlägt stark zu dieser Zeit. Die Erregung war seit Rousseau gewachsen. Sentimental war sie zuerst, träumerisch, eine Zeit unruhiger Erwartung, wie die Stunde vor einem Sturm, wie in einem jungen Herzen die Liebe unsicher schwankt, ehe der Liebhaber kommt. Dann, im Jahre 1789, ein heftiges Wehen, und alle Herzen pochen. Im Jahre 1790 der Bund, die Verbrüderung, die Tränen, 1791 der Wendepunkt, die Debatte, der leidenschaftliche Wortstreit. – Aber überall sind die Frauen dabei, überall die persönliche Leidenschaft in der öffentlichen Leidenschaft; das private und das soziale Drama vermischen und verwickeln sich; die beiden Fäden verweben sich ineinander; leider werden sie später sehr oft gleichzeitig durchschnitten.

Eine Legende aus England läuft um, die unseren Französinnen ein großes Beispiel zur Nacheiferung gab. Mistreß Macaulay, die große Geschichtsschreiberin der Stuarts, hatte den alten Minister Williams so sehr für

---

* In dem Maße, wie man ernsthafter in die Erforschung der Geschichte dieser Zeiten eintritt, wird man den oft geheimen, immer aber ungeheuern Anteil entdecken, den das Herz in den Entscheidungen der Leute von damals gehabt hat, wie auch im übrigen ihr Charakter sein mochte. Keiner von ihnen macht eine Ausnahme, von Necker bis Robespierre. Diese »vernünftige« Generation beruft sich immer auf die Ideen, aber die Affekte beherrschen sie mit eben so großer Macht.

ihren Geist und ihre Tugend begeistert, daß er ihre Marmorstatue sogar in einer Kirche als Göttin der Freiheit geweiht hatte.

Fast alle schreibenden Frauen träumten damals, die Macaulay Frankreichs zu werden. Die begeisternde Göttin findet sich in jedem Salon. Sie diktieren, korrigieren, ändern die Reden, die am folgenden Tage in den Klubs, in der Nationalversammlung gehalten werden. Sie folgen diesen Reden und hören sie von den Tribünen aus an; sie halten als leidenschaftliche Richter Sitzungen ab und stützen mit ihrer Gegenwart den schwachen oder furchtsamen Redner. Soll er doch aufstehen und sie ansehen! Sieht er nicht das feine Lächeln der Frau von Genlis zwischen ihren verführerischen Töchtern, der Prinzessin und Pamela? Und gehört dies schwarze, lebensprühende Auge nicht der Frau von Staël? Wie sollte da die Beredsamkeit nachlassen? Und wie könnte einem der Mut versagen vor Madame Roland?

VIERTES KAPITEL

Die Frauen des sechsten Oktober 1789

Die Männer waren die Helden des 14. Juli, die Frauen die des 6. Oktober. Die Männer haben die königliche Bastille eingenommen, die Frauen haben das Königtum selbst überwunden, haben es in die Hände von Paris, das heißt der Revolution gebracht.

Die Hungersnot gab den Anlaß. Schauerliche Gerüchte gingen um über den nächsten Krieg, über das Bündnis der Königin und der Prinzen mit den deutschen Fürsten, über die fremden, grünen und roten Uniformen, die man in

Paris sah, über den Mehlverkauf am Corbeil-Platz, der nur noch einmal in je zwei Tagen stattfand, über die Teuerung, die höchstens schlimmer werden konnte, über die Nähe eines rauhen Winters. »Es ist keine Zeit zu verlieren«, sagte man. »Wenn man dem Krieg und dem Hunger zuvorkommen will, muß man den König hierher bringen; anderenfalls werden die ihn hinwegraffen.«

Niemand fühlte alles dies lebhafter als die Frauen. Die Leiden, die aufs äußerste gestiegen waren, hatten Familie und Herd grausam getroffen. Eine Dame schlug Lärm, Sonnabend den 3. abends; als sie sah, daß man ihrem Gatten nicht genügend Gehör schenkte, lief sie ins Café de Foy, klagte dort über die landfremden Soldaten und machte auf die öffentliche Gefahr aufmerksam. Am Montag ergriff ein junges Mädchen in den Hallen eine Trommel, schlug den Generalmarsch und riß alle Frauen des Viertels mit sich fort.

Solche Dinge sieht man nur in Frankreich; unsere Frauen bringen Helden hervor und sind es selbst. Das Land der Jeanne d'Arc, der Jeanne de Montfort, der Jeanne Hachette kann hundert Heldinnen sein eigen nennen. Eine war beim Sturm auf die Bastille, später ging sie in den Krieg und wurde Artilleriehauptmann; ihr Gatte war Soldat. Am 18. Juli, als der König nach Paris kam, waren viele Frauen bewaffnet. Die Frauen standen im ersten Treffen unserer Revolution. Man darf sich nicht darüber wundern: sie trugen die größeren Leiden.

Das große Unglück ist grausam; es trifft die Schwachen stärker, es mißhandelt die Kinder und die Weiber viel mehr als die Männer. Die gehen weg, kommen wieder, suchen mutig, werden erfinderisch und finden schließlich, wenigstens für die Not des Tages. Die Frauen, die armen Frauen, leben meistens abgeschlossen, sie sitzen zu Hause, stricken und nähen; sie sind völlig außerstande, wenn es an allem mangelt, ihren Lebensunterhalt zu suchen. Es ist jammervoll, wenn man bedenkt, daß die Frau, das abhängige Wesen, das nur zu zweien leben kann, viel öfter allein steht als der Mann. Er findet überall Gesellschaft und knüpft neue Beziehungen an. Sie ist ohne Familie nichts. Und die Familie überbürdet sie, jede Last ruht auf ihr. Sie bleibt in der kalten, ausgeräumten Wohnung, bei ihren weinenden oder kranken und sterbenden Kindern, die nicht mehr weinen. Ein wenig beachteter Fall, der schneidendste Schmerz vielleicht für ein Mutterherz, ist die Ungerechtigkeit des Kindes. Gewohnt, in der Mutter die allgemeine Vorsehung zu erblicken, die für alles Sorge trägt, klammert es sich an sie, hart, grausam, bei allem, was ihm fehlt; schreit, gerät außer sich und fügt dem Schmerz einen noch drückenderen Schmerz hinzu.

So ist die Mutter. Rechnen wir ebenso viele alleinstehende Mädchen hinzu, traurige Geschöpfe ohne Familie, ohne Unterstützung, die, entweder zu häßlich oder zu tugendhaft, weder Freund noch Liebhaber besitzen und keine der Freuden des Lebens kennen. Wenn ihr kleines Handwerk sie nicht mehr ernähren kann, so wissen sie keinen Ersatz zu schaffen; sie ziehen auf eine Bodenkammer und warten ab; bisweilen findet man sie tot, eine Nachbarin bemerkt es zufällig.

Diesen Unglücklichen fehlt selbst die Kraft, sich zu beklagen, ihre Lage zu offenbaren, sich gegen das Schicksal zu wehren. Die, welche handeln und sich regen in Zeiten großer Not, das sind die Starken, die vom Elend weniger erschöpft, die eher arm als bedürftig sind. In den meisten Fällen sind die Furchtlosen, die sich dann vordrängen, Frauen mit großem Herzen, die wenig für sich selbst, viel für andere leiden; das träge, passive Mitleid der Männer, das gelassener bleibt bei den Übeln anderer, ist bei den Frauen ein sehr aktives, heftiges Empfinden, das

MARIE ANTOINETTE

bisweilen heroisch wird und sie gebieterisch zu den kühnsten Taten treibt.

Am 5. Oktober gab es eine Menge unglücklicher Geschöpfe, die seit dreißig Stunden nicht gegessen hatten. Dieses jammervolle Schauspiel brach die Herzen, doch niemand tat etwas dagegen; jeder schloß sich ein und beweinte die Härte der Zeiten. Sonntag, den 4., abends läuft eine mutige Frau, die das nicht länger mit ansehen konnte, vom Quartier Saint-Denis zum königlichen Schloß, sie bricht sich Bahn in der lärmenden, schwatzenden Menge und verschafft sich Gehör; sie war eine gut angezogene Frau von sechsunddreißig Jahren, ehrbar, aber stark und mutig. Sie will, man soll nach Versailles gehen, sie wird an der Spitze marschieren. Man macht Witze, sie schlägt einem der Witzbolde eine Ohrfeige. Am folgenden Tage ist sie unter den ersten, den Säbel in der Hand; sie raubt ein Stadtgeschütz, setzt sich auf das Pferd davor und führt es mit angezündeter Lunte nach Versailles.

Unter den untergegangenen Handwerken, die mit dem alten Regime zu verschwinden schienen, befand sich die Holzschnitzerei. Man arbeitete viel auf diesem Gebiet für Kirchen und für Wohnungen. Viele Frauen schnitzten. Eine von ihnen, Madeleine Chabry, die kein Geschäft mehr machte, hatte sich als Blumenhändlerin im Schloßviertel niedergelassen unter dem Namen Louison; sie war siebzehn Jahre alt, hübsch und witzig. Man kann kühnlich wetten, daß nicht der Hunger sie nach Versailles führte. Sie folgte der allgemeinen Begeisterung, ihrem guten Herzen und ihrem Mut. Die Frauen setzten sie an die Spitze und machten sie zu ihrer Wortführerin.

Es gab noch sehr viele andere, die keineswegs der Hunger trieb. Da waren Händlerinnen, Hausmeisterinnen, öffentliche Dirnen, mitleidig und barmherzig, wie sie es oft sind. Da war eine bedeutende Anzahl Marktweiber; die waren durchaus königstreu, aber um so eher wünschten sie, den König in Paris zu haben. Sie hatten ihn kurze Zeit vorher bei irgendeiner Gelegenheit besucht und mit großer Offenherzigkeit, mit einer lächerlichen, aber rührenden Vertrautheit, die einen deutlichen Begriff von der Lage gab, zu ihm geredet: »Armer Mann!« sagten sie, indem sie den König anblickten. »Lieber Mann! Guter Papa!« Und in ernsterem Tone zur Königin: »Madame, Madame, öffnen Sie Ihr Innerstes! Seien wir offen! Verbergen wir nichts, sagen wir freimütig alles, was wir zu sagen haben!«

Diese Marktweiber gehören nicht zu denen, die sehr unter der Not leiden; ihr Handel mit den zum Leben notwendigen Dingen ist weniger dem Zufall ausgesetzt. Aber sie sehen das Elend besser als irgend jemand und können es nachfühlen; da sie immer auf einem Platze leben, so entwischen sie nicht wie wir dem Anblick der Leiden. Niemand ist teilnehmender, niemand den Unglücklichen wohlgesinnter. Unter groben Formen, unter rohen und heftigen Worten bergen sie oft ein königliches, unendlich gütiges Herz. Wir haben es erlebt, wie unsere Pikarden, die Marktweiber von Amiens, arme Gemüseverkäuferinnen, den Vater von vier Kindern, den man köpfen wollte, retteten; es war bei der Krönung Karls X., sie ließen ihren Handel und ihre Familie im Stich und gingen nach Reims, sie brachten den König zum Weinen und entrissen ihm die Begnadigung; bei der Rückkehr veranstalteten sie unter sich eine reichliche Sammlung und schickten den Vater, die Frau und die Kinder, gerettet und mit Wohltaten überhäuft, heim.

Am 5. Oktober, um sieben Uhr, hörten sie die Pauke schlagen und widerstanden nicht. Ein junges Mädchen hatte eine Wachttrommel genommen und schlug den Generalmarsch. Das war montags; die Hallen wurden verlassen, alle zogen ab: »Wir wollen ›den Bäcker und die Bäckerin‹ zurückbringen«, sagten sie, »und wir werden das Vergnügen haben, unser Mütterchen Mirabeau zu hören.«

»Die Hallen sind auf dem Marsch«, und aus einer anderen Richtung rückt der Faubourg Saint-Antoine an. Unterwegs schleppten die Weiber alle Frauen mit sich, denen sie irgend begegneten, und drohten allen denen, die nicht mitziehen wollten, ihnen die Haare abzuschneiden. Zuerst zogen sie zum Rathausplatz. Man hatte einen Bäcker dahingebracht, der auf ein Brot von zwei Pfund sieben Unzen zu wenig gab. Sein Ladenschild wurde ihm entfernt. Obgleich der Mann nach eigenem Geständnis schuldig war, ließ ihn die Bürgerwehr entwischen. Sie präsentierte das Gewehr vor den vier- oder fünfhundert Frauen, die schon versammelt waren. Auf der anderen Seite im Hintergrund des Platzes stand die Kavallerie der Bürgerwehr. Die Frauen gerieten nicht aus der Fassung. Sie bewarfen Kavallerie und Infanterie mit Steinen; diese konnten sich nicht entschließen, auf sie zu schießen. Sie stürmten das Rathaus und drangen in alle Bureaus. Viele waren recht gut angezogen, sie hatten ein weißes Kleid angelegt für den großen Tag. Sie fragten neugierig, wozu jeder Saal diene, und baten die Distriktsvorsteher, diejenigen gut zu empfangen, die sie mit Gewalt herbeigeschleppt hatten, von denen mehrere schwanger und vielleicht krank vor Furcht waren. Andere Frauen, halb verhungert, brüllten wild nach Brot und Waffen. Die Männer waren Feiglinge, man wollte ihnen zeigen, was Mut war. Alle Leute im Rathaus waren leicht zu überrumpeln, es galt ihre Schriftstücke, ihre Scharteken zu verbrennen. Und sie machten sich daran, wollten vielleicht das Gebäude selbst anzünden. Ein Mann hielt sie auf, ein Mann von hoher Gestalt, im schwarzen Rock und mit ernstem Gesicht, das noch trauriger war als sein Rock. Sie wollten ihn zuerst töten, im Glauben, er sei ein Beamter, und nannten ihn einen Verräter. Er antwortete, er sei kein Verräter, aber Türhüter seines Zeichens, einer der Sieger bei der Bastille. Es war Stanislas Maillard.

Seit dem frühen Morgen hatte er sich im Faubourg Saint-Antoine nützlich betätigt. Die Freiwilligen der Bastille standen unter Hullins Befehl bewaffnet auf dem Platz; die Arbeiter, die die Befestigung zerstörten, glaubten, daß man sie gegen sie schicke. Maillard warf sich dazwischen und verhütete den Zusammenstoß. Beim Rathaus hatte er das Glück, den Brand verhindern zu können. Die Frauen versprachen sogar, keine Männer hereinzulassen; sie hatten bewaffnete Wachen vor den Haupteingang gestellt. Um elf Uhr griffen die Männer den Nebeneingang an, der auf die Arkaden von St. Jean hinausging. Mit Brechstangen, Hämmern, Hacken und Piken bewaffnet, dringen sie auf das Tor ein und stürmen die Waffenmagazine. Unter ihnen befand sich ein Gardist, der am Morgen die Sturmglocke hatte läuten wollen und den man auf der Stelle verhaftet hatte; er war, sagte er, wie durch ein Wunder entwischt; die Gemäßigten, ebenso wütend wie die anderen, hätten ihn aufgehangen, wären die Frauen nicht gewesen; sein Hals war entblößt, die Schnur hatten sie davon entfernt. Aus Rache ergriff man einen Beamten, um ihn aufzuhängen; es war der brave Lefebvre, der am 14. Juli Pulver verteilt hatte; Frauen, oder als Frauen verkleidete Männer, hingen ihn tatsächlich am kleinen Glockenturm auf; eine oder einer von ihnen schnitt die Schnur ab; er fiel, lediglich betäubt, in einen Saal fünfundzwanzig Fuß tief hinab.

Weder Bailly noch Lafayette waren gekommen. Maillard suchte den stellvertretenden Generalstabschef und sagte zu ihm, daß es nur ein Mittel gäbe, der Sache ein Ende zu machen: er, Maillard, müßte die Frauen nach

Versailles führen. Durch diesen Ausflug würde man Zeit gewinnen, Hilfskräfte zu sammeln. Er geht hinunter, schlägt die Trommel und verschafft sich Gehör. Das düster kalte Gesicht des großen schwarzen Mannes machte guten Eindruck auf der Grève; er schien ein kluger Mann und ganz geeignet, die Sache gut durchzuführen. Die Frauen, die bereits mit den Stadtgeschützen abziehen, rufen ihn zum Hauptmann aus. Er setzt sich an die Spitze mit acht oder zehn Trommlern; sieben- oder achttausend Frauen folgen, einige hundert bewaffnete Männer und schließlich als Nachhut eine Kompagnie Freiwilliger von der Bastille.

Als sie bei den Tuilerien anlangten, wollte Maillard dem Kai folgen, die Frauen dagegen wollten im Triumph unter der Turmuhr her durch den Palast und den Garten ziehen. Maillard wahrte die Form und riet ihnen, wohl zu beachten, daß es das Haus des Königs und der Garten des Königs sei; ohne Erlaubnis hindurchzugehen hieße den König beleidigen. Er näherte sich höflich dem Schweizer und sagte ihm, daß die Damen lediglich passieren wollten, ohne den geringsten Schaden anzurichten. Der Schweizer zog den Degen und stürzte auf Maillard los, der den seinen zog. Im richtigen Augenblick schlägt eine Hausmeisterin mit einem Stock zu, der Schweizer fällt, ein Mann setzt ihm das Bajonett auf die Brust. Maillard nimmt ihn fest, entwaffnet kaltblütig die beiden Männer und nimmt die Degen und das Bajonett an sich.

Der Morgen rückte vor, der Hunger wurde größer. In Chaillot, in Auteuil, in Sèvres war es sehr schwer, die armen Ausgehungerten am Diebstahl von Lebensmitteln zu hindern. Maillard duldete ihn nicht. In Sèvres war die Schar völlig erschöpft; es gab sogar nicht einmal etwas zu kaufen; alle Häuser waren geschlossen mit Ausnahme eines einzigen, das einem Kranken gehörte, der daheim geblieben war; Maillard ließ sich einige Krüge Wein von ihm geben gegen Bezahlung. Dann wählte er sieben Leute aus und gab ihnen den Auftrag, die Bäcker von Sèvres mit ihrem gesamten Vorrat herbeizubringen. Im ganzen waren acht Brote vorhanden, zweiunddreißig Pfund für achttausend Menschen! Man verteilte sie und schleppte sich weiter. Die Müdigkeit bestimmte die meisten Frauen, ihre Waffen wegzuwerfen. Maillard ließ sie übrigens wissen, daß, wenn man den König und die Nationalversammlung aufsuchen wolle, um sie zu rühren und wohlwollend zu stimmen, man nicht in dieser kriegerischen Aufmachung ankommen dürfe. Die Geschütze wurden an das Ende des Zuges gebracht und irgendwie versteckt. Der kluge Türhüter wollte eine »stille Vorführung«, um im Gerichtsstil zu sprechen. Beim Einzug in Versailles gab er, um die friedliche Absicht recht deutlich zu offenbaren, den Frauen ein Zeichen, das Lied von Heinrich IV. zu singen.

Die Leute von Versailles waren entzückt und riefen: »Unsere Pariserinnen sollen leben!« Die fremden Zuschauer sahen diese Menge, die den König um Hilfe bitten wollte, als völlig harmlos an. Ein der Revolution sehr wenig wohlgesinnter Mann, der Genfer Dumont, der im Palast der Petites Ecuries dinierte und vom Fenster aus zusah, sagte später selbst: »Dies ganze Volk verlangte nur Brot.«

Die Versammlung war an diesem Tage sehr stürmisch gewesen. Der König wollte weder die »Erklärung der Rechte« noch die Beschlüsse vom 4. August unterzeichnen, sondern antwortete, daß man über die Grundgesetze nur in ihrer Gesamtheit entscheiden könne, daß er nichtsdestoweniger seine Zustimmung gäbe im Hinblick auf die beunruhigenden Umstände und unter der ausdrücklichen Bedingung, daß die ausführende Gewalt ihre ganze Macht zurückbekäme.

»Wenn Sie den Brief des Königs annehmen«, sagt Robespierre, »so gibt es keine Verfassung mehr noch irgendein Recht darauf.« Duport, Grégoire und andere Abgeordnete sprechen im gleichen Sinne. Pétion erinnert an die Ausschreitung der Leibwache und klagt sie an. Ein Abgeordneter, der selbst dabei gedient hatte, verlangt, daß man ehrenhalber die Anzeige schriftlich formuliere, und daß die Schuldigen verfolgt würden. »Ich werde die Anklage verfassen und unterzeichnen«, sagt Mirabeau, »wenn die Versammlung erklärt, daß die Person des Königs *allein* unverletzlich ist.« Das hieß, die Königin als die Schuldige bezeichnen. Die ganze Versammlung schreckte davor zurück; der Antrag wurde zurückgezogen; an einem solchen Tage wäre er die Ursache für einen Mord gewesen.

Mirabeau selbst war in einiger Unruhe wegen seiner Winkelzüge. Er näherte sich dem Präsidenten und sagte halblaut zu ihm: »Mounier, Paris ist im Anmarsch gegen uns. Glauben Sie mir oder glauben Sie mir nicht, vierzigtausend Menschen ziehen gegen uns. Stellen Sie sich unwohl, gehen Sie ins Schloß und überbringen Sie die Nachricht; es ist keine Minute zu verlieren.« »Paris ist auf dem Marsche?« sagte Mounier trocken (er hielt Mirabeau für einen der Anstifter der Bewegung); »um so besser! Um so eher werden wir die Republik haben.«

Die Versammlung beschloß, daß man zum König schicken und die klare und glatte Annahme der »Erklärung der Rechte« verlangen sollte. Um drei Uhr teilte Target mit, daß eine große Menschenmenge an den Toren der Straße nach Paris sichtbar wäre.

Jedermann wußte von dem Ereignis. Nur der König wußte es nicht. Er war wie gewöhnlich morgens zur Jagd gegangen und streifte in den Wäldern von Meudon. Man suchte ihn, und während man wartete, schlug man den Generalmarsch; die Leibwachen stiegen auf dem Exerzierplatz zu Pferde und nahmen am Gitter Aufstellung; das flandrische Regiment unterhalb rechts von ihnen, in der Nähe der Straße nach Sceaux; noch weiter unten die Dragoner und hinter dem Gitter die Schweizer.

Inzwischen langte Maillard vor dem Gebäude der Nationalversammlung an. Alle Frauen wollten hinein. Er hatte die größte Mühe, sie zu überreden, nur fünfzehn der ihrigen eintreten zu lassen. Sie stellten sich an die Schranke, an ihrer Spitze der Gardist, von dem oben die Rede war, eine Frau, die oben an einer Stange eine Schellentrommel trug, und in der Mitte der hünenhafte Türhüter, im schwarzen, zerrissenen Rock, den Degen in der Hand. Der Soldat ergriff ungestüm das Wort und verkündete der Versammlung, daß er am Morgen, da niemand mehr Brot bei den Bäckern fand, die Sturmglocke habe läuten wollen, daß man ihn beinahe gehängt habe, daß er seine Rettung den Damen verdankte, die ihn begleiteten. »Wir kommen«, sagte er, »um Brot zu verlangen und die Bestrafung der Leibwachen, die die Kokarde beleidigt haben. Wir sind gute Patrioten, wir haben unterwegs die schwarzen Kokarden abgerissen. Ich habe das Vergnügen, eine davon unter den Augen der Versammlung in Stücke zu reißen.«

Und der andere fügte ernst hinzu: »Jedermann täte gut daran, die Kokarde des Vaterlandes zu nehmen.« Ein Murmeln erhob sich hier und da.

»Und dennoch sind wir alle Brüder!« sagte die düstere Gestalt.

Maillard spielte auf die Erklärung des Pariser Rates vom Abend vorher an; daß, da die dreifarbige Kokarde als Zeichen der Verbrüderung angenommen worden sei, sie die einzige sei, die der Bürger tragen dürfe.

Die ungeduldigen Frauen schrien alle miteinander: »Brot! Brot!« Maillard begann darauf, die schreckliche

Lage von Paris zu schildern und daß die Zufuhren von den andern Städten oder von den Adeligen abgeschnitten seien. »Sie wollen uns Hungers sterben lassen«, sagte er. »Ein Müller hat zweihundert Livres erhalten, damit er nicht mehr mahle, und das Versprechen, man wolle ihm wöchentlich die gleiche Summe geben.« Rufe in der Versammlung: »Namen nennen! Namen nennen!« In der Versammlung selbst hatte Grégoire von diesem Gerücht gesprochen; Mailard hatte es unterwegs erfahren.

»Namen nennen!« Einige Frauen riefen auf gut Glück: »Es ist der Erzbischof von Paris.«

Da gab Robespierre einen bedeutsamen Anstoß. Er allein unterstützte Mailard und sagte, daß der Abbé Grégoire von der Sache gesprochen habe und zweifellos Auskunft geben würde.

Andere Mitglieder der Versammlung vesuchten es mit Schmeicheleien oder Drohungen. Ein geistlicher Abgeordneter, ein Abbé oder Prälat, wollte seine Hand einer der Frauen zum Kuß reichen. Sie wurde wütend und rief: »Ich bin nicht dazu da, einem Hund die Pfote zu küssen!« Ein anderer Abgeordneter, Militär und Ritter des Kreuzes vom Heiligen Ludwig, hörte Mailard sagen, daß die Geistlichkeit den großen Widerstand gegen die Verfassung bedeute, entrüstete sich darüber und sagte, dafür verdiene er auf der Stelle eine schwere Strafe. Mailard antwortete, ohne zu erschrecken, daß er kein Mitglied der Versammlung beschuldige, daß die Geistlichkeit zweifellos von all dem nichts wisse und daß er ihr einen Dienst zu erweisen glaube, wenn er sie davon unterrichte. Zum zweitenmal unterstützte Robespierre Mailard und beruhigte die Frauen. Die Draußenstehenden wurden ungeduldig und fürchteten für ihren Redner; das Gerücht lief unter ihnen, er sei tot. Er ging hinaus und zeigte sich einen Augenblick.

Dann begann Maillard von neuem und bat die Versammlung, die Leibwachen aufzufordern, für die Beleidigung der Kokarde Genugtuung zu leisten. Einige Abgeordnete erklärten diese für unwahr. Maillard beharrte darauf in wenig gemäßigten Ausdrücken. Der Präsident Mounier erinnerte ihn an die der Versammlung schuldige Achtung und fügte ungeschickt hinzu, daß diejenigen, welche Bürger sein wollten, es ganz nach ihrem Belieben sein könnten. Das war Wasser auf die Mühle Maillards; er ergriff die Gelegenheit und erwiderte: »Jedermann muß stolz auf den Namen Bürger sein. Und wenn in dieser erlauchten Versammlung einer säße, der sich dadurch entehrt fühlte, so müßte er ausgeschlossen werden.« Die Versammlung murrte und klatschte Beifall: »Ja, wir sind alle Bürger!«

In diesem Augenblick brachte man von der Leibwache eine dreifarbige Kokarde. Die Frauen riefen: »Es lebe der König! Es lebe die Leibwache!« Maillard, der sich nicht so leicht zufriedengab, beharrte auf der Notwendigkeit, das flandrische Regiment zu entlassen.

Mounier hoffte, sie jetzt verabschieden zu können, und erklärte, daß die Versammlung nicht versäumt habe, für die Verpflegung zu sorgen, und der König ebensowenig; man würde nach neuen Mitteln suchen, und sie könnten in Frieden gehen. Maillard rührte sich nicht von der Stelle und erklärte: »Nein, das genügt nicht.«

Ein Abgeordneter schlug dann vor, dem König die unglückliche Lage von Paris vorzustellen. Die Versammlung beschloß es, und die Frauen klammerten sich eifrig an die Hoffnung, fielen den Abgeordneten um den Hals und umarmten den Präsidenten, wie der sich auch wehrte. »Aber wo ist denn Mirabeau?« riefen sie noch. »Wir möchten gern unseren Grafen Mirabeau sehen!«

Mounier wurde geküßt, umringt, beinahe erstickt und

machte sich betrübt auf den Weg mit der Abordnung und einer Menge Frauen, die ihm hartnäckig folgten. »Wir gingen zu Fuß durch den Straßenkot«, erzählte er, »es goß in Strömen. Wir kamen quer durch eine schlecht gekleidete, lärmende, wunderlich bewaffnete Menge.« Leibwachen bildeten Patrouillen und ritten im Galopp vorbei. Als diese Wachen Mounier und die Abgeordneten mit ihrem sonderbaren Ehrengeleit bemerkten, glaubten sie offenbar, die Häupter des Aufstandes vor sich zu haben, wollten die Masse zerstreuen und ritten querdurch. Die »Unverletzlichen« liefen, was sie konnten, durch den Straßenkot davon. Man stelle sich die Wut des Volkes vor, das sich einbildete, in ihrer Begleitung sicher rücksichtsvoll behandelt zu werden.

Zwei Frauen wurden verwundet und nach der Aussage von Zeugen sogar durch Säbelhiebe.* Inzwischen tat das Volk noch nichts. Von drei bis acht Uhr abends verhielt es sich geduldig und still, nur stieß es hier und da Schreie und höhnische Rufe aus, wenn die verhaßte Uniform der Leibwachen sichtbar wurde. Ein Kind warf Steine.

Man hatte den König gefunden; er war, ohne sich zu beeilen, von Meudon zurückgekehrt. Mounier wurde endlich erkannt und mit zwölf Frauen empfangen. Er sprach zum König von der Not in Paris, zu den Ministern von der Forderung der Versammlung, die eine klare und glatte Annahme der »Erklärung der Rechte« und anderer Artikel der Verfassung erwartete. Der König hörte indessen die Frauen gütig an. Die junge Loison Chabry war beauftragt worden, das Wort zu führen; aber vor dem König wurde ihre Erregung so stark, daß sie kaum das Wort »Brot!« herausbrachte und ohnmächtig zu Boden sank.

---

* Wenn, wie man versichert, der König verbot, tätlich vorzugehen, so kam das Verbot später und zu spät.

MIRABEAU

Der König war sehr gerührt und ließ ihr Hilfe bringen, und als sie ihm beim Fortgehen die Hand küssen wollte, umarmte er sie wie ein Vater.

Sie kam als Royalistin heraus mit dem Rufe: »Es lebe der König!« Die Frauen, die wütend auf dem Platze warteten, flüsterten sich zu, man habe sie bezahlt; es nützte ihr nichts, daß sie ihre Taschen umwandte und zeigte, daß sie kein Geld besaß; die Frauen legten ihr die Strumpfbänder um den Hals, um sie zu erwürgen. Man rettete sie nicht ohne Mühe. Sie mußte ins Schloß zurückgehen und vom König einen schriftlichen Befehl zu erlangen suchen, daß man Getreide kommen ließ, daß man jedes Hindernis der Verproviantierung von Paris beseitigte.

Auf die Bitten des Präsidenten hatte der König ruhig geantwortet: »Kommen Sie gegen neun Uhr wieder.« Mounier war gleichwohl im Schloß geblieben, an der Türe zum Kronratssaal; er beharrte auf einer Antwort und klopfte von Stunde zu Stunde an bis abends um zehn. Aber nichts entschied sich.

Der Minister von Paris, Herr von Saint-Priest, hatte die Nachricht sehr spät erfahren (ein Beweis, wie unvorhergesehen und plötzlich der Ausflug nach Versailles erfolgte). Er schlug vor, die Königin solle nach Rambouillet abreisen, der König solle bleiben, Widerstand leisten und, wenn nötig, kämpfen; die Abreise der Königin allein hätte das Volk beruhigt und den Kampf überflüssig gemacht. Necker wollte, daß der König nach Paris ging und sich dem Volke anvertraute, das heißt, daß er freimütig und aufrichtig wäre und sich der Revolution fügte. Ludwig XVI. faßte keinen Entschluß und vertagte den Kronrat, um die Königin zu befragen.

Sie wollte gern abreisen, aber mit ihm, sie wollte einen so unzuverlässigen Menschen nicht sich selbst überlassen; mit dem Namen des Königs als Waffe konnte sie den

Bürgerkrieg beginnen. Saint-Priest erfuhr gegen sieben Uhr, daß Lafayette, von der Nationalgarde gezwungen, auf Versailles marschiere. »Man muß auf der Stelle abreisen«, meinte er. »Der König an der Spitze der Truppen wird unbehelligt ziehen können.« Aber es war unmöglich, diesen zu einem Entschluß zu bewegen. Er glaubte (sehr mit Unrecht), daß die Versammlung nach seiner Abreise den Herzog von Orléans zum König machen würde. Er verschmähte auch die Flucht, er ging mit großen Schritten hin und her und wiederholte von Zeit zu Zeit: »Ein flüchtiger König! Ein flüchtiger König!« Da die Königin indessen auf der Abreise beharrte, wurden die Wagen befohlen. Doch schon war es zu spät.

Ein Milizsoldat aus Paris, den ein Trupp Weiber gegen seinen Willen zum Anführer gemacht hatte und der, durch den Marsch erhitzt, in Versailles noch ungestümer war als alle anderen, wagte es, um die Leibwache herumzugehen; als er das Gitter geschlossen sah, beschimpfte er die Schildwache, die innerhalb stand, und bedrohte sie mit dem Bajonett. Ein Leutnant der Wache und zwei andere ziehen den Säbel und jagen im Galopp hinter ihm drein. Der Mann nimmt die Beine in die Hand, sucht eine Hütte zu ereichen, rennt gegen eine Tonne und fällt unter dauernden Hilferufen hin. Der Reiter erreicht ihn – da konnten die Nationalgarden von Versailles nicht mehr an sich halten; einer von ihnen, ein Weinhändler, tritt aus den Reihen, legt auf ihn an, schießt und nimmt ihn kurzerhand fest; er hatte den Arm zerschmettert, der den Säbel in die Höhe hielt.

D'Estaing, der Kommandant dieser Nationalgarde, war im Schloß, in dem Glauben, mit dem König abreisen zu sollen. Lecointre, der Oberstleutnant, blieb auf dem Platz und bat den Magistrat um Befehle, aber der erteilte keine. Er fürchtete mit Recht, daß die ausgehungerte

Menge in die Stadt strömen und sich selbst Nahrung verschaffen möchte. Er suchte sie auf, fragte, was an Lebensmitteln nötig wäre, wandte sich an den Magistrat mit dem dringenden Ersuchen um Hilfe, erlangte aber nur ein wenig Reis – eine Bagatelle für so viele Menschen. Dann ließ er überall suchen und linderte, dank seinem gesunden Verstande, ein wenig die Not des Volkes.

Gleichzeitig wandte er sich an das flandrische Regiment[4] und fragte die Offiziere und Soldaten, ob sie schießen würden. Diese wurden schon durch einen viel gewichtigeren Einfluß gedrängt. Frauen hatten sich unter sie geworfen und baten sie, dem Volke nichts Böses zu tun. Eine von ihnen erschien damals zuerst, der wir noch oft begegnen werden, die scheinbar nicht im Straßenkot mit den anderen marschiert war, sondern zweifellos viel später kam und sich sofort mitten unter die Soldaten stürzte. Es war das hübsche Fräulein Théroigne de Méricourt, aus Lüttich gebürtig, temperamentvoll und ungestüm, wie so viele Frauen aus Lüttich, die an den Revolutionen des fünfzehnten Jahrhunderts teilnahmen und tapfer gegen Karl den Kühnen kämpften. Pikant, originell, fremdartig mit ihrem Amazonenhut und ihrem roten Überrock, den Säbel an der Seite, sprach sie, aber dennoch mit großer Beredsamkeit, einen Mischmasch, französisch und den Jargon von Lüttich durcheinander. Man lachte, aber man gab ihr nach. Stürmisch, bezaubernd, überwältigend, kannte sie kein Hindernis.

Théroigne war also auf das arme flandrische Regiment losgestürmt, verdrehte ihm den Kopf, gewann es für sich und entwaffnete es so völlig, daß es brüderlich seine Patronen den Nationalgarden von Versailles auslieferte.

Dann ließ d'Estaing ihnen sagen, sie sollten sich zurückziehen. Einige zogen ab; andere erwiderten, daß sie nur gehen würden, wenn die Leibwache zuerst abgezogen sei. Die Wache erhielt den Befehl, an ihnen vorbeizumarschieren. Es war acht Uhr, ein dunkler Abend. Das Volk folgte und bedrängte die Wache unter höhnischen Zurufen. Diese hatte blank gezogen und schuf sich freie Bahn. Die Leute am Schlusse, die in größerer Bedrängnis waren als die anderen, feuerten Revolverschüsse ab; drei Nationalgardisten werden getroffen, der eine in die Backe, die beiden anderen erhalten Kugeln in ihre Röcke. Ihre Kameraden erwidern das Feuer. Die Leibwachen antworten mit den Karabinern.

Andere Nationalgardisten betraten den Hof, umringten d'Estaing und forderten Munition. Er war selbst erstaunt über ihre Kampflust und den Mut, den sie bewiesen, so ganz allein mitten zwischen den Truppen. »Wahre Märtyrer der Begeisterung«, sagte er später zur Königin.

Ein Leutnant aus Versailles erklärte dem Artillerieaufseher, wenn er kein Pulver herausgäbe, würde er ihm das Gehirn verbrennen. Da lieferte er eine Tonne aus, der man auf dem Platz den Boden ausschlug; man lud die Kanonen und richtete sie gegen die Rampe, derart, daß man die Truppen, die das Schloß noch deckten, und die Leibwachen, die auf den Platz zurückkehrten, in die Flanke nahm.

Die Leute von Versailles hatten auf der anderen Seite des Schlosses die gleiche Festigkeit bewiesen. Fünf Wagen zeigten sich am Gitter, fertig zur Abfahrt; es war die Königin, hieß es, die nach Trianon abreisen wollte. Der Schweizer öffnet, die Garde macht wieder zu. »Es wäre gefährlich für Ihre Majestät«, sagte der Kommandant, »sich vom Schlosse zu entfernen.« Die Wagen kehrten mit Geleit um. Der Durchgang war versperrt, der König gefangen.

Derselbe Kommandant rettete einen Leibgardisten,

den die Menge in Stücke reißen wollte, weil er auf das Volk geschossen hatte. Er machte seine Sache so gut, daß man den Mann losließ; man begnügte sich mit dem Pferd, das zerteilt wurde; man begann es auf dem Exerzierplatz zu braten; aber die Menge hatte zu großen Hunger, es wurde fast roh gegessen.

Der Regen fiel. Die Menge suchte Schutz, wo sie konnte, die einen drückten das Gitter der Grandes Ecuries ein, wo das flandrische Regiment stand, und ließen sich dort mitten unter den Soldaten nieder. Andere, ungefähr viertausend, waren am Versammlungsgebäude geblieben. Die Männer waren ziemlich ruhig, aber die Frauen ertrugen diese Untätigkeit nur mit Ungeduld; sie schwatzten, schrien, erregten sich. Maillard allein konnte sie zum Schweigen bringen, und auch das erreichte er nur durch eine feierliche Ansprache an die Versammlung.

Es trug nicht zur Beruhigung der Menge bei, daß die Leibwachen die Dragoner aufsuchten, die an den Türen des Versammlungsgebäudes standen, und sie baten, ihnen zu helfen, die das Schloß bedrohenden Geschütze zu nehmen. Man wollte sich auf sie stürzen, die Dragoner ließen sie entweichen.

Um acht Uhr geschah ein anderer Versuch. Man brachte einen Brief des Königs, worin er, ohne die Erklärung der Rechte zu erwähnen, in unbestimmter Form den freien Umsatz des Getreides versprach. Wahrscheinlich herrschte in diesem Augenblick der Gedanke an Flucht im Schlosse. Ohne Mounier, der immer noch an der Tür des Kronrates stand, eine Antwort zu erteilen, schickte man diesen Brief, um die wartende Menge zu beschäftigen.

Eine sonderbare Erscheinung hatte den Schrecken des Hofes vermehrt. Ein junger Mann aus dem Volke tritt ein, schlecht gekleidet, völlig erschöpft. Man wundert sich. Es war der Herzog von Richelieu, der sich in diesem Aufzuge unter die Menge gemischt hatte, unter den neuen Haufen Volks, der von Paris herankam, er hatte ihn halben Wegs verlassen, um die königliche Familie zu benachrichtigen; er hatte furchtbare Äußerungen gehört, wilde Drohungen, bei denen die Haare sich sträubten. Als er das erzählte, war er so bleich, daß jedermann ebenfalls erbleichte.

Das Herz des Königs wurde schwach; er merkte, daß die Königin in Gefahr war. Obgleich er es seinem Gewissen abringen mußte, das Werk der Gesetzgebung einer Scheinweisheit zu bestätigen, unterzeichnete er um zehn Uhr abends die »Erklärung der Rechte«.

Mounier konnte also endlich fortgehen. Er beeilte sich, den Vorsitz wieder zu übernehmen, bevor diese große Armee aus Paris ankam, deren Pläne man nicht kannte. Er betrat den Saal, aber die Versammlung war nicht mehr da; sie hatte die Sitzung aufgehoben. Die immer mehr lärmende, immer anspruchsvollere Menge hatte verlangt, daß man den Preis des Brotes und des Fleisches herabsetze. Mounier fand an seinem Platz auf dem Präsidentenstuhl ein großes Weib mit guten Manieren, das die Glocke in der Hand hatte und nur ungern herabstieg. Er gab Befehl, man solle versuchen, die Abgeordneten wieder zusammenzubringen; während er wartete, verkündete er dem Volke, daß der König die Artikel der Verfassung soeben angenommen habe. Die Frauen drängten sich um ihn und baten ihn, ihnen eine Abschrift zu geben; andere meinten: »Aber, Herr Präsident, soll das ein Vorteil sein? Sollen die armen Leute in Paris dadurch Brot bekommen?« Wieder andere: »Wir haben großen Hunger. Wir haben heute nicht gegessen.« Mounier sagte, man solle Brot bei den Bäckern aufzutreiben suchen. Von allen Seiten kamen die Lebensmittel. Man begann unter großem Lärm im Saale zu essen.

Die Frauen unterhielten sich während des Essens mit Mounier: »Aber, lieber Präsident, warum haben Sie das häßliche Veto[5] verteidigt? Hüten Sie sich wohl vor dem Galgen!« Mounier antwortete ihnen fest, sie seien nicht imstande zu urteilen, man führe sie irre, er seinerseits würde lieber sein Leben aufs Spiel setzen als Verrat an seinem Gewissen begehen. Diese Antwort gefiel ihnen sehr; von da an bewiesen sie ihm große Achtung und Freundschaft.

Mirabeau allein hätte sich Gehör verschaffen und den Tumult ersticken können. Er kümmerte sich nicht darum. Sicher war er unruhig. Am Abend war er nach der Aussage mehrerer Zeugen mit einem großen Säbel unter das Volk gegangen und sagte zu denen, denen er begegnete: »Liebe Kinder, wir sind auf eurer Seite.« Dann hatte er sich zu Bett gelegt. Der Genfer Dumont suchte ihn auf und brachte ihn in die Versammlung zurück. Sogleich, als er ankam, rief er mit seiner dröhnenden Stimme: »Ich möchte wohl wissen, woher man den Mut nimmt, unsere Sitzungen zu stören. Herr Präsident, verschaffen Sie der Versammlung Achtung!« Die Frauen riefen Bravo! Es trat ein wenig Ruhe ein. Um die Zeit zu verbringen, nahm man die Diskussion über die Strafgesetze wieder auf.

»Ich stand auf einer Galerie«, erzählte Dumont, »wo ein Fischweib mit großer Überlegenheit auftrat und etwa hundert Frauen nach ihrem Willen lenkte, besonders junge Mädchen, die auf ihr Zeichen schrien oder schwiegen. Sie nannte vertraulich die Abgeordneten bei Namen oder fragte wohl: ›Wer spricht da unten? Laßt den Schwätzer aufhören! Das gehört nicht zur Sache! Wie man Brot bekommt, steht auf der Tagesordnung! Man soll lieber dafür sorgen, daß unser Mütterchen Mirabeau redet.‹ Und alle anderen riefen: ›Unser Mütterchen Mirabeau!‹ Aber er wollte durchaus nicht reden.«

Lafayette, der zwischen fünf und sechs Uhr von Paris aufgebrochen war, langte erst nach Mitternacht an. Wir müssen weiter zurückgreifen und ihm von Mittag bis Mitternacht folgen.

Gegen elf Uhr erhielt er die Nachricht von dem Einfall in das Rathaus und begab sich dahin. Die Menge war schon abgezogen, und er begann eine Depesche für den König zu diktieren. Die Nationalgarde, besoldete und unbesoldete, erfüllte die Grève, in Reih und Glied; es hieß, man müsse nach Versailles ziehen. Lafeyette mochte sagen und tun, was er wollte, er wurde mit fortgerissen.

Das Schloß wartete in größter Besorgnis. Man dachte, daß Lafayette sich stellen würde, als habe man ihn gezwungen, aber daß er aus diesem Umstand Nutzen ziehen würde. Man wollte noch um elf Uhr zusehen, ob, da die Menge sich zerstreut hatte, die Wagen durch das Dragon-Gitter passieren konnten. Die Nationalgarde von Versailles wachte und sperrte die Passage.

Die Königin wollte übrigens durchaus nicht allein abreisen. Sie war mit Recht der Meinung, daß es keinerlei Sicherheit für sie gab, wenn sie sich vom König trennte. Ungefähr zweihundert Edelleute, unter denen mehrere Abgeordnete waren, boten sich zu ihrer Verteidigung an und baten sie um Befehl, Pferde aus ihren Ställen zu holen. Sie ermächtigte sie für den Fall, wie sie sagte, daß der König in Gefahr wäre.

Lafayette ließ vor dem Einzug in Versailles den Eid der Treue zum Gesetz und zum König erneuern. Er benachrichtigte diesen von seiner Ankunft, und der König antwortete ihm, daß er ihn mit Vergnügen empfangen würde und daß er soeben *seine* Erklärung der Rechte angenommen habe.

Lafayette betrat das Schloß allein, zum großen Erstaunen der Leibwachen und aller übrigen. Im Vorzimmer sagte ein Herr vom Hofe die törichten Worte: »Da ist Cromwell.« Und Lafayette erwiderte sehr schlagfertig: »Mein Herr, Cromwell wäre nicht allein hereingekommen.«

Der König gab der Nationalgarde die äußeren Posten des Schlosses; die Leibwachen behielten die inneren. Selbst der äußere Umkreis wurde Lafayette nicht ganz anvertraut. Eine seiner Patrouillen wollte durch den Park streifen, der Eintritt durch das Gitter wurde ihr verweigert. Der Park war von Leibwachen und anderen Truppen besetzt; bis zwei Uhr morgens erwarteten sie den König, für den Fall, daß er sich endlich zur Flucht entschloß. Erst um zwei Uhr ließ man ihnen, von Lafayette beruhigt, sagen, daß sie nach Rambouillet abziehen könnten.

Um drei Uhr hatte die Versammlung die Sitzung aufgehoben. Das Volk hatte sich zerstreut und war, so gut es ging, schlafen gegangen, in den Kirchen und anderswo. Maillard und viele Frauen, unter anderen Louison Chabry, waren kurz nach der Ankunft Lafayettes nach Paris zurückgekehrt und hatten die Dekrete über das Getreide und die »Erklärung der Rechte« mitgenommen.

Lafeyette hatte große Mühe, seine Nationalgarden unterzubringen; durchnäßt, ermattet suchten sie sich zu trocknen und zu essen. Er selbst begab sich schließlich, als er alles ruhig glaubte, ins Hotel Noailles und schlief, wie man nach zwanzig Stunden Anstrengungen und Aufregungen schläft.

Viele Leute schliefen nicht. Besonders die, welche am Abend von Paris gekommen waren und die Mühen des vergangenen Tages nicht erduldet hatten. Der erste Zug, bei dem die Frauen die Hauptrolle spielten, der sehr spontan und harmlos und sozusagen durch die Bedürfnisse des Tages veranlaßt war, hatte kein Blut gekostet. Maillard hatte den Ruhm gehabt, sogar in der Unordnung eine

LAFAYETTE

gewisse Ordnung aufrechtzuerhalten. Das natürliche Crescendo, das man immer bei solchen Bewegungen beobachtet, gestattete nicht den Glauben, daß der zweite Zug ebenso verlaufen würde. Tatsache ist, daß er sich unter den Augen der Nationalgarde und gleichsam im Einverständnis mit ihr abgespielt hat. Nichtsdestoweniger waren Männer da, die entschlossen waren, ohne sie zu handeln; mehrere waren wütende Fanatiker, die die Königin gern getötet hätten. Gegen sechs Uhr morgens stürmten diese Leute aus Paris und Versailles (das waren die erbittertsten) in der Tat die königlichen Gemächer, trotz der Leibwachen, die fünf Leute aus dem Volke töteten; sieben Leibgardisten wurden niedergemacht.

Die Königin geriet in ernste Gefahr und entging ihr nur durch die Flucht in das Zimmer des Königs. Sie wurde von Lafayette gerettet, der zur rechten Zeit mit den französischen Garden herbeieilte.

Als der König auf dem Balkon erschien, brüllte die ganze Menge: »Der König soll nach Paris!«

Die Königin wurde gezwungen, ebenfalls zu erscheinen. Lafayette wurde sichtbar und küßte ihr, ihre Gefahr zu der seinen machend, die Hand. Das Volk, überrascht und besänftigt, sah nur noch das Weib und die Mutter und klatschte Beifall.

Merkwürdig! Die Politiker, die starken Köpfe, besonders diejenigen, die den Herzog von Orléans zum Generalleutnant machen wollten, fürchteten aufs äußerste die Überführung des Königs nach Paris. Sie glaubten, daß dies für Ludwig XVI. eine Möglichkeit war, wieder volkstümlich zu werden. Wenn die Königin (wäre sie nun getötet gewesen oder entflohen) ihm nicht gefolgt wäre, so hätten die Pariser sehr wahrscheinlich ihre alte Liebe zum König wiederentdeckt. Sie hatten zu jeder Zeit eine Schwäche für diesen dicken Mann, der keineswegs boshaft war und der in seiner Wohlbeleibtheit einen Anflug von beglücktem und väterlichem Wohlwollen besaß, der ganz nach dem Geschmack der Menge war. Oben wurde bemerkt, daß die Marktweiber ihn einen guten Papa nannten; so dachte ihn sich das Volk in der Tat.

Der König hatte die Versammlung ins Schloß beschieden. Nicht einmal vierzig Abgeordnete leisteten diesem Rufe Folge. Die Mehrheit war unsicher und blieb im Saal. Das Volk, das die Tribünen überfüllte, stellte ihre Unsicherheit fest; beim ersten Wort, das für die Sitzung im Schlosse gesprochen wurde, stieß es Rufe aus. Da erhob sich Mirabeau und sagte, nach seiner Gewohnheit seine Willfährigkeit gegen das Volk unter einer stolzen Sprache verbergend, »daß die Freiheit der Nationalversammlung aufs Spiel gesetzt würde, wenn im Palast der Könige Beratungen abgehalten würden, daß es ihrer nicht würdig sei, die Stätte ihrer Sitzungen zu verlassen, daß eine Abordnung genüge«. Der junge Barnave unterstützte ihn. Der Präsident Mounier widersprach vergebens.

Endlich erfährt man, daß der König in die Abreise nach Paris einwilligt; die Versammlung beschließt auf den Vorschlag Mirabeaus, daß sie für die gegenwärtige Session vom König unzertrennlich ist.

Der Tag rückt vor. Es ist bald ein Uhr. Man muß abreisen, Versailles verlassen. Adieu, alte Monarchie!

Hundert Abgeordnete umgeben den König, ein ganzes Heer, ein ganzes Volk. Er entfernt sich vom Palast Ludwigs XIV., um nie wieder dahin zurückzukehren.

Die ganze Menge setzt sich in Bewegung, sie kehrt nach Paris zurück, vor dem König und hinter ihm. Männer, Weiber kommen voran, so gut es geht, zu Fuß, zu Pferd, zu Wagen, auf gefundenen Karren, auf den Lafetten der Geschütze. Man begegnete erfreut einem großen Transport Mehl, ein schöner Anblick für die ausgehungerte

Stadt. Die Frauen trugen auf Piken dicke Laibe Brot, andere Pappelzweige, die durch das Oktoberwetter schon gelb geworden waren. Sie waren sehr lustig und auf ihre Art liebenswürdig, von einigen schlechten Witzen auf Kosten der Königin abgesehen. »Wir bringen die Bäcker, die Bäckerin und den kleinen Bäckerburschen heim«, riefen sie. Alle meinten, daß man niemals Hungers sterben könnte, wenn man den König bei sich habe. Alle waren noch Royalisten und freuten sich sehr, daß sie diesen »guten Papa« endlich in gute Hände geben konnten; er hatte nicht gerade viel Verstand, er hatte sein Wort gebrochen, daran war seine Frau schuld; aber, wenn er einmal in Paris war, so würde es nicht an guten Frauen fehlen, die ihn besser berieten.

All dies ging fröhlich, traurig, ungestüm, lustig und düster zugleich zu. Man hatte Hoffnung, aber der Himmel machte nicht mit. Das Wetter begünstigte das Fest unglücklicherweise wenig. Es goß in Strömen, man marschierte langsam im dicken Kot. Jeden Augenblick feuerten einige, aus Freude oder um ihre Waffen zu entladen, Flintenschüsse ab.

Der königliche Wagen, unter Geleit mit Lafayette am Schlage, fuhr wie ein Sarg daher. Die Königin war unruhig. War es sicher, daß sie glücklich ankam? Sie fragte Lafayette, wie er darüber dächte, und der fragte seinerseits Moreau de Saint-Méry, der in den berüchtigten Tagen des Sturmes auf die Bastille im Rathaus den Vorsitz geführt hatte und seine Leute gut kannte. Er antwortete mit den bezeichnenden Worten: »Ich zweifele, daß die Königin allein bei den Tuilerien anlangt; aber, ist sie einmal im Rathaus, so wird sie auch wieder herauskommen.«

Nun ist der König in Paris, an dem einzigen Ort, wo er sein mußte, im Herzen Frankreichs selbst. Hoffen wir, daß er sich dessen würdig zeigt.

Die Revolution vom 6. Oktober, notwendig, natürlich und rechtmäßig, wie je eine war, ganz spontan, unvorhergesehen, wahrhaft volkstümlich, kommt besonders auf Rechnung der Frauen, wie die vom 14. Juli auf Rechnung der Männer. Die Männer haben die Bastille genommen, und die Frauen haben den König gefangen.

Am 1. Oktober wurde alles verdorben von den Damen in Versailles.[6] Am 6. wurde alles wieder gut gemacht von den Frauen aus Paris.

FÜNFTES KAPITEL

Die Frauen beim Bundesfest (1790)

So endete der schönste Tag unseres Lebens.« Dieses Wort, das die Bundesbrüder eines Dorfes am Abend des großen Nationalfestes an den Schluß ihres Protokolls schrieben, war ich versucht, selbst hinzuschreiben, als ich im Jahre 1847 die Erzählung der Verbrüderungen vollendete. Nichts Ähnliches wird sich mehr mir bieten. Ich habe meinen Anteil an diesem Leben gehabt, da es mir als erstem vergönnt war, diese großen Zusammenschlüsse des Volkes in den Akten wiederzufinden und sie in meinen Schilderungen aufzuzeichnen.

Die Verbindungen der Provinzen, der Départements, der Städte und Dörfer, trugen selbst Sorge, ihre Geschichte niederzuschreiben und zu erzählen. Sie berichteten sie an ihre Mutter, die Nationalversammlung, treuherzig, harmlos, in einer oft plumpen und kindlichen Form, sie erzählten, so gut sie konnten; wer das Schreibens kundig war, der schrieb. Man fand auf dem Lande nicht immer den geschickten Schreiber, der würdig war, diese

Dinge dem Gedächtnis der Nachwelt zu überliefern. Der gute Wille mußte Ersatz bieten. Ihr wahrhaften Denkmäler der entstehenden Brüderlichkeit, ihr unförmlichen, aber in der ersten Begeisterung entstandenen, vom Gedanken Frankreich inspirierten Aktenstücke, ihr werdet für alle Zeiten Zeugnis ablegen für das Herz unserer Väter, für ihre Freude, als sie zum erstenmal in das hochgeliebte Antlitz des Vaterlandes blickten!

All das habe ich nach sechzig Jahren wiedergefunden, vollkommen, glühend, als sei es gestern geschehen, als ich die Papiere öffnete, die nur wenige schon gelesen hatten. Gleich zu Beginn ergriff mich ein Gefühl der Achtung, ich empfand etwas Merkwürdiges, Einzigartiges, das nicht mißzudeuten ist. Diese begeisterten, an das (von der Nationalversammlung repräsentierte) Vaterland gerichteten Erzählungen, das sind Briefe der Liebe.

Nichts Offizielles, nicht Anbefohlenes. Ersichtlich redet das Herz. Was man an Künstlichem, Rhetorischem, an Deklamation darin finden kann, das ist gerade das Fehlen aller Kunst; die Ungeschicklichkeit des jungen Mannes, der nicht weiß, wie er seine aufrichtigen Gefühle ausdrücken soll, der Romanphrasen gebraucht, weil ihm, eine wahre Liebe zu beschreiben, andere Worte nicht zu Gebote stehen. Aber jeden Augenblick widerspricht ein dem Herzen entrungenes Wort dieser Ohnmacht der Sprache und läßt die wahre Tiefe des Empfindens ermessen. All das ist wortreich; wie könnte man aber in solchen Augenblicken jemals zu Ende kommen? Wie sich selbst genug tun? Die kleinen Äußerlichkeiten sind ihnen sehr wichtig gewesen; keine Schrift war schön, kein Papier gut genug, von den prächtigen, kleinen, dreifarbigen Bändern ganz zu schweigen, mit denen man die Hefte zusammenband. Als ich sie zuerst bemerkte, glänzend und ganz wenig verblaßt, dachte ich daran, was Rousseau von der übermäßigen Sorgfalt sagt, die er daran wandte, die Manuskripte seiner Julie zu schreiben, zu verbessern und auszuschmücken. Die Gedanken unserer Väter, ihre Sorgen, ihre Unruhen waren die gleichen, als die Liebe in ihnen sich von vergänglichen, unvollkommenen Gegenständen weg zu ewiger Schönheit erhob.

In diesen primitiven Aufsätzen über die neue Religion verbleichen oder verschwinden all die alten, bekannten Dinge, alle Zeichen der Vergangenheit, alle früher verehrten Symbole. Was davon bleibt, zum Beispiel die Zeremonien des alten Kultes, den man anwendet, um diese neuen Feste zu weihen, ist – das spürt man genau – nebensächlich. In diesen ungeheuern Vereinigungen, bei denen das Volk jeden Standes und jeder Gemeinschaft nur ein Herz und eine Seele ist, liegt etwas, das heiliger ist als ein Altar. Kein besonderer Kultus verleiht dem Vorgang Weihe, der allen heilig ist: der Mensch, der sich vor Gott verbrüdert.

Alle alten Sinnbilder verblaßten, und die neuen, mit denen man Versuche anstellt, haben wenig Bedeutung. Mag man auf den alten Altar schwören, auf das heilige Sakrament oder auf das kalte Bild der abstrakten Freiheit: das wahre Symbol ist anderswo. Das ist die Schönheit, die Größe, der ewige Reiz dieser Feste: ihr Symbol ist lebendig.

Das Sinnbild für den Menschen ist der Mensch. Alle alten Vorstellungen stürzen zusammen, eine heilige Achtung kehrt ihm wieder vor dem wahren Ebenbild Gottes. Er hält sich nicht selbst für Gott; kein leerer Hochmut ist in ihm. Hier erscheint der Mensch nicht als Herrscher oder Sieger, sondern unter ganz anders bedeutsamen und ergreifenden Bedingungen. Die edle Harmonie von Familie, Natur und Vaterland genügt, um diese Feste mit dem Reiz der Religion und der Weihe zu erfüllen.

Überall ist der Greis an der Spitze des Volkes, er nimmt

den ersten Platz ein, blickt auf die Menge hinab. Um ihn die Mädchen wie ein Blumenkranz. Bei allen Festen trägt die anmutige Schar einen weißen Rock und einen Gürtel »à la nation« (d. h.: einen Gürtel mit den drei Farben). Hier spricht eine von ihnen ein paar edle, entzückende Worte, die morgen Helden machen werden. Anderswo (bei der Bürgerprozession von Romans in der Dauphiné) nimmt ein schönes Mädchen am Zuge teil, das eine Palme in der Hand trägt mit der Inschrift: »Dem besten Bürger!« Da kehrten viele als große Schwärmer zurück.

Die Dauphiné, die ernste, tapfere Provinz, welche die Revolution eröffnete, veranstaltete zahlreiche Verbrüderungen, sowohl der ganzen Provinz, als der Städte und Dörfer besonders. Die ländlichen Grenzgemeinden, fast unter dem Himmel Savoyens und in unmittelbarer Nähe der Emigranten, in deren Schußbereich sie ihre Felder bestellten, feierten nur um so schönere Feste. Es gab ein Bataillon bewaffneter Kinder, ein Bataillon bewaffneter Frauen und ein anderes von bewaffneten Mädchen. In Maubec machten sie in guter Ordnung einen Umzug, die Fahne an der Spitze, den nackten Degen schwingend, mit jener anmutigen Lebendigkeit, wie sie nur die Frauen Frankreichs haben.

Ich habe an anderer Stelle von der heldenmütigen Entschlossenheit der Frauen und Mädchen von Angers gesprochen; sie wollten die Heimat verlassen und der jungen Armee von Anjou und der Bretagne folgen[7], die gegen Rennes vorrückte, wollten teilnehmen an diesem ersten Kreuzzuge für die Freiheit, die Kämpfer mit Nahrung versorgen, die Verwundeten pflegen. Sie schwuren, nur rechtschaffene Bürger zu heiraten, nur Tapfere zu lieben, ihr Leben nur mit denen zu teilen, die das ihrige Frankreich darbrächten.

Sie gaben so seit 1788 Veranlassung zu leidenschaftlichem Eifer. Und jetzt, bei den Verbrüderungen vom Juni und Juli 1790, nachdem so viele Hindernisse beseitigt waren, bei diesen Siegesfesten, war keiner bewegter als sie. Die Familie, die während des Winters jeden öffentlichen Schutzes völlig beraubt gewesen war, hatte in so mancher Gefahr geschwebt. Sie begrüßten in diesen großen, beruhigenden Vereinigungen die Hoffnung auf Wohlfahrt; das arme Herz indessen war dennoch schwer von der Vergangenheit, von der Zukunft. Aber sie sahen die Zukunft nur im Heile des Vaterlandes! Sie bewiesen, das sieht man in allen schriftlichen Zeugnissen, mehr Eifer, mehr Wärme als selbst die Männer, sie brannten ungeduldiger darauf, den Bürgerschwur zu leisten.

Man hält die Frauen vom öffentlichen Leben fern; man vergißt allzusehr, daß sie in Wirklichkeit viel mehr darin zu suchen haben als sonst jemand. Sie leisten einen ganz anderen Einsatz als wir; der Mann setzt dabei nur sein Leben aufs Spiel, die Frau dagegen ihr Kind. Sie hat ein viel größeres Interesse daran, Erkundigungen einzuziehen, in die Zukunft blicken zu können. In dem einsamen häuslichen Leben, das die Mehrzahl der Frauen führt, verfolgen sie mit ihren unruhigen Träumen die Gefahren des Vaterlandes, die Bewegungen der Heere. Glaubt ihr, sie säße hinter dem Herde? Nein, sie ist in Algerien, sie nimmt teil an den Entbehrungen, an den Märschen unserer jungen Soldaten in Afrika, sie leidet und kämpft mit ihnen.

In irgendeinem Dorfe hatten sich die Männer allein in einem großen Gebäude versammelt, um gemeinschaftlich eine Zuschrift an die Nationalversammlung zu richten. Die Frauen kommen und hören zu, sie treten mit Tränen in den Augen ein, sie wollen auch dabeisein. Da liest man ihnen die Zuschrift vor, sie schließen sich ihr mit vollem Herzen an. Dieses feste Band zwischen Familie und Vaterland ging mit einer ungekannten Empfindung durch alle Seelen.

Niemand war bei diesen großen Festen nur Zuschauer; alle nahmen tätigen Anteil, Männer, Weiber, Greise, Kinder, alle, vom Hundertjährigen bis zum Neugeborenen, und gerade der war wichtiger als ein anderer.

Man brachte ihn herbei, eine lebende Blume unter den Ernteblumen. Seine Mutter reichte ihn dar und legte ihn auf den Altar nieder. Aber er hatte nicht nur die passive Rolle einer Opfergabe, er war ebenfalls tätig, er zählte mit wie irgend jemand, er leistete seinen Bürgerschwur durch den Mund seiner Mutter, er beanspruchte seine Würde als Mensch und Franzose; er war schon in den Besitz des Vaterlandes übergegangen und eine Hoffnung geworden.

Ja, das Kind, die Zukunft waren die Hauptteilnehmer. Die Gemeinde selbst wurde bei einem Feste in der Dauphiné in ihrem obersten Beamten von einem jungen Kinde gekrönt. Eine solche Hand bringt Glück. Laßt die, die ich hier unter den zärtlichen Augen ihrer Mutter vor mir sehe, die schon bewaffnet sind und voll Feuereifer, nur zwei Jahre älter werden, sie sollen fünfzehn, sechzehn alt sein: dann verlassen sie die Heimat, das Jahr 1792 hat begonnen – sie folgen ihren älteren Geschwistern nach Jemappes. Die hier, die noch kleiner sind und deren Arm so schwach erscheint, das sind die Soldaten von Austerlitz. Ihre Hand hat Glück gebracht; sie haben die große Prophezeiung erfüllt, sie haben Frankreich gekrönt! Selbst heute, wo es schwach und fahl ist, thront es noch unter dieser ewigen Krone und steht achtunggebietend da unter den Völkern.

Große, glückliche Generation, die in so großer Zeit geboren wurde, deren erster Blick auf dies erhabene Bild fiel! Kinder, die herbeigebracht und am Altar des Vaterlandes gesegnet, die von ihren Müttern unter Tränen, aber

DIE VERBRÜDERUNG (14. JULI 1790)

in heldenmütiger Entsagung geweiht und Frankreich zum Opfer gebracht wurden – ja! wenn man so geboren wird, kann man niemals mehr sterben. Ihr empfingt an diesem Tage den Kranz der Unsterblichkeit. Selbst die unter euch, die die Geschichte nicht nennt, erfüllen nicht weniger die Welt mit ihrem lebendigen, namenlosen Geiste, mit dem großen Gedanken der Gemeinschaft, den sie durch alle Lande trugen.

Ich glaube nicht, daß das Herz des Menschen zu irgendeiner Zeit weiter und größer gewesen ist, daß die Unterschiede der Stände, Vermögen und Parteien jemals so vergessen waren. Besonders in den Dörfern gibt es weder reich noch arm, weder adelig noch bürgerlich; die Lebensmittel sind gemeinsam, die Tische gemeinsam. Die soziale Trennung, die Zwietracht ist verschwunden; die Feinde versöhnen sich, sich befehdende Gemeinschaften werden Brüder, die Gläubigen, die Philosophen, die Protestanten, die Katholiken.

In Saint-Jean du Gard, in der Nähe von Alais, umarmen sich Priester und Prediger am Altar. Die Katholiken führen die Protestanten zur Kirche, der Prediger sitzt auf dem ersten Platz im Chor. Die gleichen Ehren werden dem Priester von den Protestanten erwiesen, er sitzt neben ihnen auf dem Ehrenplatz und hört die Predigt des Geistlichen an. Die Religionen verbrüdern sich an der Stätte ihres Kampfes selbst, am Eingang der Sevennen, auf den Gräbern der Ahnen, die einander töteten, auf den noch warmen Scheiterhaufen. Gott, den man so lange angeklagt hatte, wurde endlich gerechtfertigt. Die Herzen gingen über; die Prosa genügte hier nicht mehr, nur ein poetischer Ausbruch konnte ein so übermäßiges Gefühl erträglich machen; der Priester dichtete und sang eine Hymne auf die Freiheit; der Bürgermeister antwortete in Strophen; seine Frau, Mutter einer ansehnlichen Familie, schüttete, als sie ihre Kinder zum Altar führte, ebenfalls ihr Herz aus in einigen pathetischen Versen.

Diese gleichsam priesterliche Rolle einer Frau, einer würdigen Mutter, darf uns nicht verwundern. Die Frau ist viel mehr als Priester: sie ist Sinnbild und Religion.

Anderswo zog ein junges, reines Mädchen mit seiner jungfräulichen Hand durch ein Brennglas das Feuer von der Sonne herab, das den Weihrauch auf dem Altar des Vaterlandes verbrennen sollte.

Die Revolution, die zur Natur, zu den glücklichen und naiven Ahnungen des Altertums zurückkehrte, zauderte nicht, die heiligsten Ämter derjenigen zu übertragen, welche – als höchste Freude des Herzens, als Seele der Familie, als ewige Fortdauer der Menschheit – selbst der lebendige Altar ist.

SECHSTES KAPITEL

Die Jakobinischen Damen (1790)

An demselben 6. Oktober 1789, an dem Ludwig XVI., als er Versailles verließ, die Grundakte der Revolution, die Erklärung der Rechte, unterzeichnete, hatte er an den König von Spanien seine feierliche Verwahrung dagegen geschickt. Seitdem gab er dem Gedanken Raum, auf österreichisches Gebiet zu fliehen und mit bewaffneter Hand zurückzukehren. Dieser Plan, der von Breteuil, dem Manne Österreichs, dem Mann der Marie Antoinette empfohlen war, wurde vom Bischof von Pamiers aufs neue in Vorschlag gebracht, er ließ ihn vom König genehmigen und erlangte von ihm für Breteuil die Vollmacht, mit den fremden Mächten zu verhandeln; die Verhandlungen wurden fortgeführt von Herrn von Fersen, einem Schweden, der der Königin seit langen Jahren persönlich sehr nahestand, der ihr sehr ergeben war, und den sie eigens von Schweden zurückkommen ließ.

Wie man auch die Dinge um das Jahr 1790 betrachtet, man sieht ein ungeheures Netz drinnen und draußen gegen die Revolution aufgespannt. Wenn sie nicht durch die Einigkeit eine starke Stoßkraft erlangt, muß sie untergehen. Nicht die uneigennützigen Verbrüderungen werden sie davor bewahren. Es bedarf eines Bandes von ganz anderer Stärke. Die Jakobiner braucht man, Vereinigungen, welche die Obrigkeit und ihre Geschäftsführer, welche die Machenschaften der Priester und der Adeligen überwachen. Diese Gesellschaften bilden sich von selbst in ganz Frankreich.

Ich lese in einer unveröffentlichten Akte aus Rouen, daß sich am 14. Juli 1790 drei Freunde der Verfassung (diesen Namen nahmen die Jakobiner damals an) im Hause einer Witwe, einer reichen und angesehenen Dame in der Stadt, zusammenfanden; sie leisten den Bürgereid in ihre Hand. Man glaubt Cato und Marcius beim Lukanus zu sehen:

Junguntur taciti contentique auspice Bruto.

Sie schicken stolz die Akte ihres Bundes an die Nationalversammlung, die zu gleicher Zeit die über die große Verbrüderung von Rouen empfing, bei der die Abgeordneten von sechzig Städten und einer halben Million Menschen erschienen.

Die drei Jakobiner sind ein Gefängnisprediger und zwei Wunderärzte. Einer von ihnen hat seinen Bruder mitgebracht, einen königlichen Drucker in Rouen. Dazu kommen zwei Kinder, ein Neffe und eine Nichte der Dame und zwei Frauen, die vielleicht zu ihren Schützlingen oder zu ihrem Hause gehörten. Alle acht schwören in die Hand dieser Cornelia, die darauf für ihre Person allein den Eid leistet.

Es ist eine kleine, aber, scheint's, vollständige Gesellschaft. Die Dame, Witwe eines Kaufmanns oder Reeders, repräsentiert die großen Vermögen des Handelsstandes; der Drucker bedeutet die Industrie; die Ärzte sind die Vertreter der Intelligenz, des Talents, der Erfahrung; der Priester ist die Revolution selbst; er wird nicht lange mehr Priester bleiben: er verfaßt die Akte, schreibt sie ab und berichtet sie an die Nationalversammlung. Er ist der Leiter der Sache, wie die Dame ihr Mittelpunkt. Durch ihn wird diese Gesellschaft vollständig, obgleich man den Mann nicht dabei sieht, der die Haupttriebfeder bei allen ähnlichen Vereinigungen zu sein pflegt, den Advokaten, den Sachwalter. Als Geistlicher beim Gerichtshof und im Gefängnis, als Seelsorger der Gefangenen und Beichtvater der zum Tode Verurteilten, gestern vom Parlament abhängig, heute Jakobiner und sich als solchen der Nationalversammlung gegenüber bezeichnend, ist er durch seinen Mut und seine energische Tätigkeit drei Advokaten wert.

Man darf sich nicht darüber wundern, daß eine Dame im Mittelpunkt der kleinen Gesellschaft stand. Viele Frauen schlossen sich diesen Vereinigungen an, sehr ernste Frauen traten, mit der ganzen Glut ihrer weiblichen Herzen, in einer blinden, von Leidenschaft und Ideen verwirrten Begeisterung, mit ihrem Bekehrungseifer, mit allen Leidenschaften des Mittelalters in den Dienst des neuen Glaubens. Die, von der wir hier sprechen, hatte sich bei ernster Gelegenheit bewährt; sie war eine jüdische Dame, sah mit an, wie ihre ganze Familie übertrat, und blieb Jüdin; sie verlor ihren Gatten, dann durch einen furchtbaren Unglücksfall ihr Kind; zum Ersatz, wie es schien, für alle diese Verluste wandte sie sich der Revolution zu. Reich und alleinstehend, konnte sie, vermute ich, leicht von ihren Freunden dazu gebracht werden, das neue System zu unterstützen und ihr Vermögen im Erwerb nationaler Güter anzulegen.

Warum gründete diese kleine Gesellschaft ihren besonderen Bund? Weil ihnen Rouen in der Hauptsache allzu aristokratisch erschien, weil der große Bund der sechzig Städte, die sich vereinigten, mit seinen Häuptern, den Herren d'Estonteville, d'Herbouville, de Sévrac usw., dieser Bund mit seinen adeligen Mitgliedern, ihr nicht rein genug erschien; schließlich, weil sie sich den 6. Juli und nicht den 14. zum heiligen Tag der Einnahme der Bastille gemacht hatte. Denn am 14. feiern sie stolz für sich zu Hause, fern von den Profanen und Lauen, den heiligen Tag. Sie wollen sich nicht unter sie mengen; unter verschiedenen Gesichtspunkten bilden sie eine Elite, wie die Mehrzahl dieser Jakobiner, eine Aristokratie, sei es des Geldes oder des Talentes und der Energie, im natürlichen Wettbewerb mit der Aristokratie der Geburt.

SIEBENTES KAPITEL

Das Palais-Royal im Jahre 1790. Die Emanzipation der Frauen. Der Jakobinerkeller

Die Gleichbereichtigung der Frauen, ihr Anspruch auf Einfluß, auf politische Macht, wurde im Jahre 1790 von zwei sehr verschiedenen Männern vertreten; der eine war ein witziger Redner, ein kühner, romantischer Geist, der andere der ernsteste und berufenste der Zeit. Ich muß den Leser an den großen Herd der Gärung zurückversetzen, wo alle beide ihr Wort sprachen.

Wir betreten den gleichen Ort, von dem die Revolution am 12. Juli ihren Ausgang nahm, das Palais-Royal, den Zirkus, der damals die Mitte des Gartens einnahm. Denken wir uns die erregte Menge, die lärmenden Gruppen, die Scharen von Frauen, die sich den Freiheiten der Natur gelobt haben, weg. Durchschreiten wir die engen, behinderten, dumpfen Galerien aus Holz; den dunklen Durchgang, in dem wir fünfzehn Stufen hinabsteigen – und wir sind mitten im Zirkus.

Man predigt! wer würde das erwartet haben, an diesem Ort, in dieser durchaus weltlichen, mit hübschen, zweideutigen Frauen untermischten Versammlung? Im ersten Augenblick könnte man an eine Erbauungsrede denken mitten unter den Mädchen. Doch nein, die Versammlung ist viel ernster, ich erkenne zahlreiche Vertreter der Wissenschaft, Akademiker, am Fuße der Rednertribüne steht Herr de Condorcet.

Ist der Redner wohl ein Priester? Dem Kleide nach ja: er hat eine schöne Gestalt von ungefähr vierzig Jahren, er spricht feurig, bisweilen trocken und dann wieder hastig, ohne jede Salbung, er sieht mutig, ein wenig schrullenhaft aus. Gleichgültig, ob er Prediger, Dichter oder Prophet ist: es ist der Abbé Fauchet. Dieser heilige Paulus spricht zwischen zwei Theklas. Die eine verläßt ihn nie, sie folgt ihm wohl oder übel in den Klub, zum Altar – so groß ist ihr brennender Eifer; die andere Dame ist eine Holländerin, gutherzig und edlen Geistes, Frau Palm-Aelder, die Fürsprecherin der Frauen, die ihre Emanzipation verkündet.

Diese unbestimmten Bestrebungen nahmen feste, klare Form an in den gelehrten Abhandlungen des ausgezeichneten Sekretärs der Akademie der Wissenschaften. Condorcet formulierte am 3. Juli 1790 aufs bestimmteste die Forderung der »Zulassung der Frauen zum bürgerlichen Recht«. Auf Grund der Abfassung dieser Schrift kann der

Freund Voltaires, der letzte Philosoph des achtzehnten Jahrhunderts, mit Recht zu den Vorläufern des Sozialismus gezählt werden.

Aber wenn man die Frauen in voller politischer Betätigung sehen will, muß man vom Palais-Royal ein wenig weiter zur Rue Saint-Honoré gehen. Die glänzende Versammlung der Jakobiner in dieser Zeit, die eine Menge Adliger und alle Wissenschaftler unter die ihrigen zählt, tagt in der Kirche der alten Mönche und gewährt unter der Kirche, in einer Art Krypta, die übrigens gut erleuchtet ist, einer brüderlichen Vereinigung von Arbeitern Zuflucht, denen die Jakobiner in festgesetzten Stunden die Verfassung erklären. Wenn die Fragen des Lebensunterhaltes, der öffentlichen Gefahr verhandelt werden, kommen diese Arbeiter nicht allein. Die beunruhigten Frauen, die Familienmütter, von ihren häuslichen Bedrängnissen, von der Not ihrer Kinder getrieben, kommen mit ihren Gatten, unterrichten sich über die Lage, fragen nach den Übelständen, nach Mitteln zu ihrer Beseitigung. Mehrere Frauen, die keinen Mann haben oder deren Männer zu dieser Stunde noch bei der Arbeit sind, kommen allein und nehmen allein an der Besprechung teil. Ein erster und rührender Beginn der Frauenvereine.

Wer litt mehr als sie unter der Revolution? Wem wurden die Monate, die Jahre länger? Sie waren von dieser Zeit an noch hitziger als die Männer. Marat ist sehr zufrieden mit ihnen (30. Dezember 1790); er findet Gefallen daran, die Energie dieser Frauen aus dem Volke in ihrem unterirdischen Gewölbe mit dem unfruchtbaren Geschwätz der Jakobinerversammlung, die über ihnen tagte, in Gegensatz zu bringen.

ZWEITER TEIL

DIE FÜHRERINNEN

ACHTES KAPITEL

Die Salons. Madame de Staël

Das Genie der Madame de Staël wurde nacheinander von zwei Lehrmeistern und zwei Ideen beherrscht: bis zum Jahre 1789 durch Rousseau und von da ab durch Montesquieu.

Im Jahre 1789 war sie dreiundzwanzig Jahre alt. Sie übte auf Necker, ihren Vater, den sie unsäglich liebte und den sie durch ihren Enthusiasmus beherrschte, einen allmächtigen Einfluß. Niemals wäre der Genfer Bankier ohne seine glühende Tochter auf dem revolutionären Wege so weit fortgeschritten. Sie war damals voll von tätigem Eifer und Vertrauen; sie glaubte fest an den gesunden Verstand des Menschengeschlechtes. Sie war noch nicht von den mittelmäßigen Liebhabern, die sie später umgaben, beeinflußt und verkleinert. Madame de Staël wurde immer von der Liebe beherrscht. Die, welche sie für ihren Vater besaß, verlangte, daß Necker der erste unter den Menschen war; und tatsächlich wurde er einen Augenblick lang sehr groß durch den Glauben. Auf Betreiben seiner Tochter, das steht für mich außer Zweifel, setzte er sich für den kühnen Versuch des allgemeinen Wahlrechtes ein, eine gewagte Maßregel in einem großen Reiche und bei einem so wenig fortgeschrittenen Volke. Eine Maßregel, die seinem Charakter völlig zuwiderlief und sehr wenig den Lehren entsprach, die er vorher und nachher verkündete. – Vater und Tochter waren bald erschreckt über ihre Kühnheit und zogen sich schleunigst zurück. Und Madame de Staël, von Feuillants[8] und Anglomanen umgeben, selbst voll von höchster Bewunderung für England, das sie gar nicht kannte, wurde und blieb die glänzende, beredte und dennoch, wenn man es aussprechen darf, im ganzen mittelmäßige Persönlichkeit, welche die Öffentlichkeit so sehr beschäftigt hat.

Für mich, das sage ich ohne Zögern, liegt ihre große Originalität in ihrer ersten Zeit, ihr Ruhm in der Liebe zu ihrem Vater, in dem Mut, den sie ihm einflößte. Ihre Mittelmäßigkeit kam auf Rechnung ihrer geistreichen Liebhaber, der Narbonne, Benjamin Constant usw., die zwar in ihrem Salon von ihr beherrscht wurden, im vertraulichen Beieinander dagegen auf sie ihre Einwirkung übten.

Verfolgen wir, von den Anfängen an, den Vater und die Tochter.

Herr Necker, der Genfer Bankier, hatte ein schweizerisches Fräulein, eine frühere Gouvernante, geheiratet, deren einziger Fehler ihre absolute Vollkommenheit war. Die junge Necker wurde von ihrer Mutter niedergehalten, deren frostige Strenge zu der leichten, offenherzigen, beweglichen Natur ihrer Tochter in scharfem Gegensatz stand. Ihr Vater, der sie tröstete und bewunderte, wurde der Gegenstand ihrer Anbetung. Man erzählt, daß, da Necker oft den alten Gibbon gelobt hatte, die junge Tochter ihn heiraten wollte. Dieses Kind, das schon die Vertraute und beinahe die Frau seines Vaters war, nahm dessen Fehler und gute Eigenschaften gleichzeitig an: seine Beredsamkeit, seinen Schwulst, seine Empfänglichkeit, sein Pathos. Als Necker seinen berühmten »*Compte rendu*«[9], der so verschieden beurteilt wurde, veröffentlichte, zeigte man ihm eines Tages eine beredte, ganz

MADAME DE STAËL

begeisterte Verteidigung der Schrift; sie war aus so über-
strömendem Herzen geschrieben, daß der Vater sich nicht
irren konnte: er erkannte seine Tochter. Damals war sie
sechzehn Jahre alt.

Sie liebte ihren Vater als Menschen, bewunderte ihn als
Schriftsteller, verehrte ihn als das Ideal eines Bürgers,
eines Philosophen, eines Weisen, eines Staatsmannes. Sie
ließ niemanden gelten, der nicht Necker für einen Gott
hielt: eine edle, harmlose Narrheit, die eher rührend als
lächerlich ist. Als Necker am Tage seines Triumphes[10] in
Paris einzog und auf dem Balkon des Rathauses erschien,
zwischen Frau und Tochter, unterlag die letztere dem
Überschwang des Gefühls und wurde ohnmächtig vor
Glück.

Sie hatte, entsprechend ihrer Begabung, auch große
Bedürfnisse des Herzens. Nach der Flucht ihres Vaters
und dem Zusammenbruch ihrer ersten Hoffnungen
wandte sie sich von Rousseau zu Montesquieu[11], zu den
klugen Verfassungstheorien, doch blieb sie romantisch
in der Liebe; sie hätte gern einen Helden geliebt. Ihr
Gatte, der ehrbare, kalte Herr de Staël, der schwedische
Gesandte, hatte nichts, was ihrem Ideal entsprach. Da
sie keinen Helden zum Lieben fand, verließ sie sich auf
die Glut, die in ihr lebte, und unternahm es, einen zu
schaffen.

Sie fand einen hübschen Menschen, frivol, tapfer, witzig, Herrn de Narbonne. Ob nun viel oder wenig in ihm
steckte, sie hielt es für ausreichend, da sie es mit ihrem
Herzen verdoppeln würde. Sie liebte ihn besonders der
heroischen Eigenschaften wegen, die sie in ihn hineintrug.
Sie liebte – auch das muß gesagt werden, denn sie war ein
Weib – seine Dreistigkeit und seinen Dünkel. Er stand
sehr schlecht mit dem Hofe und schlecht mit vielen Salons. Er war wirklich ein Grandseigneur, elegant und an-

mutig, aber ungern gesehen von den Seinen und von zweifelhafter Zuverlässigkeit. Was die Frauen sehr reizte, was man sich ins Ohr flüsterte, war, daß er die Frucht einer Blutschande zwischen Ludwig XV. und seiner Tochter sei. Die Sache war nicht unwahrscheinlich. Als die jesuitische Partei Voltaire und die voltairianischen Minister stürzen ließ (die d'Argenson und auch Machault, der allzuviel von den Gütern des Klerus sprach), mußte man ein Mittel finden, um die Pompadour, die Beschützerin der Neuerer, unschädlich zu machen. Eine Tochter des Königs, lebhaft und feurig, Polin wie ihre Mutter, brachte, eine zweite Judith, das heroische, durch den Zweck geheiligte Opfer. Sie war außergewöhnlich hitzig und leidenschaftlich, außerdem musiktoll, wozu sie der wenig bedenkliche Beaumarchais gemacht hatte. Sie bekam den Vater in ihre Gewalt und lenkte ihn eine Zeitlang nach ihrem Willen, vor den Augen der Pompadour. Aus der Verbindung sei, nach der Überlieferung, dieser hübsche, witzige, ein wenig unverschämte Mensch entsprungen, der dank seiner Herkunft eine liebenswürdige Ruchlosigkeit besaß, mit der er allen Frauen den Kopf verdrehte.

Madame de Staël hatte ein für eine Frau grausames Geschick: sie war nicht schön. Sie hatte grobe Züge und vor allem eine grobe Nase. Sie hatte ziemlich breite Hüften und eine wenig zarte Haut. Ihre Gesten waren eher energisch als anmutig; wenn sie, die Hände auf dem Rücken, vor dem Kamin stand, beherrschte sie mit ihrer männlichen Haltung und ihrer mächtigen Stimme, die im scharfen Gegensatz zu ihrem Geschlechte stand, die Gesellschaft, und manchmal konnte sie leise Zweifel erregen, ob sie eine Frau sei. Bei alledem war sie erst fünfundzwanzig Jahre alt, hatte sehr schöne Arme, einen junonischen Nacken, prächtige schwarze Haare, die in dicken Locken herabfielen und ihre Schultern wirkungsvoll umrahmten, ja, ihre Züge verhältnismäßig zarter, weniger männlich erscheinen ließen. Aber was sie am meisten zierte, was alles andere vergessen ließ, das waren ihre Augen, ganz einzigartige Augen, schwarz, in Flammen sprühend, in Geist, Güte und allen Leidenschaften strahlend. Ihr Blick war eine Welt. Man las darin, daß sie vor allem gut und edelmütig war. Sie hatte nicht einen Feind, der ihr einen Augenblick zuhören konnte, ohne beim Fortgehen, wenn auch widerwillig, zu gestehen: »O welch eine gute, edle, ausgezeichnete Frau!«

Vermeiden wir dennoch das Wort Genie; hüten wir dieses heilige Wort. Madame de Staël hatte in Wirklichkeit ein großes, ein ungeheures Talent, dessen Quelle ihr Herz war. Aber die tiefe Naivität und die große Erfindungsgabe, diese beiden hervorspringenden Züge des Genies, besaß sie niemals. Sie brachte ein primitives Mißverständnis der Elemente mit auf die Welt, das nicht bis zum Barocken ging wie bei Necker, ihrem Vater, aber das ein gut Teil ihrer Anlagen unterband, sie hinderte, sich aufzuschwingen und sie in der Schwülstigkeit festhielt. Die Neckers waren Deutsche, die sich in der Schweiz niedergelassen hatten. Sie waren reichgewordene Bürgerliche. Als Deutsche, Schweizerin und Bürgerliche hatte Madame de Staël zwar nichts Plumpes, aber etwas Kräftiges, Schwerfälliges, wenig Zartes. Zwischen ihr und Jean Jacques, ihrem Meister, besteht ein Unterschied wie zwischen Eisen und Stahl.

Gerade weil sie trotz ihres Talentes, ihres Vermögens und ihres vornehmen Umgangs bürgerlich empfand, hatte Madame de Staël die Schwäche, die Grandseigneurs anzubeten. Sie ließ ihrem guten, ausgezeichneten Herzen, das sie völlig auf die Seite des Volkes gebracht haben würde, nicht freien Lauf. Ihre Urteile und Meinungen neigten

stark zum Gegenteil. Überhaupt war ihre Auffassung ver-
kehrt. Sie bewunderte vor allem jenes Volk, das sie für
außergewöhnlich aristokratisch hielt: das englische; sie
verehrte den Adel Englands, ohne zu wissen, daß er sehr
jung war, ohne seine Geschichte genau zu kennen, von der
sie unaufhörlich sprach, ohne eine Ahnung zu haben von
dem Verfahren, durch welches England, unaufhörlich von
unten her erzeugend, seinen Adel macht. Kein Volk versteht es besser, eine Vergangenheit vorzutäuschen.

Es war die Liebe, die große Schwärmerin, die Bezaube-
rin der Welt, welche diese leidenschaftliche Frau glauben
machen mußte, daß man den jungen Offizier, den unbe-
ständigen Wüstling, den glänzenden, leichtfertigen Menschen an die Spitze einer so großen Bewegung stellen
konnte. Der gigantische Degen der Revolution wäre als
Liebessold aus der Hand einer Frau in die eines jungen
Laffen gewandert. Das war schon ziemlich lächerlich.
Noch lächerlicher aber war, daß sie versuchte, dieses ge-
wandte Unternehmen in den vorsichtigen Grenzen einer
Afterpolitik, einer quasi-englischen Freiheit, im Bunde
mit den Feuillants, einer abgewirtschafteten Partei, mit
Lafayette, der beinahe abgewirtschaftet hatte, durchzuführen; so besaß ihre Tollheit nicht einmal die Eigen-
schaft, die bisweilen der Tollheit den Erfolg sichert: die
Tollkühnheit.

Robespierre und die Jakobiner vermuteten ohne
Grund, daß Narbonne und Madame de Staël in enger
Verbindung standen mit Brissot und der Gironde, daß
beide Teile im Einverständnis mit dem Hofe es dahin
trieben, Frankreich in den Krieg zu stürzen und durch den
Krieg die Gegenrevolution herbeizuführen.

All das war ein Roman. Heute ist erwiesen, daß im
Gegenteil die Gironde Madame de Staël verabscheute, daß
der Hof Narbonne haßte und über den abenteuerlichen

Plan des Krieges, in den man ihn verwickeln wollte, murrte; der Hof meinte mit Recht, daß man ihn am Tage nach dem ersten Mißerfolg des Verrats zeihen und er in einer furchtbaren Gefahr schweben würde, der Narbonne und Lafayette nicht einen Augenblick lang standhalten könnten, daß die Gironde den beiden den kaum gezogenen Degen entreißen würde, um ihn gegen den König zu kehren.

»Sehen Sie«, sagte Robespierre, »daß der Plan zu diesem ruchlosen Krieg, durch den man uns den Königen Europas ausliefern will, unmittelbar aus der schwedischen Gesandtschaft stammt?« Das hieße vermuten, daß Madame de Staël wirklich die Frau ihres Gatten war, daß sie für Herrn von Staël und nach den Anweisungen seines Hofes handelte; eine lächerliche Vermutung, wenn man die rasende Liebe zu Narbonne sah, die sie ganz offen zur Schau trug, und ihre Ungeduld, ihn berühmt zu machen. Die arme Corinna[12] war fünfundzwanzig Jahre alt, sehr unvorsichtig, leidenschaftlich, edelmütig und meilenfern von jedem Gedanken an politischen Verrat. Diejenigen, welche Natur, Alter und Leidenschaft besser kennen als der allzu feine Logiker, werden diese ärgerliche, sicher unmoralische, sonst aber einwandfreie Sache vollkommen verstehen; sie handelte für ihren Liebhaber, keineswegs für ihren Gatten. Sie hatte es eilig, den ersteren in dem Kreuzzuge der Revolution berühmt zu machen, und sorgte sich nur wenig darum, ob die Schläge nicht auf das Haupt des erlauchten Herrn des schwedischen Gesandten fallen würden.

Am 11. Januar erstattete Narbonne, der auf einer äußerst beschleunigten Reise die Grenzen abgereist hatte, der Versammlung Bericht. Ein echter Höflingsbericht! Sei es Übereilung, sei es Unwissenheit: er entwarf ein glänzendes Bild von unserer militärischen Lage, nannte riesige

Ziffern der Truppenbestände, machte Übertreibungen aller Art, die später von Dumouriez in einer Denkschrift zunichte gemacht wurden.

Der Sturz Narbonnes, der von den Girondisten zu Fall gebracht wurde, machte Madame de Staël zur eifrigen Royalistin. Sie entwarf einen Fluchtplan für die königliche Familie. Aber sie wollte, daß Narbonne, ihr Held, die Ehre davon hatte. Der Hof glaubte, sich so leichtsinnigen Händen nicht anvertrauen zu dürfen. Sie entfloh während der Schreckensherrschaft in die Schweiz, wurde nach dem Thermidor blinde Parteigängerin der Reaktion, wechselt plötzlich im Jahre 1796 ihren Standpunkt, unterstützt das Direktorium und nimmt mittelbar an dem Staatsstreich teil, der die Republik rettete.

Bonaparte haßte sie, da er glaubte, sie habe Necker bei seinen letzten Handlungen, die seiner eigenen Politik sehr zuwidergingen, geholfen. Er hat kein besseres Mittel gefunden, sie verächtlich zu machen, als die Behauptung, sie habe ihm irgendeine Liebeserklärung gemacht; äußerst unwahrscheinlich zu einer Zeit, wo sie völlig in den Händen Benjamin Constants war, den sie in die Opposition gegen Bonaparte brachte. Man weiß, wie lächerlich der Herr Europas sie verfolgen ließ, man kennt die Verbannung der Madame de Staël, die Beschlagnahme ihres Buches »De l'Allemagne« und die sonderbaren Vorschläge, die man ihr mehrfach antragen ließ. Bonaparte hatte ihr als Konsul angeboten, ihr zwei Millionen zurückzuzahlen, die im Jahre 1789 von Necker als Darlehen gegeben worden waren, und später ließ er sie bitten, für den König von Rom[13] zu schreiben.

Im Jahre 1812 mußte sie nach Österreich, Rußland, Schweden fliehen. Sie wußte nicht mehr, wo sie bleiben konnte, als sie ihr Buch »Zehn Jahre in der Verbannung« schrieb. Sie hatte im Jahre 1810 einen jungen, kranken und verwundeten Offizier geheiratet, Herrn de Rocca, der einundzwanzig Jahre jünger war. Sie starb 1817.

Alles in allem war sie eine hervorragende Frau, besaß ein edles Herz und viel Talent; ohne die Salons, ohne die mittelmäßigen Freundschaften, ohne all die Erbärmlichkeiten der redenden und schreibenden Welt – hätte sie vielleicht Genie gehabt.

NEUNTES KAPITEL

Die Salons. Madame de Condorcet

Beinahe den Tuilerien gegenüber, auf dem anderen Ufer, angesichts des Pavillons der Flora und des royalistischen Salons der Madame de Lamballe, steht die Münze. Hier befand sich ein anderer Salon, der des Herrn de Condorcet, den ein Zeitgenosse die Wiege der Republik nennt.

Dieser europäische Salon des berühmten Sekretärs der Akademie der Wissenschaften sah in der Tat von allen Himmelsrichtungen her den republikanischen Gedanken der Zeit sich verdichten. Dort geriet er in Gärung, dort nahm er Form und Gestalt an, dort fand er seine Formeln. Was den tätigen Anstoß und den zündenden Gedanken betrifft, so gehörte er, wie wir gesehen haben, seit dem Jahre 1789 Camille Desmoulins. Im Juni 1791 haben ihn Bonneville und die Cordeliers zum erstenmal hinausgerufen.

Der letzte der Philosophen des großen achtzehnten Jahrhunderts, der alle überlebte, um ihre Theorien auf den Kampfplatz des Lebens geschleudert zu sehen, war Herr de Condorcet, Sekretär der Akademie der Wissen-

schaften, der Nachfolger d'Alemberts, der letzte, mit dem
Voltaire im Briefwechsel stand, der Freund Turgots.[14]
Sein Salon war der natürliche Mittelpunkt des denkenden
Europa. Jede Nation und jede Wissenschaft war hier
vertreten. Alle die vornehmen Fremden kamen, nachdem
sie die Theorien von Frankreich übernommen hatten,
hierher, um den Weg zu ihrer Verwirklichung zu suchen
und zu besprechen. Da war der Amerikaner Thomas
Payne, der Engländer Williams, der Schotte Mackintosh,
der Genfer Dumont, der Deutsche Anacharsis Cloots[15],
dieser letztere ohne jedes innere Verhältnis zu einem solchen Salon. Aber im Jahre 1791 kamen alle dahin, alle
waren da im bunten Gemisch. In einer Ecke saß unentwegt der tätige Freund, der Arzt Cabanis, kränklich und
melancholisch, der die zärtliche, tiefe Neigung, die er für
Mirabeau gehegt, auf dieses Haus übertragen hatte.

Mitten unter diesen berühmten Denkern schwebte die
edle, jungfräuliche Gestalt der Madame de Condorcet, die
Raphael zum Urbild der Metaphysik gewählt hätte. Sie
war ganz Licht, alles schien hell und rein zu werden unter
ihrem Blick. Sie war Stiftsfräulein gewesen und schien
noch weniger verheiratete Dame als vornehmes Fräulein
zu sein. Sie war damals siebenundzwanzig Jahre alt
(zweiundzwanzig Jahre jünger als ihr Gatte). Sie hatte
gerade ihre »Briefe über die Sympathie« geschrieben, ein
feines und zartes Buch, in dem man unter dem Schleier
äußerster Zurückhaltung dennoch oft die Melancholie eines jungen Herzens spürt, dem etwas versagt geblieben
war.* Man hat umsonst die Vermutung ausgesprochen,
daß sie ruhmsüchtig Ehrung und Gunst des Hofes er-
strebte und daß ihr Ärger über die enttäuschte Erwar-

---

* Das rührende kleine Buch ist vor der Revolution geschrieben und nachher, im Jahre 1798, veröffentlicht worden. Es hat Teil an den Umwäl-
  zungen der Zeit. Die Briefe sind an Cabanis gerichtet, den Schwager der

tung sie der Revolution in die Arme getrieben hätte. Nichts lag einem solchen Charakter ferner.

Weniger unwahrscheinlich ist, was man ebenfalls behauptet hat: sie habe Condorcet vor der Heirat erklärt, daß ihr Herz nicht mehr frei sei; sie liebte, und zwar hoffnungslos. Der Weise nahm dieses Geständnis mit väterlicher Güte auf und achtete es. Zwei volle Jahre lebten sie nach derselben Überlieferung lediglich in geistiger Gemeinschaft. Erst im Jahre 1789, an jenem bedeutsamen Julitage, sah Madame de Condorcet, wie groß die Leidenschaft in jenem äußerlich kalten Manne war; sie begann, den großen Bürger zu lieben, die zärtliche, tiefe Seele, die wie sein eigenes Glück so auch die Hoffnung auf das Glück der Menschheit in sich barg. Sie fand ihn jung von der ewigen Jugend jenes großen Gedankens, jenes schönen Wunsches. Das einzige Kind, das sie besaßen, wurde neun Monate nach der Einnahme der Bastille, im April 1790, geboren.

Condorcet war damals neunundvierzig Jahre alt und wurde tatsächlich durch diese großen Ereignisse wieder jung; er begann ein neues Leben, das dritte. Er hatte das des Mathematikers mit d'Alembert gelebt, das des Kritikers mit Voltaire, und nun schiffte er sich ein auf den Ozean des politischen Lebens. Er hatte den Fortschritt geträumt, jetzt hieß es, ihn zu schaffen, oder wenigstens, sich ihm zu opfern. Sein ganzes Leben bedeutete ein be-

liebenswürdigen Verfasserin, ihren untröstlichen Freund, den Vertrauten ihres verwundeten Herzens. Sie sind vollendet in jenem fahlen Elysée d'Auteuil, das so voll von Klagen und geliebten Schatten ist. Diese Briefe reden mit leiser Stimme, nur gedämpft klingen die Saiten an. Bei einer so großen Zurückhaltung unterscheidet man unter den Anspielungen nicht immer, was der erste Kummer des jungen Mädchens, was die Klagen der Witwe sind. Richtet sie sich an Condorcet oder an Cabanis, jene zarte, bewegte Stelle, die beinahe verräterisch geworden wäre, wenn sie nicht plötzlich wieder zurückhaltend verliefe: »Der Heiland und der Führer unseres Glückes . . .«

merkenswertes Bündnis zwischen zwei selten vereinigten Fähigkeiten: einer starken Vernunft und einem unendlichen Glauben an die Zukunft. Fest selbst gegen Voltaire, als er ihn ungerecht fand, Freund der Volkswirtschaftler, ohne verblendet gegen sie zu sein, blieb er sogar der Gironde gegenüber unabhängig. Man liest noch mit Verwunderung seine Verteidigungsrede für Paris gegen das Vorurteil der Provinzen, das heißt der Gironde.

Dieser große Geist war immer gegenwärtig, aufgeweckt, Herr seiner selbst. Seine Türe stand immer offen, an welcher abstrakten Arbeit er auch sein mochte. Auch im Salon, unter einer Menge Menschen, blieb er immer der Denker; es gab für ihn keine Ablenkung. Er sprach wenig, hörte alles, nutzte alles; niemals hat er etwas vergessen. Jeder Spezialist, der ihn ausfragte, erkannte ihn als den größeren Spezialisten auf dem Gebiete, das ihn beschäftigte. Die Frauen waren erstaunt, erschreckt, als sie sahen, daß er sogar die Geschichte ihrer Moden kannte, und zwar sehr weit zurück und bis in die kleinste Einzelheit. Er erschien sehr kalt, er schüttete nie sein Herz aus. Seine Freunde erkannten seine Freundschaft nur durch den brennenden Eifer, den er daran wandte, ihnen Dienste zu erweisen. »Er ist ein Vulkan unter dem Schnee«, sagte d'Alembert. Als junger Mensch, erzählt man, hatte er geliebt, und da er keine Hoffnung hatte, so war er einen Augenblick dem Selbstmord nahe. Dann war er alt und sehr reif, doch im Grunde nicht weniger glühend, und liebte seine Sophie mit einer verhaltenen, ungeheuern Liebe, mit jener Leidenschaft, die um so tiefer ist, je später sie kommt, tiefer als das Leben selbst und unergründlich.

Eine herrliche Zeit! Und wie waren diese Frauen würdig, geliebt zu sein, würdig, durch den Mann mit dem Ideal selbst, mit dem Vaterland und der Tugend eins zu

werden. Wer erinnert sich nicht noch des düsteren Früh-
stücks, wo die Freunde Camille Desmoulins ihn zum letzten Male baten, seinen »vieux Cordelier« zurückzuhalten
und seine Forderungen eines »Komitees der Milde«[16] zu
vertagen? Seine Lucile, die vergaß, daß sie Gattin und
Mutter war, schlang ihre Arme um seinen Hals und rief:
»Laßt ihn! laßt ihn! Er soll seiner Bestimmung folgen!«

So haben sie ruhmvoll Ehe und Liebe geheiligt, sie
richteten die ermattete Stirn des Mannes im Angesicht des
Todes auf, flößten ihm noch Leben ein und errangen ihm
die Unsterblichkeit.

Auch sie werden immer unsterblich sein. Immer werden
die Männer der Zukunft es bedauern, daß sie diese heldenmütigen, reizenden Frauen nicht mehr gekannt haben. Sie
leben in uns fort, in den edelsten Träumen des Herzens, als
Urbild einer ewigen Liebe, nach der wir uns sehnen.

Wie ein Schatten lag jene tragische Bestimmung des
Opfers auf den Zügen und im Ausdruck Condorcets. Mit
einer zaghaften Haltung (wie die des Weisen zu sein pflegt,
der immer einsam ist mitten unter Menschen) verband er
eine gewisse Traurigkeit, Geduld und Entsagung. Die
obere Hälfte des Gesichtes war schön. Die Augen, edel und
sanft, voll von ernstem Idealismus, schienen in die letzten
Gründe der Zukunft zu blicken, seine breite Stirn aber,
hinter der sich jede Wissenschaft barg, ein ungeheures
Magazin, schien ein vollständiges Archiv der Vergangenheit zu sein.

Der Mann war, das muß gesagt werden, eher umfassend
als stark. Man erkannte es an seinem Munde, der ein wenig
weich und schwach, ein wenig zurückfallend war. Die
Universalität, die den Geist sich auf alle Gegenstände
zersplittern läßt, ist eine Ursache der Entnervung. Man
bedenke, daß er sein Leben im achtzehnten Jahrhundert
verbracht hatte und daß dessen Gewicht ihm anhing. Er

hatte dessen Wortstreite sämtlich miterlebt, alle seine wichtigen und unwichtigen Geschehnisse. Und er trug verhängnisvoll an seinen Widersprüchen. Neffe eines völlig jesuitischen Bischofs, teilweise sogar von ihm erzogen, dankte er auch vieles der Fürsprache Larochefoucaulds. Wiewohl arm, war er adelig, trug einen Titel, war Marquis de Condorcet. Geburt, Stellung, Beziehungen, viele Umstände banden ihn an das alte Regime. Sein Haus, sein Salon, seine Frau verkörperten den gleichen Widerspruch.

Madame de Condorcet, geborene Grouchy, die zuerst Stiftsfräulein, dann begeisterte Schülerin Rousseaus und der Revolution gewesen war und ihre halbkirchliche Stellung aufgegeben hatte, um einem Salon vorzustehen, welcher der Mittelpunkt der Freidenker war, sah aus wie eine vornehme Nonne und Jüngerin der Philosophie.

Die Krisis vom Juni 1791 mußte auf Condorcet entscheidend wirken, sie rief ihn auf, sich zu erklären. Er mußte wählen zwischen seinen Beziehungen und seinen Ahnen einerseits und seinen Ideen andererseits. Interessen dagegen waren für einen solchen Mann nicht vorhanden. Das einzige vielleicht, für das er empfänglich gewesen wäre, bestand darin, daß, wenn die Republik jeden Adel von Geburt erniedrigte und statt dessen die von Natur überlegenen Geister erhöhte, seine Sophie Königin geworden wäre.

Herr de Larochefoucauld, sein vertrauter Freund, gab die Hoffnung nicht auf, seinen Republikanismus wie denjenigen Lafayettes unwirksam zu machen. Er glaubte, mit dem bescheidenen Wesen, dem sanften, fast ängstlichen Manne, den überdies seine Familie früher unterstützt hatte, leichtes Spiel zu haben. Man ging so weit zu behaupten und in der Öffentlichkeit die Meinung zu verbreiten, daß Condorcet die royalistischen Ideen Sieyès' teile. Man stellte ihn auf diese Weise bloß und suchte ihn gleichzeitig mit der Aussicht auf die Ernennung zum Hofmeister des Dauphin in Versuchung zu führen.

Diese Gerüchte bestimmten ihn wahrscheinlich, sich früher zu erklären, als er es sonst getan hätte. Am 1. Juli ließ er durch den »Bouche-de-fer« verkünden, daß er im sozialen Verein über die Republik sprechen würde. Er wartete bis zum 12. und tat es dann nur mit einer gewissen Zurückhaltung. In einer scharfsinnigen Rede widerlegte er mehrere der gewöhnlichen Einwendungen, die man gegen die Republik erhebt, fügte aber gleichwohl diese Worte hinzu, die großes Erstaunen hervorriefen: »Wenn dennoch das Volk sich vorbehält, einen Konvent zu wählen, der erklären soll, ob man den Thron erhalten will, wenn das Erbrecht für eine kleine Zahl von Jahren zwischen zwei Konventen fortbesteht, so ist in diesem Falle das Königtum im wesentlichen den Rechten der Bürger nicht entgegen.« Er spielte auf das umlaufende Gerücht an, daß man ihn zum Hofmeister des Dauphin ernennen wolle, und sagte, daß er ihn »in diesem Falle« besonders lehren wolle, auf den Thron verzichten zu können.

Diese scheinbare Unentschiedenheit gefiel den Republikanern nicht sehr und kränkte die Royalisten. Diese wurden noch viel mehr verletzt, als man in Paris eine geistreich-spöttische Flugschrift verbreitete, die von seiner ernsten Hand geschrieben war. Condorcet war darin wahrscheinlich das Echo und der Schriftführer der jungen Gesellschaft, die seinen Salon besuchte. Die Flugschrift war ein »Brief eines jungen Mechanikers«, der sich für eine mäßige Summe verpflichtete, einen ausgezeichneten konstitutionellen König herzustellen. »Dieser König«, sagte er, »würde wunderbar die Funktion des Königtums erfüllen; er würde sich zu den Zeremonien begeben, würde nach allem Herkommen Sitzung abhalten, zur Messe gehen und mittels einer gewissen Vorrichtung die Liste der von der Mehrheit bezeichneten Minister aus den Händen des Präsidenten der Nationalversammlung entgegennehmen. Mein König würde der Freiheit nicht gefährlich sein; überdies wäre er bei sorgfältiger Ausbesserung unsterblich, was noch schöner ist, als erblich zu sein. Man könnte ihn sogar, ohne ungerecht zu sein, für unverletzlich erklären und, ohne abgeschmackt zu sein, ihn unfehlbar nennen.«

Bemerkenswert ist, daß dieser reife und ernste Mann, der sich mit einem Scherz auf die Wogen der Revolution wagte, sich keineswegs die Möglichkeiten verhehlte, auf die er zutrieb. Voll Vertrauen auf die ferne Zukunft der Menschheit, traute er weniger der Gegenwart, bildete sich keine falsche Vorstellung von der Lage und sah sehr wohl die Gefahren. Er fürchtete sie, nicht für sich selbst (er gab gern sein Leben hin), aber für die angebetete Frau, für das junge Kind, das sein Leben dem heiligen Julitage verdankte. Seit mehreren Monaten hatte er heimlich nach einem Hafenort gesucht, von dem aus er, wenn nötig, seine Familie entfliehen lassen konnte, und hatte sich für Saint-Valery entschieden.

Alles wurde vertagt, und allmählich rückte das Ereignis näher. Condorcet selbst führte es herbei; dieser so vorsichtige Mann wurde kühn in der Zeit der Schreckensherrschaft. Er redigierte den Verfassungsentwurf von 1792, er griff die Verfassung von 1793 heftig an und sah sich dann gezwungen, eine Zuflucht gegen die Verbannung zu suchen.

ZEHNTES KAPITEL

Fortsetzung. Madame de Condorcet (1794)

Die Liebe ist stark wie der Tod.« Und diese Zeiten des Todes sind es, die vielleicht ihre Triumphe bedeuten. Denn der Tod gießt in die Liebe ein herbes und brennendes Etwas, einen bitteren göttlichen Geschmack, der nicht von dieser Welt ist.

Wer hat nicht, wenn er die verwegene Reise Louvets quer durch ganz Frankreich las, der wiederfinden wollte, was er liebte, wenn er die Augenblicke miterlebte, wo sie sich sterbend und erschöpft, in dem Schlupfwinkel von Paris oder in der Höhle des Jura vom Geschicke vereint, einander in die Arme sinken, hundertmal gerufen: »O Tod, wenn du eine solche Macht hast, die Freuden des Lebens zu verhundertfachen und bis zu dem Grade zu verklären, so besitzest du in Wahrheit die Schlüssel des Himmels!«

Die Liebe hat Louvet gerettet. Sie hatte Desmoulins' Tod verschuldet, indem sie ihn in seinem Heldenmut bestärkte. Sie stand dem Tode Condorcets nicht fern.

Am 6. April 1794 kam Louvet in Paris an, um seine Lodoïska wiederzusehen; Condorcet verließ die Stadt, um die Gefahr von seiner Sophie abzuwenden.

Das ist wenigstens die einzige Erklärung, die man für diese Flucht des Verbannten finden kann; die ihn trieb, seine Zufluchtsstätte zu verlassen.

Die Behauptung, die man aufgestellt hat, daß Condorcet nur darum Paris verließ, weil der Frühling ihn aufs Land lockte, ist eine merkwürdige, unwahrscheinliche und wenig ernsthafte Erklärung.

Zum besseren Verständnis muß man die Lage seiner Familie kennen.

Madame de Condorcet, schön, jung und tugendhaft,

Gattin des berühmten Verbannten, der ihr Vater hätte sein können, war im Augenblick der Ächtung und der Beschlagnahme der Güter völlig verarmt. Keiner hatte die Mittel zur Flucht. Cabanis, der Freund, wandte sich an zwei Studenten der Medizin, die seither berühmt wurden, Pinel und Boyer. Condorcet wurde von ihnen an einen gewissermaßen allgemein zugänglichen Ort gebracht, zu einer Frau Vernet, in der Nähe des Luxembourg, die Pensionäre in Kost und Logis nahm. Diese Frau ist bewundernswert. Ein Montagnard, der im Hause wohnte, erwies sich als gutmütig und verschwiegen: obwohl er Condorcet alle Tage begegnete, wollte er ihn nicht erkennen. Madame de Condorcet wohnte in Auteuil und kam jeden Tag zu Fuß nach Paris. Mit der Sorge um eine kranke Schwester, um ihre greise Erzieherin und ihr kleines Kind belastet und geplagt, mußte sie dennoch leben und für den Unterhalt der Ihrigen Rat schaffen. Ein junger Bruder des Sekretärs von Condorcet unterhielt für sie in der Rue Saint-Honoré 352, zwei Schritt von Robespierres Wohnung, einen kleinen Wäscheladen. Im Erdgeschoß über dem Laden machte sie Porträts. Mehrere der Mächtigen von heute ließen sich malen. Kein Beruf blühte so wie dieser unter der Schreckensherrschaft, man beeilte sich, einen Schatten seines so unsicheren Lebens auf der Leinwand festzuhalten. Die sonderbar anziehende Keuschheit und Würde, die in dieser jungen Frau lebten, führte die Gewalttätigen, die Feinde ihres Gatten, hierher. Was mußte sie nicht hören! Wieviel harte und grausame Worte! Eine große Angegriffenheit, ein lebenslängliches Siechtum und Kränklichkeit waren die Folge. Abends, wenn sie den Mut dazu hatte, schlich sie bisweilen, zitternd und mit gebrochenem Herzen, im Schatten bis zur Rue Servandoni, einem düsteren, feuchten Gäßchen unter den Türmen von Saint-Sulpice. In Angst vor einer Begegnung eilte sie lautlosen Schritts zu dem ärmlichen Zufluchtsort des großen Mannes; die Liebe der Gattin und der Tochter gewährten dann Condorcet einige Stunden der Freude und des Glücks. Es braucht hier nicht erwähnt zu werden, wie sehr sie die Prüfungen des Tages, die Demütigungen, die Härten, die barbarischen Leichtfertigkeiten zu verbergen suchte – diese Qualen einer verwundeten Seele, die der Preis für die Erhaltung ihres Gatten, ihrer Familie waren, wie sie den Haß durch ihre Geduld milderte, den Zorn besänftigte und so vielleicht das über ihr hängende Schwert aufhielt. Aber Condorcets Blick war zu scharf, als daß er nicht jedes Ding ahnen sollte; er las alles in ihrem Auge, in jenem fahlen Lächeln, unter dem sie ihr inneres Gestorbensein verbarg. So schlecht verborgen, in jedem Augenblick in Gefahr, sich und sie untergehen zu sehen, im völligen Bewußtsein alles dessen, was sie litt und für ihn wagte, empfand er den Arm der Schreckensherrschaft in seiner ganzen Wucht. Wenig mitteilsam, behielt er alles für sich, aber mehr und mehr haßte er ein Leben, welches das gefährdete, was ihm noch lieber war als das Leben.

Womit hatte er solche Qualen verdient? Er hatte keinen der Fehler der Girondisten begangen. Weit entfernt, Föderalist zu sein, hatte er in einem scharfsinnigen Buche das Recht der Stadt Paris verteidigt, hatte er den Vorteil, den eine solche Hauptstadt als Werkzeug der Zentralisation bot, nachgewiesen. Der Name ›Republik‹, das erste republikanische Manifest war in seinem Hause entstanden und von seinen Freunden in die Welt getragen worden, als Robespierre, Danton, Vergniaud und alle anderen noch zögerten. Er hatte, das ist wahr, jenen ersten undurchführbaren und unanwendbaren Verfassungsentwurf ersonnen, dessen Maschine niemals in Bewegung hätte gesetzt werden können, so sehr war sie mit Garantien,

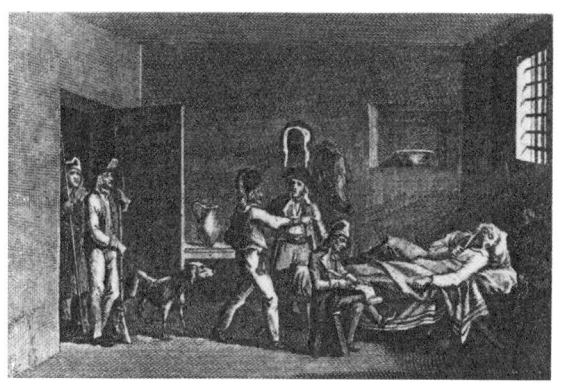

CONDORCETS TOD IM GEFÄNGNIS (28. MÄRZ 1794)

Schranken und Fesseln für die Macht, mit Sicherheiten für das einzelne Individuum beladen und überladen. Das schreckliche Wort Chabots, daß die dieser vorgezogene Verfassung von 1793 nur eine Falle sei, ein geschicktes Mittel zur Errichtung der Diktatur, das hatte Condorcet nicht gesprochen, aber er hatte es in einer eifernden Flugschrift nachgewiesen. Chabot, der über seine eigene Verwegenheit erschreckt war, glaubte, sich Robespierre angenehm machen zu müssen, und ließ Condorcet ächten.

Als der am Tage nach dem 31. Mai diese kühne Tat beging, wußte er wohl, daß er sein Leben aufs Spiel setzte. Er ließ sich von Cabanis ein wirksames Gift geben. Da er mit dieser Waffe immer sein Leben in der Hand hielt, wollte er von seiner Zufluchtsstätte aus den Streit fortsetzen, den Kampf der Logik gegen das Messer, den Schrecken selbst mit den sieghaften Zügen der Vernunft in Schrecken setzen. So stark war sein Glaube an diesen Gott des achtzehnten Jahrhunderts, an seinen unabwendbaren Sieg durch den gesunden Verstand der Menschheit!

Eine sanfte Macht hielt ihn zurück, eine unbesiegbar herrschende, die Stimme der geliebten Frau, der leidgebeugten Blume, die als Geisel für sein Leben der Unbill der Welt ausgesetzt war, die für ihn lebte und starb. Madame de Condorcet forderte von ihm das schwerste Opfer, das Opfer seiner Leidenschaft, des begonnenen Kampfes, das heißt, seines Herzens. Sie sagte ihm, er solle seine Feinde von einst lassen, diese ganze rasende Welt, die dahingehen würde, er solle sich außerhalb seiner Zeit stellen, jetzt schon Besitz ergreifen von seiner Unsterblichkeit, den Gedanken verwirklichen, den er genährt hatte, und eine »Geschichte der Fortschritte des Menschengeistes« schreiben.

Groß war die Mühe. Man sieht es an dem auffallenden Mangel an Leidenschaft, an der strengen, finsteren Kälte,

die der Verfasser angenommen hat. Viele Dinge sind größer geworden, viele nur trocken vermerkt*. Die Zeit
drängte. Wer konnte wissen, ob es ein Morgen gab? Der
Einsame in seiner eisigen Dachstube, der von seiner Luke
aus nur die kahlen Wipfel der Bäume im Luxembourg sah,
im Winter 1793, beschleunigte die harte Arbeit, von Tag
zu Tag, von Nacht zu Nacht, und war glücklich, wenn er
auf jeder Seite, bei jedem zu Ende behandelten Jahrhundert seiner Geschichte sagen konnte: »Wieder ein Welt-
alter dem Tode entzogen.«

Er hatte, Ende März, alle Jahrhunderte und alle Zeitalter wieder durchlebt, erlöst und gerechtfertigt; die Le-
benskraft der Wissenschaften, ihre ewige Macht, redete
aus seinem Buche und aus ihm selbst. Was bedeutet Geschichte und Wissenschaft? Den Kampf gegen den Tod.
Das drängende Verlangen einer großen, unsterblichen
Seele, ihre Erfahrung von Unsterblichkeit mitzuteilen,
begeisterte den Weisen, seinen heißen Wunsch in die prophetische Form zu kleiden: »Die Wissenschaft wird den
Tod besiegt haben. Und dann wird man nie mehr sterben.«

Eine erhabene Herausforderung an die Herrschaft des
Todes, die ihn rings umgab. Eine edle, ergreifende Rache!
Als er seine Seele in das Glück geflüchtet hatte, das dem
Geschlecht der Menschen in ferner Zukunft bevorstand, in
jene unendlichen Hoffnungen, als er durch das Heil der
Zukunft gerettet war, drückte Condorcet am 6. April,
nachdem er die letzte Zeile geschrieben hatte, seine Woll-
mütze tief in die Stirn und überschritt morgens in seinem
Arbeiterkittel die Schwelle der guten Madame Vernet. Die

---

* Diese Trockenheit ist nur äußerlich. Man merkt es wohl, wenn man in
den letzten Worten an seine Tochter die lange, zärtliche Ermahnung
liest, sie solle die Tiere lieben und schonen, und wenn man darin die
Trauer wahrnimmt, die ihn das harte Gesetz zum Ausdruck bringen läßt,
welches sie zwingt, sich wechselseitig zur Nahrung zu dienen.

hatte sein Vorhaben geahnt und überwachte ihn; er konnte nur mit List entweichen. In der einen Tasche trug er seinen treuen Freund, seinen Befreier, in der anderen den römischen Dichter, der die Grabgesänge auf die sterbende Freiheit geschrieben hat*.

Er irrte den ganzen Tag auf dem Lande umher. Am Abend betrat er das reizende Dorf Fontenay-aux-Roses, in dem viele Schriftsteller wohnten, ein schöner Ort, wo er selbst als Sekretär der Akademie der Wissenschaften und als dem Königtum Voltaires – wenn man so sagen darf – eng Verbundener viele Freunde und beinahe Verehrer hatte; alle auf der Flucht oder ausgewiesen. Blieb ihm nur das Haus der »kleinen Eheleute«, so nannte man Herrn und Frau Suard. Sie waren wirklich Miniaturen an Gestalt und Geist. Suard, ein hübscher kleiner Mann, und seine lebhafte, niedliche Frau waren beide Schriftsteller; sie schrieben aber keine Bücher, sondern nur kurze Artikel, Arbeiten für die Minister und sentimentale Novellen (darin war besonders die Frau hervorragend). Niemals hat jemand sein Leben besser einzurichten verstanden. Beide waren geliebt, einflußreich und beachtet bis zum letzten Augenblick. Suard starb als königlicher Zensor.

Sie duckten sich da unter der Erde, warteten, daß der Sturm vorüberginge, und machten sich ganz klein. Als der müde Geächtete mit hagerem Gesicht und schmutzigem Bart in seiner traurigen Verkleidung ihnen unvermutet ins Haus fiel, geriet der hübsche kleine Haushalt dadurch in grausame Verwirrung. Man weiß nicht, was sich zutrug.

---

* Altera jam teritur bellis civilibus aetas;

- - - - - - - -

   Justum et tenacem propositi virum

- - - - - - - -

   Et cuncta terrarum subacta
   Praeter atrocem animum Catonis.

Sicher ist, daß Condorcet unverzüglich durch eine Gartenpforte das Haus verließ. Er sollte zurückkommen, erzählt man, die Tür sollte offen bleiben; er fand sie bei der Rückkehr geschlossen. Der bekannte Egoismus der Suards scheint mir nicht ausreichend, um der Überlieferung Halt zu geben. Sie behaupten, und ich glaube ihnen, daß Condorcet, der Paris verließ, um niemanden bloßzustellen, auch sie nicht bloßstellen wollte; er wird Nahrungsmittel erbeten und erhalten haben, das ist alles.

Er verbrachte die Nacht und den folgenden Tag in den Wäldern. Aber der Marsch erschöpfte ihn. Ein Mann, der ein Jahr lang sitzend verbracht hatte und nun plötzlich ununterbrochen marschierte, mußte bald vor Ermattung sterben. Er war also gezwungen, mit seinem langen Bart und seinen irrenden Augen, ein armer Ausgehungerter, in Clamart eine Schenke zu betreten. Er aß gierig und schlug gleichzeitig, um sein Herz zu stärken, den römischen Dichter auf. Sein Aussehen, das Buch, die weißen Hände: alles verriet ihn. Zechende Bauern (es waren das Revolutionskomitee von Clamart) sahen bald, daß da ein Feind der Republik saß. Sie schleppten ihn zum Bezirkshaus. Es bestand die Schwierigkeit, daß er keinen Schritt gehen konnte. Seine Füße waren zerfetzt. Man setzte ihn auf die elende Schindmähre eines Winzers, der vorüberkam. In diesem Aufzuge wurde der berühmte Vertreter des achtzehnten Jahrhunderts feierlich zum Gefängnis von Bourg-la-Reine geführt. Er ersparte der Republik die Schande des Vatermordes, den Frevel, den letzten der Philosophen hinzurichten, ohne den sie nicht bestanden hätte.

ELFTES KAPITEL

Frauenvereine. Olympe de Gouges.
Rose Lacombe

Da sich die Jakobiner »Freunde der Verfassung« nannten, so gab sich der Verein, der unter ihrem Versammlungsort zusammenkam, den Namen »Brüderliche Vereinigung der Patrioten beiderlei Geschlechts *zur Verteidigung der Verfassung*«. Er hatte im Mai 1791 eine starke Festigkeit bewiesen. Bei einer wichtigen Gelegenheit, wo er gegen die Beschlüsse der konstituierenden Versammlung protestierte, berief er sich auf dreitausend Mitglieder. Um diese Zeit trat ihm ein berühmtes Mitglied bei, Madame Roland, die damals nach Paris unterwegs war. Wir kennen unglücklicherweise die Geschichte der Frauenvereine schlecht. In den zufälligen Nachrichten der Zeitungen, in Biographien usw. findet man hier und da geringe Spuren.

Mehrere dieser Vereine wurden um 1790 und 1791 von der hervorragenden Stegreifdichterin aus dem Süden, Olympe de Gouges, gegründet, die, wie Lope de Vega, jeden Tag ein Trauerspiel diktierte. Sie war sehr ungebildet, man hat sogar behauptet, daß sie weder lesen noch schreiben konnte. Sie war in Montauban geboren (1755), ihre Mutter war Putzwarentrödlerin, ihr Vater Kaufmann oder, wie andere behaupten, Schriftsteller. Von vielen wurde sie für ein uneheliches Kind Ludwigs XV. gehalten. Diese unglückliche Frau, die voller edler Ideen war, wurde das Spielzeug und das Opfer ihrer nervösen Reizbarkeit. Sie hat das Recht der Frauen durch ein richtiges und großes Wort begründet: »Sie haben wohl ein Recht auf die Tribüne, denn sie haben ja auch ein Recht auf das Schafott.«

Revolutionärin im Juli 1789, wurde sie Royalistin am 6. Oktober, als sie den König gefangen in Paris sah. Republikanerin im Juni 1791 unter dem Eindruck der Flucht und des Verrates Ludwigs XVI., wandte sie sich ihm wieder zu, als man ihm den Prozeß machte. Man verspottete ihre Inkonsequenz, da trug sie in ihrem südlichen Ungestüm den Spöttern Pistolenduelle an.

Die Partei Lafayettes trug vor allem zu ihrem Sturz bei, indem sie sie an die Spitze eines antirevolutionären Festes setzte. Man ließ sie in mehr als einer Angelegenheit, die ihr schwacher Kopf nicht verstand, handeln und schreiben. Mercier und ihre anderen Freunde rieten ihr vergebens, sich zurückzuhalten, immer war sie tätig und rechnete dabei auf die Reinheit ihrer Absichten; sie erklärte diese öffentlich in einer sehr vornehmen Flugschrift: »Der Stolz der Unschuld«. Ihr Mitleid brachte ihr den Tod. Als sie den König vor dem Richterstuhl des Konvents sah, bot sie sich an, ihn zu verteidigen, obgleich sie aufrichtige Republikanerin war. Dem Angebot wurde nicht stattgegeben. Aber nun war sie verloren.

Die in der Öffentlichkeit stehenden Frauen wagen, wenn sie den Parteien Trotz bieten, viel mehr als die Männer. Es war ein häßlicher Machiavellismus dieser Zeit, die Hand auf diejenigen zu legen, deren Heldenmut die Begeisterung entflammen konnte, sie durch Beschimpfungen lächerlich zu machen, welche die Brutalität gern dem schwachen Geschlecht zufügt.

Eines Tages wurde Olympe in einer Gruppe Menschen ergriffen und beim Kopf gepackt, ein roher Patron preßte den Kopf unter den Arm und riß ihr die Mütze ab; ihre Haare öffnen sich, armselige graue Haare, obgleich sie nur achtunddreißig Jahre alt war; Talent und Leidenschaft hatten sie verzehrt. »Wer will den Kopf der Olympe für fünfzehn Sous?« rief der Barbar. Sie antwortete sanft, ohne aus der Fassung zu geraten: »Lieber Freund, lieber Freund, ich gebe dreißig.« Man lacht, und sie entschlüpft.

Nicht für lange. Vor das revolutionäre Gericht geführt, muß sie zu ihrem bitteren Kummer erleben, wie ihr Sohn sie mit Verachtung verleugnete. Da versagte ihre Kraft. Durch einen traurigen Rückschlag der Natur, dem auch die Unerschrockensten nicht immer entgehen, erschlaffte sie, Tränen benetzten sie, sie wurde wieder Weib und schwach, sie zitterte und hatte Angst vor dem Tode. Man sagte ihr, daß die schwangeren Frauen einen Aufschub der Hinrichtung erlangt hätten. Da wollte sie es auch werden, erzählt man. Ein Freund soll ihr weinend den traurigen Dienst erwiesen haben, dessen Nutzlosigkeit man vorhersah. Die Hebammen und die Chirurgen, die vom Gerichtshof befragt wurden, waren grausam genug, zu erklären, daß, wenn überhaupt eine Schwangerschaft vorläge, sie zu neu sei, als daß man sie feststellen könnte.

Sie fand all ihren Mut vor dem Schafott wieder und starb, indem sie dem Vaterlande ihre Rache und ihr Andenken empfahl.

Die Frauenvereine, die sich im Jahre 1793 von Grund aus verändert hatten, besaßen damals großen Einfluß. Die »revolutionären Frauen« hatten um diese Zeit als Haupt und Anführerin ein beredtes, kühnes Mädchen, das in der Nacht vom 31. Mai bei der Generalversammlung im bischöflichen Palast, wo der Untergang der Girondisten beschlossen wurde, aufs heftigste ins Zeug ging und die Wut der Männer um vieles übertraf. Damals war ihr Geliebter der junge Leclerc aus Lyon, ein Schüler Châliers, glaube ich, der eng verbunden war mit Jacques Roux, dem Tribun der Rue Saint-Martin, dessen Predigten gewisse kommunistische Ideen verbreiteten. Leclerc, Roux und andere gaben nach dem Tode Marats eine Zeitung heraus, »Der Schatten Marats«, deren Richtung sehr wenig mit Marat zu tun hatte.[17]

Diese kühnen Neuerer, die von Robespierre und den Jakobinern glühend gehaßt wurden, machten die letzteren zu Feinden der Frauenvereine, wo ihre Neuerungen gut aufgenommen wurden.

Andererseits zürnten die Fischweiber oder »die Damen der Halle«, die zum großen Teil royalistisch gesinnt und alle durch die Abnahme ihres Handels sehr gereizt waren, den Frauenvereinen, die sie sehr zu Unrecht dafür verantwortlich machten. Da sie stärker und besser ernährt waren als diese Frauen (arme Arbeiterinnen), so prügelten sie sie oft. Manchmal überfielen sie einen dieser Vereine unter den Beinhäusern von Saint-Eustache und trieben seine Mitglieder unter Schlägen in die Flucht.

Andererseits fanden es die Republikanerinnen schlimm, daß die Fischweiber versäumten, die National-kokarde zu tragen, die jedermann dem Gesetz entsprechend trug. Im Oktober 1793, zur Zeit des Endes der Girondisten, zogen sie, in Männerkleidung und bewaffnet, in die Hallen und belästigten die Fischweiber. Diese fielen über sie her und vollzogen, zu großer Belustigung der Männer, mit ihren groben Händen an ihrem Körper eine sehr unanständige Korrektur. Paris sprach von nichts anderem. Der Konvent urteilte, aber zuungunsten der Opfer; er verbot den Frauen, Versammlungen abzuhalten. Diese große soziale Frage wurde so durch einen Zufall im Keime erstickt.

Was wurde aus Rose Lacombe? Eine merkwürdige Geschichte! Diese hitzige Frau hatte, wie die meisten Terroristen der Zeit, ihren Tag der Schwäche und der Menschlichkeit, der die Ursache für ihren Untergang werden mußte. Sie stellte sich sehr bloß, als sie versuchte, einen Verdächtigen zu retten. Das ist der tragische Moment vom März 1794. Sie bat um einen Paß, als sei sie Schauspielerin und nach Dünkirchen engagiert worden.

Im Juni 1794 finden wir sie an den Gefängnistüren wieder, wo sie den Gefangenen Wein, Zucker, Pfefferkuchen usw. usw. verkauft, ein einträgliches Geschäft, das durch die Nachsicht der Gefangenenwärter zu jedem Preis zu verkaufen erlaubte. Man hätte die wilde Bacchantin von 1793 nicht wiedererkannt. Sie war eine auf ihren Vorteil bedachte Händlerin geworden und übrigens zahm und höflich.

ZWÖLFTES KAPITEL

Théroigne de Méricourt (1789-1793)

Es ist ein sehr guter Kupferstich vorhanden von der schönen, tapferen, unglücklichen Frau aus Lüttich, die am 5. Oktober durch ihre kraftvolle Initiative das flandrische Regiment gewann, die Stütze des Königtums zerbrach, die am 10. August unter den ersten der Kämpfenden mit dem Degen in der Hand das Schloß betrat und aus der Hand der Sieger eine Krone empfing. – Unglücklicherweise gibt dieses Bild, das in der Salpêtrière gezeichnet wurde, als sie schon geistesgestört war, nur eine schwache Vorstellung von der heroischen Schönheit, die das Herz unserer Väter entzückte und sie in einer Frau sogar das Ebenbild der Freiheit erblicken ließ.

Der runde, starke Kopf (echter Lütticher Schlag), das schwarze, ein wenig vorstehende, ein wenig harte Auge hat sein Feuer nicht verloren. Die Leidenschaft lebt noch darin und die Spur der glühenden Liebe, in der dieses Mädchen lebte und starb – nicht der Liebe zu einem

Manne, so sonderbar das klingen mag angesichts eines solchen Lebens, sondern der Liebe zur Idee, der Liebe zur Freiheit und zur Revolution.

Das Auge des armen Mädchens ist dennoch keineswegs irr; es ist voll bittern Kummers, voll Vorwurf und Schmerz, voll von wehen Gefühls für eine so große Undankbarkeit. Übrigens hat die Zeit nicht weniger als das Unglück ihre Zeichen eingeschrieben. Die Züge sind grober geworden und haben etwas Plumpes angenommen. Mit Ausnahme der schwarzen Haare, die von einem Tuch zusammengehalten werden, ist alles vernachlässigt, der Busen nackt, ein Überrest ihrer Schönheit, ein Busen in reinen, festen, jungfräulichen Formen, der gleichsam Zeugnis dafür ablegt, das die Unglückliche, die sich für die Leidenschaften anderer verschwendete, selbst wenig vom Leben hatte.

Um diese Frau zu verstehen, müßte man ihre Heimat, das wallonische Land von Tournai bis Lüttich kennen, müßte man vor allem Lüttich selbst kennen, unser wackeres kleines Frankreich an der Maas, das als Vorposten weit ab mitten unter der deutschen Bevölkerung der Niederlande liegt. Ich habe seine ruhmvolle Geschichte im fünfzehnten Jahrhundert erzählt, als diese heldenmütige Bevölkerung einer einzelnen Stadt, oft beinahe aufgerieben, doch niemals besiegt, ein großes Reich bekämpfte, als dreihundert Männer aus Lüttich in einer Nacht ein Lager mit vierzigtausend Menschen angriffen, um Karl den Kühnen zu töten. (Geschichte Frankreichs, Bd. VI.) Bei der Behandlung unserer Kriege vom Jahre 1793 habe ich geschildert, wie ein wallonischer Arbeiter, ein Fechter von Profession aus Tournai, der Blechschmied Meuris, durch ein Opfer, das an dasjenige der erwähnten dreihundert erinnert, die Stadt Nantes rettete, wie die Vendée dort beinahe zum Heile Frankreichs dem Untergang verfiel.[18]

Um Théroigne zu verstehen, müßte man ferner das Schicksal der Stadt Lüttich kennen, dieses Martyrium der Freiheit am Beginn der Revolution. Der schlimmsten Tyrannei, den Priestern, untertan, machte sie sich für zwei Jahre frei, doch nur, um unter die Herrschaft ihres Bischofs zurückzufallen, der von Österreich wieder eingesetzt wurde. Die Lütticher flohen in Massen zu uns, sie glänzten in unseren Heeren durch ihre wilde Tapferkeit und ragten nicht weniger in unseren Klubs durch ihre zornige Beredsamkeit hervor. Sie waren unsere Brüder oder unsere Kinder. Das ergreifendste Fest der Revolution war vielleicht jenes, an dem die Kommune bei ihrer feierlichen Aufnahme die Archive von Lüttich durch Paris trug, bevor sie sie bei sich im Rathaus barg.

Théroigne war die Tochter eines wohlhabenden Pächters, der ihr eine gewisse Erziehung angedeihen ließ; sie besaß einen sehr lebendigen Geist und viel natürliche Beredsamkeit: diese nördliche Rasse hat viel Südliches in sich. Von einem vornehmen Deutschen verführt und verlassen, wurde sie in England sehr bewundert und war von Liebhabern umgeben; sie zog ihnen allen einen italienischen Sänger vor, einen alten häßlichen Kastraten, der sie ausplünderte und ihre Diamanten verkaufte. Sie ließ sich damals im Gedenken an ihre Heimat (die Campine) Gräfin de Campinados nennen. In Frankreich richteten sich ihre Leidenschaften ebenfalls auf solche Männer, die der Liebe abgeneigt waren. Sie erklärte, das ausschweifende Leben Mirabeaus zu verabscheuen; sie liebte nur den trockenen und kalten Sieyès, einen geborenen Feind der Frauen. Sie zeichnete noch einen anderen ernsten Mann aus, einen derer, die später den Kultus der Vernunft begründeten, den Erfinder des republikanischen Kalenders, den Mathematiker Romme, dessen Gesicht ebenso häßlich war wie sein Herz rein und groß; er durchbohrte dieses Herz an dem Tage, als er die Republik tot glaubte. Romme kam im Jahre 1789 aus Rußland; er war Hofmeister des jungen Prinzen Strogonoff und trug kein Bedenken, seinen Schüler in die Salons der Lütticherin einzuführen, in denen Männer wie Sieyès und Pétion verkehrten. Das mag genügen, um darzutun, daß Théroigne, welcher Art auch ihre zweifelhafte Stellung sein mochte, kein junges Mädchen war.

Ganze Tage verbrachte sie in der Nationalversammlung und verlor kein Wort von dem, was da geredet wurde. Einer der gemeinsten Scherze der Royalisten, welche die »Taten der Apostel« redigierten, war, daß sie Théroigne mit dem Abgeordneten Populus, der sie nicht einmal kannte, verheiratet sein ließen.

Wenn Théroigne sonst nichts getan hätte, so wäre sie unsterblich durch einen prachtvollen Aufsatz Camille Desmoulins' über eine Sitzung der Cordeliers. Hier ist der Auszug, den ich bei anderer Gelegenheit daraus gemacht habe:

»Der Redner wird unterbrochen. Ein Geräusch entsteht an der Türe, ein angenehmes, beifälliges Murmeln. Eine junge Frau tritt ein und will reden. Wahrhaftig! Das ist niemand anders als Fräulein Théroigne, die schöne Amazone aus Lüttich. Da ist auch ihr Rock aus roter Seide, ihr großer Säbel vom 5. Oktober. Die Begeisterung nimmt überhand. ›Das ist die Königin von Saba‹, schreit Desmoulins, ›die den »Salomo der Distrikte« besuchen will.‹

Schon hat sie mit leichtem Panthertritt die Versammlung durchschritten und ist auf die Tribüne gestiegen. Ihr hübscher, geistvoller Kopf mit den blitzenden Augen erscheint zwischen den düsteren, apokalyptischen Gestalten Dantons und Marats.

›Wenn ihr wirklich Salomone seid‹, sagt Théroigne, ›so müßt ihr es beweisen, ihr müßt den Tempel bauen, den

Tempel der Freiheit, den Palast der Nationalversammlung. Und ihr müßt ihn auf dem Platz erbauen, wo die Bastille stand.

Wie! Während die ausführende Gewalt den schönsten Palast des Alls bewohnt, den Pavillon der Flora und die Kolonnaden des Louvre, haust die gesetzgebende Gewalt noch unter Zelten, im Ballhaus, in der Reitbahn, wie die Taube Noahs, die kein Fleckchen finden konnte, ihren Fuß darauf zu setzen!

Das kann so nicht bleiben. Die Völker müssen, schon wenn sie die Gebäude betrachten, in denen die beiden Gewalten wohnen, durch den Anblick allein erkennen, wo der wahre Herrscher thront. Was ist ein Herrscher ohne Palast? Ein Gott ohne Altar! Woran kann man erkennen, wie er verehrt wird?

Bauen wir diesen Altar! Und alle sollen dazu beitragen! Alle sollen ihr Gold, ihre Edelsteine bringen; hier sind die meinigen. Bauen wir den einzigen, wahren Tempel! Kein anderer ist Gottes würdig als der, in dem die Erklärung der Rechte des Menschen verkündet wurde. Paris, der Wächter dieses Tempels, wird dann weniger eine Stadt als das allen gemeinsame Vaterland sein, der Wallfahrtsort der Völker, ihr Jerusalem.‹«

Als Lüttich im Jahre 1791, von den Österreichern unterdrückt, seinem geistlichen Tyrannen zurückgegeben wurde, ließ Théroigne ihr Vaterland nicht im Stich. Aber sie wurde von Paris bis Lüttich verfolgt und im Augenblick der Ankunft festgenommen mit der Begründung, sie sei des auf die Königin von Frankreich, Schwester des Kaisers Leopold, am 6. Oktober verübten Attentats schuldig. Sie wurde nach Wien gebracht, aber aus Mangel an Beweisen nach längerer Zeit freigelassen und kam zurück, höchst erbittert besonders auf die Agenten der Königin, die sie verfolgt und ausgeliefert hätten. Sie schrieb ihr Abenteuer nieder und wollte es drucken lassen; sie hatte, so erzählt man, einige Seiten daraus den Jakobinern vorgelesen, als der 10. August hereinbrach.

Zu den Menschen, die sie am meisten haßte, gehörte der Journalist Suleau, einer der wütendsten Agenten der Gegenrevolution. Sie zürnte ihm nicht nur wegen der Spöttereien, mit denen er sie geärgert hatte, sondern weil er in Brüssel bei den Österreichern eins der Blätter herausgegeben hatte, welche die Revolution in Lüttich erstickten: die »Sturmglocke der Könige«. Suleau war gefährlich, nicht nur durch seine Feder, sondern auch durch seinen Mut und durch seine unendlich ausgedehnten Verbindungen in seiner Provinz und anderswo. Montlosier erzählt, daß Suleau bei einer Gefahr ihm sagte: »Ich werde im Bedarfsfalle Ihnen meine ganze Pikardie zur Hilfe schicken.« Suleau war außergewöhnlich tätig; er konnte sich vervielfachen; man begegnete ihm oft verkleidet. Lafayette behauptete im Jahre 1790, daß man ihn so fände, wenn er abends das Haus des Erzbischofs von Bordeaux verließ. Auch diesmal, am Morgen des 10. August, war er verkleidet und bewaffnet, in dem Augenblick, als die Wut des Volkes ihren Gipfel erreicht hatte, als die Menge, trunken von dem Fortschritt des Kampfes, den sie begonnen hatte, nur nach Feinden suchte; Suleau wurde ergriffen und war verloren. Man nahm ihn fest bei einer Patrouille unechter Royalisten, die mit Büchsen bewaffnet waren und eine Rekognoszierung rings um die Tuilerien unternahmen.

Théroigne erging sich mit einem Nationalgardisten auf der Terrasse der Feuillants, als man Suleau gefangennahm. Wenn er umkommen sollte, so durfte wenigstens nicht sie ihn in den Tod befördern. Die Witze selbst, die er auf sie gemacht hatte, hätten ihn schützen müssen. Vom Standpunkt der Ritterlichkeit aus mußte sie ihn verteidigen; vom damals herrschenden Standpunkt aus, dem wilden Eifer, die Republikaner des Altertums nachzuahmen, mußte sie den öffentlichen Feind vernichten, obgleich er auch ihr persönlicher Feind war. Ein Kommissar stieg auf ein Gerüst und versuchte, die Menge zu beruhigen; Théroigne warf ihn herab, stieg an seine Stelle und sprach gegen Suleau. Zweihundert Mann von der Nationalgarde verteidigten die Gefangenen; man verlangte vom Bezirksvorstand einen Befehl, jeden Widerstand aufzugeben. Einer nach dem andern wurden sie aufgerufen und von der Menge erwürgt. Suleau bewies großen Mut, erzählt man, er entriß den Würgern einen Säbel und versuchte, sich Bahn zu machen. Um die Erzählung auszuschmücken, fügt man als wahr hinzu, daß das Mannweib (die klein und sehr zart war, trotz ihrer glühenden Energie) mit eigener Hand den großen, starken Mann, dessen Kraft die Verzweiflung verzehnfacht hatte, niedergemacht habe. Andere sagen, daß es der Nationalgardist war, der Théroigne seinen Arm lieh und den ersten Hieb führte.

Ihre Teilnahme am 10. August, die Krone, die ihr die siegreichen Marseilleser zuerkannten, hatten die Bande befestigt, die sie an die Girondisten, die Freunde dieser Marseilleser knüpften, die sie hatten kommen lassen. Sie schloß sich ihnen noch mehr an durch den gemeinsamen Abscheu vor den Septembermorden, die sie energisch brandmarkte. Im April 1792 hatte sie mit Robespierre völlig gebrochen, indem sie in einem Kaffeehause stolz erklärte, daß, wenn er ohne Beweis Verleumdungen ausspräche, »sie ihm ihre Achtung entziehen würde«. Die Sache, die am Abend von Collot-d'Herbois den Jakobinern in ironischer Färbung erzählt wurde, trug der Amazone einen belustigenden Wutanfall ein. Sie stand auf einer Galerie, mitten unter Anhängern Robespierres. Trotz der Anstrengungen, die man machte, um sie zurückzuhalten, sprang sie über die Schranke, welche die Galerien vom Saale trennte, durchbrach die feindliche Menge und bat vergebens ums Wort; man hielt sich die Ohren zu, da man eine Lästerung gegen den Tempelgott zu hören fürchtete; man verjagte Théroigne, ohne sie anzuhören.

Sie war noch sehr populär, von der Menge geliebt und bewundert wegen ihres Mutes und ihrer Schönheit. Man ersann ein Mittel, ihr dieses Ansehen zu nehmen und sie durch eine der feigsten Gewalttätigkeiten zu erniedrigen, die ein Mann einer Frau zufügen kann. Sie ging fast allein auf der Terrasse der Tuilerien spazieren; da bildete man eine Gruppe um sie und schloß diese plötzlich, ergriff sie, hob ihr die Röcke auf und prügelte sie auf den entblößten Körper wie ein Kind, unter dem Hohngelächter der Menge. Ihre Bitten, ihre Schreie, ihr verzweifeltes Heulen vermehrten nur das Gewieher dieser zynischen, grausamen Menge. Als man die Unglückliche schließlich frei ließ, setzte sie ihr Heulen fort; durch diesen barbarischen Schimpf in ihrer Würde und ihrem Mute tödlich getroffen, hatte sie den Verstand verloren. Von 1793 bis 1817, vierundzwanzig lange Jahre (die Hälfte ihres Lebens!), blieb sie tobsüchtig und heulte wie am ersten Tag. Es war ein herzzerbrechender Anblick, wie diese einst heldenmütige und bezaubernde Frau, noch unter das Tier gesunken, gegen die Eisengitter rannte, sich selbst zerkratzte und ihren Kot aß. Den Royalisten gefiel es, darin eine Rache Gottes an derjenigen zu erblicken, deren verhängnisvolle Schönheit die Revolution in ihren ersten Tagen berauschte.

DREIZEHNTES KAPITEL

Die Vendéerinnen im Jahre
1790 und 1791

Von dem Augenblick, wo die Emigranten den Feind bei der Hand nehmen und ihm unsere Ostgrenzen öffnen, am 24. und 25. August, dem Jahrestag der Bartholomäusnacht, bricht im Westen der Krieg in der Vendée aus.

Merkwürdig! Am 25. August, dem Tage, an welchem der vendéeische Bauer die Revolution angriff, entschied die Revolution in edler Parteilichkeit für den Bauer den langen Prozeß der Jahrhunderte und schaffte die Feudalrechte ab ohne Ablösung.

In diesem Augenblick empfingen und verlangten alle Nationen, Savoyen, Italien, Deutschland, Belgien, die Städte, die ihre Eingangstore sind: Nizza, Chambéry, Mainz, Lüttich, Brüssel, Antwerpen, die dreifarbige Fahne; alle setzten ihren Ehrgeiz darein, französisch zu werden. Und da ist nun ein Volk so blind, daß es gegen Frankreich, seine Mutter, gegen das Volk, das es selbst ist, rüstet. Diese Armen, Unwissenden, Verirrten stoßen den Ruf aus: »Tod der Nation!«

Alles ist Geheimnis in diesem Krieg der Vendée. Das ist ein Krieg voll Dunkelheiten und Rätsel, ein Krieg von Gespenstern, von unfaßbaren Geistern. Die widersprechendsten Berichte laufen in der Öffentlichkeit um. Untersuchungen bringen keine Klarheit. Nach einem tragischen Vorfall kommen die entsandten Kommissare unerwartet im Kirchspiel an, und alles ist friedlich; der Bauer ist bei der Arbeit, die Frau ist im Hause, unter ihren Kindern, sitzt da und spinnt; um den Hals ihren großen Rosenkranz. Der Herr? den findet man bei Tisch. Er ladet die Kommissare ein; die ziehen sich geschmeichelt zurück.

Am nächsten Tage beginnen die Morde und Brandstifungen von neuem.

Wo also können wir den flüchtigen Geist des Bürgerkrieges ergreifen?

Sehen wir zu. Ich sehe nichts, nur da unten auf der Heide eine graue Schwester, die gesenkten Hauptes demütig einherschreitet.

Ich sehe nichts. Nur halb bemerke ich zwischen zwei Büschen eine Dame zu Pferd, die, von einem Diener gefolgt, eiligst dahintrabt, die Gräben überspringt, den Weg verläßt und querfeldein sprengt. Sie sorgt sich zweifellos wenig darum, ob man ihr begegnet.

Auf dem Wege selbst, den Korb mit Eiern oder Früchten am Arm, trottet eine ehrsame Bäuerin. Sie geht schnell, sie will vor Anbruch der Nacht in der Stadt sein.

Aber wohin gehen denn eigentlich die Schwester, die Dame, die Bäuerin? Sie wählen drei verschiedene Wege und gelangen an den gleichen Ort. Sie klopfen alle drei an die Pforte eines Klosters. Warum nicht? Die Dame hat ihre kleine Tochter da, zur Erziehung; die Bäuerin will ihre Ware verkaufen; die gute Schwester bittet um Schutz für eine einzige Nacht.

Wollt ihr behaupten, daß sie dahin kommen, um die Befehle des Priesters entgegenzunehmen? Er ist heute nicht da. – Ja, aber er war gestern da. Er mußte am Samstag kommen, um den Nonnen die Beichte abzuhören. Als Beichtvater und Führer führt er nicht sie allein, aber durch sie noch sehr viele andere; er vertraut diesen leidenschaftlichen Herzen, diesen unermüdlichen Zungen ein Geheimnis an, das gewußt werden soll, ein falsches Gerücht, das verbreitet werden soll, ein Zeichen, das bekannt werden soll. Unbeweglich in seiner Abgeschiedenheit bringt er durch diese unbeweglichen Nonnen die ganze Gegend in Bewegung.

Frau und Priester, das ist alles, die Vendée, der Bürgerkrieg.

Merkt wohl, daß, ohne die Frau, der Priester nichts hätte ausrichten können.

»Ach, ihr Straßenräuberinnen«, sagte eines Abends ein republikanischer Kommandant, der in ein Dorf kam, in dem die Frauen allein übrigblieben, als dieser schauerliche Krieg so viele Männer vernichtet hatte; »die Frauen sind die Ursache unseres Unglücks; ohne die Frauen hätte die Republik schon feste Gestalt, und wir säßen ruhig zu Hause. Vorwärts. Ihr sollt alle umkommen, wir werden euch morgen erschießen. Und übermorgen werden die Räuber selbst kommen und uns töten.« (Memoiren der Madame de Sapinaud.)

Er tötete die Frauen nicht. Aber er hatte tatsächlich das treffende Wort über den Bürgerkrieg gesagt. Er wußte es besser als jeder andere. Dieser republikanische Offizier war ein Priester, der die Soutane abgelegt hatte; er wußte genau, daß jedes Werk der Finsternis durch das innige und tiefe Einverständnis zwischen Frau und Priester zustande kam.

Die Frau bedeutet das Haus; aber sie bedeutet ebenso die Kirche und den Beichtstuhl. Dieses dunkle Gehäus aus Eichenholz, wo die Frau auf den Knien, unter Tränen und Gebeten, den Funken des Fanatismus empfängt und ihn glühender zurückstrahlt, das ist der wahre Herd des Bürgerkrieges.

Was bedeutet die Frau noch? Das Bett, der allmächtige Einfluß ehelicher Gewohnheiten, die unüberwindliche Macht der Seufzer und Tränen, die auf das Kopfkissen geweint werden. Der Gatte schläft, er ist müde. Aber sie schläft nicht. Sie wälzt sich hin und her, schließlich wird er wach. Jedesmal erfolgt ein tiefer Seufzer, zuweilen ein Schluchzen. »Aber was hast du denn diese Nacht?« – »O

DIE METZELEIEN IN VERSAILLES

weh! Der arme König sitzt im Temple! Ach, sie haben ihn geohrfeigt, wie unseren Herrn Jesus Christus!« – Und wenn der Gatte gerade wieder einschläft: »Man erzählt, daß man die Kirche verkaufen will! Die Kirche und das Pastorat! Unglück und Wehe über den, der sie kauft!«

So hatte die Gegenrevolution in jeder Familie, in jedem Hause einen begeisterten, eifernden, unermüdlichen, ganz unverdächtigen, aufrichtigen, naiv-leidenschaftlichen Prediger, der weinte und litt und nicht ein Wort sprach, das nicht aus einem gebrochenen Herzen kam oder zu kommen schien. Eine unermeßliche, wahrhaft unbesiegbare Macht! Wenn die Revolution, durch die Widerstände gezwungen, einen Schlag ausführte, so empfing sie dafür den entsprechenden Gegenschlag: die Rückwirkung der Tränen, die Seufzer, das Schluchzen, den Schrei der Frau, die tiefer drangen als die Dolche.

Allmählich wurde folgendes ungeheure Unglück, folgender grausame Zwiespalt deutlich: die Frau wurde das Hindernis und der Widerspruch des revolutionären Fortschrittes, den der Gatte verlangte.

Diese Tatsache, die ernsteste und erschreckendste der Zeit, ist zu wenig bemerkt worden.

Der Stahl zerschnitt das Leben sehr vieler Männer. Aber da geht noch etwas weit Bedeutungsvolleres vor sich: ein unsichtbarer Stahl zerschneidet den Knoten der Familie, wirft den Mann auf die eine Seite und die Frau auf die andere.

Dies tragische, jammervolle Geschick vollzog sich um das Jahr 1792. Sei es nun aus Liebe zur Vergangenheit, aus der Macht der Gewohnheiten, sei es aus Kleinmut oder allzu verständlichem Mitleid für die Opfer der Revolution, oder sei es schließlich aus Ergebenheit und Abhängigkeit den Priestern gegenüber: die Frau wurde der Anwalt der Gegenrevolution.

Besonders um das materielle Gebiet der Erwerbung der nationalen Güter drehte sich der moralische Streit zwischen Mann und Frau.

Eine materielle Frage? Das kann man mit ja und nein beantworten.

In erster Linie handelte es sich um die Lebensfrage der Revolution. Da keine Steuern eingingen, hatte sie keine Hilfsquellen außer im Verkauf der nationalen Güter. Wenn sie diesen Verkauf nicht betätigte, so war sie waffenlos, der Invasion ausgeliefert. Das Gelingen der moralischen Revolution, der Sieg ihrer Ideen hing von der finanziellen Revolution ab.

Kaufen war eine Tat der Bürgertugend, die unmittelbar der Wohlfahrt des Landes diente. Eine Tat des Glaubens und der Hoffnung. Das hieß erklären, daß man sich entschlossen dem gefährdeten Staatsschiff anvertraute, daß man mit ihm auf festem Boden landen oder zugrunde gehen wollte. Der gute Bürger kaufte, der schlechte Bürger hinderte den Kauf.

Einerseits den Eingang von Steuern, andererseits den Verkauf der nationalen Güter verhindern, der Revolution die Lebensmöglichkeit abschneiden und sie aushungern: das war der einfache, wohlüberlegte Plan der kirchlichen Partei.

Der Adelige brachte den Fremden ins Land, der Priester behinderte die Verteidigung. Der eine erdolchte Frankreich, der andere entwaffnete es.

Wie hielt der Priester den Fortschritt der Revolution auf? Er verlegte sie in die Familie, er reizte die Frau gegen den Mann auf, er verschloß durch sie in jedem Haushalt den Geldbeutel für die Bedürfnisse des Staates.

Vierzigtausend Kanzeln, hunderttausend Beichtstühle arbeiteten in diesem Sinne: Eine ungeheure Maschine von unschätzbarer Kraft, die ohne Schwierigkeit mit der revolutionären Maschine der Presse und der Klubs wetteiferte und diese zwang, wenn sie obsiegen wollte, die Schreckensherrschaft aufzurichten.

Aber schon in den Jahren 1789, 1790, 1791 und noch 1792 wütete der kirchliche Terrorismus in den Predigten und in der Beichte. Die Frau kam nur noch gesenkten Hauptes, von Entsetzen gebeugt und völlig gebrochen aus der Beichte nach Hause. Sie sah überall nur noch Hölle und ewige Flammen. Man konnte nichts mehr tun, ohne die ewige Seligkeit zu verlieren. Man konnte nicht mehr den Gesetzen gehorchen, ohne verdammt zu sein. Aber der allertiefste Abgrund, das Entsetzen erbarmungslosester Qualen, die spitzeste Kralle des Teufels, die waren dem Käufer der nationalen Güter bestimmt. Wie hätte sie es gewagt, noch ferner mit ihm an einem Tische zu sitzen? Sein Brot war nur Asche. Wie konnte sie mit einem Verstoßenen schlafen? Seine Frau zu sein, seine andere Hälfte, Fleisch von seinem Fleisch, hieß das nicht, schon jetzt in der Hölle braten und lebend in die Verdammnis eingehen?

Wer kann sagen, auf wie viele Arten der Gatte verfolgt, bestürmt und gequält wurde, damit er nicht kaufe! Niemals hat ein geschickter General, ein verschlagener Anführer, wieder und wieder sich abmühend unter den Mauern einer Stadt, in die er eindringen wollte, so verschiedenste Mittel angewandt. Diese Güter trugen nichts ein, ein Fluch lastete auf ihnen, das hatte man schon an dem Schicksal der Käufer gesehen. War Jean, der gekauft hatte, nicht gleich zu Anfang durch Hagelschlag zugrunde gerichtet worden und Jacques durch Überschwemmung? Mit Pierre war es noch schlimmer gegangen, der war vom Dach gefallen. Paul? Sein Kind war gestorben. Der Herr Pastor hat sehr richtig gesagt: »So starb die Erstgeburt in Ägypten!«

Im allgemeinen antwortete der Gatte nichts, drehte sich um und stellte sich schlafend. Er wußte nicht, was er auf diese Flut von Worten erwidern sollte. Die Frau bedrängte ihn durch Lebhaftigkeit des Gefühls, durch ihre naive, pathetische Beredsamkeit, zum mindesten durch ihre Tränen. Er antwortete gar nicht oder mit einem Wort, das wir gleich nennen werden. Indessen wurde er dann keineswegs in Ruhe gelassen. Es fiel ihm nicht leicht, Feind der Revolution zu werden, seiner Wohltäterin, seiner Mutter, die sich für ihn einsetzte, für ihn entschied, ihn frei und zum Menschen machte, ihn aus dem Nichts zog. Und wenn er selbst nichts dabei gewonnen hätte, konnte er sich dann nicht gern über die allgemeine Befreiung freuen? Konnte er diesen Triumph der Gerechtigkeit verkennen, die Augen verschließen vor dem erhabenen Schauspiel dieser ungeheuern Neuschöpfung: der Wiedergeburt einer ganzen Welt? In ihm selbst also regte sich der Widerstand. »Nein«, sagte er zu sich, »all das ist gerecht, und ich wäre nicht der Mann, der es nur um des Vorteils willen für gerecht hielte.«

So spielten sich die Dinge fast in ganz Frankreich ab. Der Gatte widerstand; der Mann blieb der Revolution treu.

In der Vendée, in einem großen Teil von Anjou, Maine und der Bretagne, riß ihn die Frau mit fort, die Frau und der Priester, eng vereint.

Das ganze Bestreben der Frau ging darauf hinaus, ihren Gatten am Kauf nationaler Güter zu verhindern. In dem Augenblick, wo das Gesetz dem Bauer das von ihm so heiß ersehnte, seit Jahrhunderten so glühend begehrte Land sozusagen auslieferte, stellte sich die Frau davor und hielt ihn im Namen Gottes davon zurück. Und konnte der Priester angesichts dieser – blinden, aber ehrenwerten – Uneigennützigkeit der Frau aus den materiellen Vorteilen, die ihm die Revolution bot, Nutzen ziehen? Er hätte sicherlich in der Meinung seiner Pfarrkinder Schaden gelitten, hätte ihr Vertrauen verloren, wäre nicht mehr das hohe Ideal gewesen, als das ihn ihr vorurteilsvolles Herz zu betrachten liebte.

Man hat oft von dem Einfluß der Priester auf die Frauen gesprochen, aber zu wenig von dem der Frauen auf die Priester.

Es ist meine Überzeugung, daß sie viel ehrlicher und in viel höherem Grade Fanatiker waren als die Priester selbst; daß ihre heiße Empfänglichkeit, ihr schmerzliches Mitleid für die schuldigen oder unschuldigen Opfer der Revolution, die Erregung, in die sie die tragische Erzählung vom König im Temple, von der Königin, vom kleinen Dauphin, von Madame de Lamballe[19] trieb, daß mit einem Wort die tiefe Rückwirkung des Mitleids in der Natur, im Herzen der Frauen, die tatsächliche Kraft der Gegenrevolution bildete. Sie rissen die, welche sie zu führen schienen, mit sich fort und beherrschten sie, trieben ihre Beichtväter auf den Weg des Martyriums, ihre Gatten in den Bürgerkrieg.

Das achtzehnte Jahrhundert kannte die Seele des Priesters schlecht. Es wußte wohl, daß die Frau Einfluß auf ihn hatte; aber es glaubte, nach der alten Überlieferung der Satiren und Geschichtenbücher, nach den Dorfschwänken, daß die Frau, die den Priester beherrscht, die Haushälterin sei, die unter seinem Dache schläft, die Magd als Geliebte, die Pfarrhausköchin. Darin irrte es sich.

Zweifellos hätte der Priester, wenn die Haushälterin das Weib seines Herzens gewesen wäre und den tiefen Einfluß auf ihn ausgeübt hätte, beglückt die Wohltaten der Revolution angenommen. Als Beamter mit festem und für die Familie ausreichendem Gehalt hätte er bald in dem natürlichen Fortschritt der neuen Ordnung der Dinge seine wahre Befreiung und die Möglichkeit, aus dem Konkubinat eine Ehe zu machen, erkannt. Die Haushälterin war dessen nicht unwürdig. Unglücklicherweise ist sie, wie groß auch ihr Verdienst sein mag, meistens älter als der Priester oder häßlich und gemein von Gestalt. Wäre sie jung und schön, so würde ihr das Herz des Priesters nicht fehlen. Sein Herz, das beachte man wohl, ist nicht im Pastorat; es ist im Beichtstuhl*. Die Haushälterin ist sein Alltagsleben, seine Prosa, das Beichtkind ist seine Poesie, mit ihm hat er die innigen und tiefen, die Beziehungen des Herzens.

Und diese Beziehungen sind nirgendwo stärker als im Westen.

An unseren Nordgrenzen, in allen den Durchzugsgegen-

---

* Diese Religion (des Beichtstuhls), die aus dem Herzen der Frau erwuchs – das war der Reiz ihrer Kindheit – verlor sich in ihrem Verfall völlig im Weibe. Ihre Doktoren sind unersättlich in der Erforschung der Geheimnisse des Geschlechts. Welchen Stoff hat in diesem selben Jahre (1849) das Konzil von Paris um und um gewühlt und tief ergründet? Einen einzigen: die unbefleckte Empfängnis. – Man darf den Priester nicht bei den Wissenschaften oder der Schriftstellerei suchen; er ist im Beichtstuhl, darin hat er sich verloren. Was soll aus einem armen Manne werden, zu dem alle Tage Dutzende von Frauen kommen und ihm die Geheimnisse ihres Herzens und ihres Bettes erzählen? Die heiligen Mysterien der Natur, die unter Gottes freiem Himmel oder unter den ernsten Augen der Wissenschaft den Geist größer machen, schwächen und entnerven ihn, wenn man sie so im Halbdunkel sinnlicher Geständnisse beschleicht. Die fieberhafte Erregung, der beginnende Genuß, dem man mehr oder weniger ausweicht, der aber immer wieder beginnt, machen den Mann rettungslos unfruchtbar (ich empfehle diesen wichtigen Gegenstand dem Philosophen und dem Arzte). Er kann die kleinen Fähigkeiten zur Intrige und zur Ränke behalten, aber die großen männlichen Eigenschaften, besonders die Erfindungsgabe, entwickeln sich niemals in diesem krankhaften Zustande; sie erfordern ein gesundes, natürliches, rechtmäßiges und ehrliches Leben. Besonders in den letzten hundertfünfzig Jahren, seitdem das »Heilige Herz« unter seinem zweideutigen Schleier dieses verhängnisvolle Spiel so bequem gemacht hat, hat sich der Priester dabei entnervt und nichts mehr geleistet; er ist Eunuch geblieben in den Wissenschaften.

den, wo die Truppen gehen und kommen, die einen Hauch des Krieges atmen, ist der Soldat, der Offizier das Ideal der Frau. Das Achselstück ist fast unwiderstehlich.

Im Süden und besonders im Westen ist das Ideal der Frau, wenigstens der Bäuerin, der Priester.

Besonders in der Bretagne mußte der Priester gefallen und herrschen. Als Bauernsohn steht er durch seine Herkunft auf der gleichen Stufe wie die Bäuerin, seine Sprache und sein Denken ist das gleiche; vermöge seiner Bildung steht er über ihr, aber nicht allzusehr über ihr. Wäre er gebildeter, höher stehender, als er es ist, so genösse er weniger Ansehen. Die Nachbarschaft und bisweilen die Familie tragen ebenfalls dazu bei, Beziehungen zwischen ihnen zu schaffen. Sie hat diesen Pfarrer als Kind gekannt, hat mit ihm gespielt; sie hat ihn aufwachsen gesehen. Er ist wie ein junger Bruder, dem sie gern ihren Kummer erzählt, besonders den tiefsten Kummer, den es für eine Frau gibt: wie die Ehe nicht immer eine Ehe ist, wie noch die Glücklichste des Trostes bedarf und die Geliebteste der Liebe.

Wenn die Ehe die Vereinigung der Seelen ist, so war der Beichtvater der wahre Gatte. Die geistige Ehe war sehr stark, besonders da, wo sie rein war. Der Priester wurde oft leidenschaftlich geliebt, mit einer Hingabe, einem Feuer, einer Eifersucht, die man wenig verbarg. Diese Gefühle brachen im Juni 1791 mit äußerster Gewalt hervor, als man, nachdem der König von Varennes zurückgebracht worden war, an das Bestehen einer großen Verschwörung im Westen glaubte und mehrere Departementsdirektoren es auf sich nahmen, Priester ins Gefängnis zu setzen. Sie wurden im September wieder freigelassen, als der König die Verfassung beschwor. Aber im November wurden alle die gemaßregelt, die den Eid verweigerten. Die Nationalversammlung ermächtigte die Direktoren, aus jeder Gemeinde, wo religiöse Unruhen ausbrachen, die widerspenstigen Priester zu entfernen.

Diese Maßregel war nicht nur durch die Gewalttätigkeiten begründet, deren Gegenstand die verfassungstreuen Priester überall waren, sondern auch durch eine politische und finanzielle Notwendigkeit. Die Losung, die alle diese Priester von ihren kirchlichen Oberen empfangen hatten und der sie treu folgten, war, wie wir gesagt haben, die Revolution auszuhungern. Sie machten die Erhebung der Steuer unmöglich. Diese wurde in der Bretagne ein so gefährliches Unterfangen, daß sich niemand daran wagte. Die Exekutoren, die Gemeindebeamten waren in Lebensgefahr. Die Nationalversammlung war gezwungen, das Dekret vom 27. November 1791 bekanntzugeben, welches die widerspenstigen Priester in die Hauptorte schickte, sie von ihrer Gemeinde, dem Felde ihrer Tätigkeit, dem Herd des Fanatismus und des Aufstandes, wo sie das Feuer anfachten, entfernte. Es versetzte sie in die große Stadt, unter die Augen, unter die unausgesetzte Überwachung der patriotischen Vereine.

Es ist unmöglich, zu schildern, welchen Unwillen dieses Dekret hervorrief. Die Frauen erfüllten die Luft mit ihrem Geschrei. Das Gesetz hatte an das Zölibat des Priesters geglaubt; es hatte ihn wie ein alleinstehendes Individuum behandelt, das leichter versetzt werden kann als ein Familienvater. Haftet denn der Priester, der Geistesmensch, an der Scholle, an den Menschen? Ist nicht er vorzugsweise beweglich, wie der Geist, dessen Diener er ist? Alle diese Fragen verneinten sie und klagten sich selbst an. In dem Augenblick, wo das Gesetz den Priester aus seinem Lande wegnahm, nahm man die starken Wurzeln wahr, mit denen er in eben diesem Lande haftete; sie bluteten und knirschten.

»O weh! So weit wird er fortgebracht, in den Hauptort

geschleppt, zwölf, fünfzehn, zwanzig Meilen vom Dorf!«
Man weinte über diese ferne Verbannung. Bei der äußersten Langsamkeit, mit der man früher reiste, wo man zwei Tage brauchte, um eine solche Entfernung zu überwinden, war die Trauer noch größer. Der Hauptort, das war das Ende der Welt. Wenn man eine solche Reise tat, machte man sein Testament, brachte man sein Gewissen ins reine.

Wer kann die jammervollen Szenen schildern, die sich bei diesen erzwungenen Abreisen abspielten. Das ganze Dorf war versammelt, die Frauen lagen auf den Knien, um noch einmal den Segen zu empfangen, von Tränen feucht und von Schluchzen erstickt. Das weinte Tag und Nacht. Wenn der Gatte sich ein bißchen darüber wunderte, dann weinte sie beileibe nicht um die Verbannung des Pfarrers, sondern weil man die und die Kirche verkaufen wollte, weil man das und das Kloster schließen wollte. Im Frühling des Jahres 1792 entschied die finanzielle Not der Revolution endlich über den Verkauf der Kirchen, die nicht unentbehrlich waren für den Gottesdienst, und über den der Männer- und Frauenklöster. Ein Brief eines emigrierten Bischofs, aus Salisbury datiert und an die Ursulinerinnen von Landerneau gerichtet, wurde aufgefangen und bewies unwiderleglich, daß das Zentrum und der Herd jeder royalistischen Intrigen in diesen Klöstern lag. Die Nonnen versäumten nichts, um ihrer Austreibung eine dramatische Wirkung zu geben; sie klammerten sich fest an die Gitter und wollten nicht hinaus, so daß die Gemeindebeamten, die selbst dem Gesetz gehorchen mußten und für seine Ausführung verantwortlich waren, schließlich ihre Hände von den Gittern losrissen.

Solche Szenen, die erzählt, wiederholt und mit pathetischen Ausschmückungen überladen wurden, verwirrten alle Geister. Die Männer begannen, fast ebenso sehr wie die Frauen in Erregung zu geraten. Ein erstaunlicher und höchst plötzlicher Wechsel! Noch im Jahre 1788 lag der Bauer wegen des Zehnten mit der Kirche im Kampf und war immer in Versuchung, gegen sie zu streiten. Wer hatte ihn denn so völlig und so schnell mit dem Priester ausgesöhnt? Die Revolution selbst, durch die Abschaffung des Zehnten. Durch diese mehr edelmütige als politisch kluge Maßregel gab sie dem Priester seinen Einfluß auf dem Lande wieder. Wenn der Zehnte fortgedauert hätte, hätte der Bauer seiner Frau nicht nachgegeben, hätte nicht die Waffen ergriffen gegen die Revolution.

Die widerspenstigen Priester, die im Hauptort beisammen waren, kannten vollkommen diese Stimmung auf dem Lande, den tiefen Schmerz der Frauen, den finsteren Unwillen der Männer. Daraus schöpften sie große Hoffnung und unternahmen es, dem König davon Mitteilung zu machen. In einer Menge von Briefen, die sie ihm im Frühjahr 1792 schreiben oder schreiben lassen, ermutigen sie ihn, standzuhalten, keine Furcht vor der Revolution zu haben, sie durch verfassungsmäßigen Einspruch, durch das Veto, unwirksam zu machen. Man predigt ihm den Widerstand in allen Tonarten, mit den verschiedensten Begründungen und unter dem Namen der verschiedensten Persönlichkeiten. Bald sind es Briefe von Bischöfen, in Bossuetschen Phrasen geschrieben: »Sire, Sie sind der allerchristlichste König. Denken Sie an Ihre Ahnherrn! Wie hätte der heilige Ludwig gehandelt?« Und so weiter. Bald sind die Briefe von Nonnen geschrieben oder in ihrem Namen, Briefe voller Seufzer. Diese klagenden Tauben, die aus ihrem Nest gerissen sind, bitten den König um die Befugnis, darin bleiben und sterben zu können. Mit anderen Worten, sie wollen, daß der König die Ausführung der Gesetze über den Verkauf der Kirchengüter zum Stillstand bringt. Die Nonnen aus Rennes gestehen, daß der Gemeinderat ihnen ein anderes Haus anbietet; aber es ist nicht das ihrige, und sie wollen niemals ein anderes.

Die verwegensten und merkwürdigsten Briefe stammen von den Priestern: »Sire, Sie sind ein gottesfürchtiger Mann, wir wissen es wohl! Sie werden tun, was Sie können. Doch, damit Sie es wissen, das Volk ist der Revolution überdrüssig. Sein Geist hat sich gewandelt, sein frommer Eifer ist zurückgekehrt; die Sakramente werden heiß begehrt. Den Chansons sind wieder die Choräle gefolgt. Das Volk ist mit uns.«

Ein schrecklicher Brief dieser Art, der den König* täuschen, ihn kühn machen und seinem Sturze zutreiben mußte, ist der von den in Angers vereinigten widerspenstigen Priestern (9. Februar 1792). Er kann als Grundakte des Aufstandes in der Vendée gelten, er kündet ihn an und sagt ihn frech voraus. Man redet da eine laute und feste Sprache, als habe man den Bauernaufstand als verfügbare Waffe in der Hand. Dieses blutige Blatt scheint von der Hand, von dem Dolche Berniers herzurühren, eines jungen Pfarrers in Angers, der mehr als irgendein anderer den Vendéer Aufstand nährte, ihn mit Verbrechen schändete, ihn in eigenem Interesse ausbeutete und durch seinen Ehrgeiz in Zwiespalt trieb.

»Man behauptet, daß wir die Bevölkerung aufwiegeln? Aber das Gegenteil ist richtig. Was sollte aus dem Königtum werden, wenn wir das Volk nicht zurückhielten? Ihr Thron würde sich nur noch auf einen Haufen Leichen und Ruinen stützen. Sie wissen, Sire, Sie wissen nur allzugut, was ein Volk vermag, solange es patriotisch ist. Aber Sie

---

* Diese Briefe (die im Nationalarchiv, Eisenschrank Nr. 37, Akten des Proezsses Ludwigs XVI. aufbewahrt werden) enthalten einen mildernden Umstand für den schwankenden, ängstlichen Mann, dessen Geist sie foltern mußten.

wissen nicht, wozu ein Volk fähig ist, das sich seines Gottesdienstes, seiner Kirchen und Altäre beraubt sieht.«

In diesem verwegenen Briefe steht ein bemerkenswertes Geständnis. Man sieht, wie der Priester zu allem bereit ist, man hört seinen letzten Schrei vor dem Bürgerkriege. Er zögert nicht, den geheimen und tiefen Grund seiner Verzweiflung aufzudecken, das heißt: den Schmerz, von denen getrennt zu sein, die er leitet: »Man wagt, diese Bande, die die Kirche nicht nur erlaubt, sondern sogar befiehlt, zu zerbrechen«, usw.

Diese Propheten des Bürgerkrieges waren ihrer Sache sicher, sie liefen geringe Gefahr, sich zu irren, wenn sie voraussagten, was sie selbst ins Werk setzten. Die Priesterfrauen, Haushälterinnen und andere erhoben sich zuerst und mit einem Eifer, den sie für die Ehe nicht gehabt hätten, gegen die *bürgerlichen* Geistlichen. In Saint-Servan, nahe bei Saint-Malo, gab es eine Art Frauenaufstand. Im Elsaß läutete die Haushälterin eines Geistlichen zuerst die Sturmglocke, um über die Priester herzufallen, die den Bürgereid geleistet hatten. Die Bretonischen läuteten nicht Sturm, sie prügelten; sie drangen in die Kirche, mit ihren Besen bewaffnet, und schlugen den Priester am Altar. Noch sicherer trafen die Hiebe, welche die Nonnen niedersausen ließen. Die Ursulinerinnen, in ihren harmlosen Mädchenschulen, setzten den Krieg der Kohlbauern in Szene. Die »Töchter der Weisheit«, deren Mutterhaus in Saint-Laurent, nahe bei Montaigu, stand, schürten das Feuer; diese guten Krankenwärterinnen stachelten die Wut auf in den Kranken, die sie pflegten.[20]

»Laßt sie nur machen«, sagten die Philosophen, die Freunde der Duldsamkeit; »laßt sie weinen und schreien, laßt sie ihre alten Choräle singen. Ist denn all das ein Unglück?« »Ja, aber kommen Sie heute abend mit mir in die Dorfkirche, in die sich das Volk in Masse drängt.

Hören Sie diese Lieder? Erbeben Sie nicht? Die Litaneien, die Hymnen auf die alten Worte, werden durch eine neue Melodie zu einer zweiten Marseillaise. Und ist dieses mit Wut geheulte Dies irae etwas anderes als ein Gebet um Mord, als ein Ruf nach dem ewigen Feuer?«

»Laßt sie in Frieden«, sagte man, »sie singen, aber handeln nicht.« Indessen sah man bereits große Massen in Bewegung geraten. Im Elsaß versammelten sich achttausend Bauern, um zu verhindern, daß Siegel an ein Kirchengut gelegt wurden. Man meinte, diese guten Leute hätten in Wirklichkeit keine Waffen außer ihrem Rosenkranz. Aber abends trugen sie andere, wenn der verfassungstreue Pfarrer zu Hause Steine in die Fensterscheiben bekam und wenn manchmal die Kugel den Laden durchlöcherte.

Nicht mit kleinlichen Schlichen und ängstlich gehüteten, indirekten Ränken trieb man die Massen in den Bürgerkrieg. Man wandte frech die gröbsten Mittel an, um Verwirrung in den Köpfen zu stiften, um sie mit Fanatismus trunken zu machen; man stachelte sie zu Morden und peitschte sie auf Irrwege. Die gütige Jungfrau Maria erschien und wollte, daß man tötete. In Apt, in Avignon regte sie sich, tat Wunder und erklärte, daß sie nicht mehr in den Händen der Verfassungsfreunde bleiben wollte, und die Widerspenstigen nahmen sie mit fort, um den Preis eines erbitterten Kampfes. Aber die Provence ist zu sonnig; die Jungfrau erschien lieber in der nebeligen Vendée, in ihren dichten Dickichten, den undurchdringlichen Hecken. Sie machte sich den alten, örtlichen Aberglauben zunutze; sie zeigte sich an drei verschiedenen Orten und immer in der Nähe einer alten druidischen Eiche. Ihr Lieblingsort war Saint-Laurent, von wo die »Töchter der Weisheit« die Wunder ausstreuten und den Aufruf zum Blutvergießen.

Diese gewaltsame und unmittelbare Vorbereitung des Bürgerkrieges, das tiefe Einverständnis der Frauen mit den Priestern, der Priester mit dem König, des Königs (was damals vermutet wurde und seither erwiesen ist) mit den Feinden Frankreichs, deren Heere er von 1791 an herbeirief, all das, sage ich, hatte seine Folgen. Die verfassungstreuen Royalisten, die geglaubt hatten, die Freiheit und das Königtum versöhnen und den alten Gottesdienst schonen zu können, sahen sich durch den König selbst und die Geistlichkeit grausam ins Unrecht gesetzt; sie wurden vernichtet und machten den Girondisten Platz, die das Königtum töteten, dann den Montagnards, die den König töteten, aber gerade durch diese Tat in der Empfindung des Volkes und im Herzen der Frauen das furchtbarste Werkzeug der Gegenrevolution erschufen: die Legende von Ludwig XVI.

DRITTER TEIL

DIE FÜHRERINNEN
(Fortsetzung)

VIERZEHNTES KAPITEL

Madame Roland (1791-1792)

Um die Republik zu wollen, sie in die Seelen zu tragen, sie zu schaffen, war es nicht getan mit einem edlen Herzen und einem großen Geiste. Noch etwas anderes war nötig. Und was? Die Jugend, die junge Seele, die Wärme des Blutes, die fruchtbare Blindheit, die schon in der Welt erfüllt sieht, was nur erst im Herzen ist, und die, wenn sie es sieht, es auch erschafft. Man mußte den Glauben haben!

Eine gewisse Harmonie, nicht nur des Willens und der Ideen, sondern auch der republikanischen Gewohnheiten und Sitten war nötig; in sich mußte man die innere Republik tragen, die moralische Republik, die einzige, welche die politische Republik rechtfertigt und sie auf festen Grund stellt; ich meine, man muß Selbstbeherrschung besitzen, seine eigene Demokratie, man muß seine Freiheit im Gehorsam gegen die Pflicht finden. Und dann mußte noch solch eine starke und tugendhafte Seele – und das scheint ein Widerspruch zu sein – einen Augenblick der Leidenschaft haben, der sie aus sich selbst herausgehen ließ und sie zur Tat trieb.

In den bösen Tagen der Erschlaffung, der Ermüdung, als der Glaube an die Revolution nachließ, holten sich mehrere Abgeordnete und bedeutende Journalisten der Zeit neue Kraft und neuen Mut in einem Hause, wo diese beiden Eigenschaften niemals fehlten: ein bescheidenes Haus, das kleine Hotel Britannique in der Rue Guéné-gaud, in der Nähe des Pont Neuf. Diese ziemlich dunkle Straße, die auf die noch dunklere Rue Mazarine führt, besitzt bekanntlich keine andere Aussicht als auf die langen Mauern der Münze. Man stieg in das dritte Stockwerk und fand dort stets und ständig zwei Menschen, die miteinander bei der Arbeit saßen, Herrn und Frau Roland, die kürzlich von Lyon gekommen waren. In dem kleinen Salon stand nur ein Tisch, an dem die beiden Gatten schrieben; im halbgeöffneten Schlafzimmer sah man zwei Betten. Roland war beinahe sechzig Jahre alt, sie sechsunddreißig, doch erschien sie bedeutend jünger; er sah aus wie der Vater seiner Frau. Er war ein großer, magerer Mann mit finsterem und leidenschaftlichem Ausdruck.

Dieser Mann, den man neben dem Ruhm seiner Frau* zu wenig beachtet hat, war ein begeisterter Bürger, der Frankreich im Herzen trug, einer der alten Franzosen vom Schlage der Vauban und Boisguilbert, die trotz des Königtumes auf den einzigen Wegen, die damals offen-standen, den heiligen Gedanken der öffentlichen Wohl-fahrt verfolgten. Als Inspektor der Fabriken hatte er sein ganzes Leben mit Arbeiten und Reisen verbracht, um Verbesserungen zu suchen, deren unsere Industrie fähig war. Er hatte mehrere Bücher über diese Reisen veröf-

---

* Vor ihrer Ehe mit Roland war Fräulein Phlipon wegen des schlechten Lebenswandels ihres Vaters gezwungen, sich in ein Kloster zurückzuzie-hen in der Rue Neuve-Saint-Etienne, die zum Jardin des Plantes führt, eine kleine Straße, die durch das Andenken an Pascal, Rollin und Bernardin de Saint-Pierre so berühmt geworden ist. Sie lebte dort zwar nicht als Nonne, verborgen in ihrem Zimmer, zwischen Plutarch und Rousseau, heiter und mutig wie immer, aber in äußerster Armut und in einer mehr als spartanischen Enthaltsamkeit; sie schien schon damals sich in den Tugenden der Republik zu üben.

fentlicht und verschiedene Abhandlungen oder Denk-
schriften über gewisse Berufszweige. Seine schöne und
mutige Frau schrieb ab, übersetzte und kompilierte für
ihn, ohne vor der Trockenheit der Gegenstände zurückzu-
schrecken. »Die Kunst des Torfstechers«, »Die Kunst des
Wollfabrikanten«, »Das Lexikon der Fabriken« hatten die
schöne Hand der Madame Roland beschäftigt, ihre besten
Jahre in Anspruch genommen, ohne andere Ablenkung
als die Geburt und das Stillen des einzigen Kindes, das sie
gehabt hat. Eng mit den Arbeiten und Ideen ihres Gatten
verwachsen, empfand sie für ihn eine beinahe kindliche
Verehrung, die so weit ging, daß sie ihm oft seine Speisen
selbst zubereitete; eine ganz besondere Zubereitung war
notwendig, der Magen des alten Mannes war empfindlich
und durch die Arbeit schwach geworden.

Roland schrieb selbst und bediente sich zu dieser Zeit
keineswegs der Feder seiner Frau; später, als er Minister
geworden war und mit endlosen Schwierigkeiten und Sorgen zu kämpfen hatte, nahm er seine Zuflucht zu ihr. Sie
brannte gar nicht darauf, zu schreiben, und wenn die
Revolution sie nicht aus ihrer Verborgenheit hervorgeholt
hätte, dann hätte sie diese ungenutzten Gaben, ihr Talent,
ihre Beredsamkeit ebenso wie ihre Schönheit mit ins Grab
genommen.

Wenn die Politiker kamen, mischte sich Madame Roland nicht von allein in die Diskussion, sie blieb bei ihrer
Arbeit oder schrieb Briefe; aber wenn man sich, wie es
geschah, an sie wandte, dann sprach sie mit einer Lebhaftigkeit, einer treffenden Ausdrucksweise, einer liebenswürdigen und überzeugenden Kraft, von der man ganz
ergriffen wurde. »Die Eigenliebe hätte gern eine besondere
Vorbereitung in ihren Worten gefunden; aber das war
nicht möglich; sie war ganz einfach eine allzu vollkommene Natur.«

MADAME ROLAND

Beim ersten Anblick war man versucht, zu glauben, man habe Rousseaus Julie* vor sich; ganz mit Unrecht, das war weder Julie noch Sophie, das war Madame Roland, gewiß eine Tochter Rousseaus, und vielleicht eine noch rechtmäßigere als die, welche unmittelbar aus seiner Feder hervorgingen. Diese hier war nicht wie die beiden anderen ein vornehmes Fräulein. Manon Phlipon, das ist ihr Mädchenname (es tut mir leid um die, welche die plebejischen Namen nicht lieben), hatte einen Graveur zum Vater, und sie gravierte selbst im väterlichen Hause. Sie kam aus dem Volke, das erkannte man leicht an einer gewissen Vollblütigkeit und frischen Hautfarbe, die man in den höheren Kreisen viel seltener findet; sie hatte eine schöne, aber keine kleine Hand, der Mund war ein wenig groß, das Kinn ziemlich vorstehend, die Figur elegant mit stark ausgeprägten Linien; die Hüften und der Busen üppig, wie es die Damen nicht oft haben.

Sie unterschied sich noch in anderer Beziehung von den Heldinnen Rousseaus, sie besaß nicht ihre Schwäche. Madame Roland war tugendhaft, keineswegs durch Untätigkeit und Träumerei, in der die Frauen dahindämmern, erschlafft; sie war im höchsten Maße arbeitsam und tätig, die Arbeit war ihr Tugendwächter. Ein heiliger Gedanke, die Pflicht, schwebt über diesem schönen Leben, von der

---

* Man betrachte die Bilder von Lémontey, Riouffe und so vielen anderen, und das für einen Stich gute und naive Bild, das Champagneux der ersten Ausgabe der Memoiren vorangesetzt hat (i. J. VII.). Er stellt sie kurze Zeit vor ihrem Tode, im Alter von neununddreißig Jahren dar. Sie ist stark, schon ein wenig Mama, wenn ich so sagen darf, sehr heiter, standhaft und entschlossen, mit einer offenbar kritischen Ader. Dieser letzte Charakterzug hängt nicht nur mit ihrer revolutionären Polemik zusammen, sondern so sind meistens die Menschen, die mit dem Leben gerungen, sich wenig Vergnügen gegönnt, die die Leidenschaft bezwingen und auf später vertagt haben, kurz, die in dieser Welt keine Befriedigung gehabt haben.

Geburt bis zum Tode; dieses Zeugnis gibt sie sich im letzten Augenblick, in der Stunde, in der man nicht mehr lügt: »Niemand«, sagt sie, »hat weniger als ich die Wollust gekannt.« Und bei anderer Gelegenheit: »Ich habe meine Sinne beherrscht.«

Rein im Vaterhause, am Quai de l'Horloge, wie das tiefe Blau des Himmels, den sie, wie sie erzählt, von da bis zu den Champs-Elysées überblicken konnte; – rein am Tisch ihres ernsten Gatten, unermüdlich arbeitend für ihn; rein an der Wiege ihres Kindes, das sie unbedingt selbst stillen wollte, trotz heftiger Schmerzen; – ebenso erscheint sie in den Briefen, die sie an ihre Freunde schreibt, an die jungen Männer, die sie in leidenschaftlicher Freundschaft umgaben*; sie beruhigt und tröstet sie, sie hebt sie über ihre Schwachheit hinaus. Sie blieben ihr treu bis zum Tode, wie der Tugend selbst.

Einer von ihnen suchte sie, während die Schreckensherrschaft auf dem Gipfel ihrer Macht stand, ohne an die Gefahr zu denken, im Gefängnis auf, um die unsterblichen Blätter aus ihrer Hand zu empfangen, auf denen sie ihr Leben erzählt hat. Er selbst geächtet und verfolgt, durch das schneebedeckte Land entfliehend, ohne einen anderen Schutz als die bereiften Bäume, rettete diese heiligen Blätter; sie retteten vielleicht ihn, indem sie in seiner

---

* Man vergleiche den schönen Brief an Bosc, der damals in großer Unruhe um sie und betrübt darüber war, daß man sie in die Nähe von Lyon, so weit von Paris, verpflanzt hatte: »Ich sitze am Herdfeuer nach einer friedlichen Nacht und nach den verschiedenen Sorgen des Vormittags, mein Freund sitzt am Schreibtisch, meine Kleine strickt, und ich plaudere mit dem einen, überwache die Arbeit der anderen, genieße das Glück, ganz warm im Schoße meiner kleinen, teuern Familie geborgen zu sein, und schreibe an einen Freund, während der Schnee auf so viele Unglückliche herabfällt, ich habe Mitleid mit ihrem Geschick« usw. – Ein holdes Interieur, ernstes Glück der Tugend, das dem jungen Manne gezeigt wird, um sein Herz zu beruhigen, es zu läutern, es zu erheben. Morgen hat dennoch der Sturm das Nest hinweggeweht.

Brust die Wärme und Gewalt des großen Herzens bewahrten, das sie geschrieben hatte*.

Die Leute, die sich bei dem Anblick einer allzu vollkommenen Tugend nicht wohl fühlen, haben rastlos gesucht, ob sie nicht irgendeine Schwäche in dem Leben dieser Frau fänden, und haben ohne Beweis, ohne den geringsten Anhaltspunkt** sich eingebildet, daß Madame Roland mitten in dem bewegtesten Teil des Dramas, an dem sie teilhatte, in ihrem männlichsten Augenblick, in allen Gefahren und Schrecken (offenbar nach den Septembermorden? oder am Vorabend des Zusammenbruchs, der die Gironde mit fortriß?) Zeit fand und das Herz hatte, verliebte Reden anzuhören und sich den Hof machen zu lassen. Das einzige, was ihnen Schwierigkeiten macht, ist, den Namen des begünstigten Liebhabers zu finden.

Noch einmal: es gibt nichts, was diese Vermutungen begründet. Madame Roland, alles spricht dafür, war immer Herrin ihrer selbst, absolute Herrin ihres Willens und

---

 * Bosc war es auch, der ehrenhafte und würdige Mann, der im letzten Augenblick über sich selbst hinauswuchs, um in ihr das hohe Ideal zu erfüllen, das er immer bewundert hatte, und ihr den edlen Rat gab, ihren Tod nicht den Blicken der Menschen zu entziehen, sich nicht zu vergiften, sondern das Schafott zu wählen, öffentlich zu sterben und durch ihren Mut die Repbulik und die Menschlichkeit zu ehren. Er ist gleich ihr unsterblich um dieses heroischen Rates willen. Madame Roland steigt lächelnd hinan in die Unsterblichkeit, die Hand in der Hand ihres ernsten Gatten, und sie führt mit sich hinauf die Gruppe junger, liebenswürdiger, untadeliger Freunde (von der Gironde abgesehen), die Bosc, Champagneux, Bancal des Issarts. Nichts wird sie mehr trennen.
** Wenn man nach Anhaltspunkten sucht, so wird man auf zwei Stellen aus den Memoiren der Madame Roland verwiesen, die gar nichts beweisen. Sie spricht von den Leidenschaften, »vor denen sie kaum mit Athletenstärke das reife Alter rettet«. Was kann man daraus schließen? – Sie spricht von den »guten Gründen«, die sie, um den 31. Mai, zur Abreise trieben. Es ist völlig ungewöhnlich und äußerst verwegen, zu folgern, daß diese guten Gründe nur eine Liebe zu Barbaroux oder Buzot sein können.

ihrer Taten. Hatte sie denn nicht *einen* Aufruhr ihres Herzens erlebt? Brauste in dieser starken, aber leidenschaftlichen Seele nicht einmal ein Sturm? Diese Frage lautet ganz anders, und ohne Zögern beantworte ich sie mit: Ja.

Ich möchte den Punkt besonders hervorheben. Dieses Ereignis, das noch zu wenig bemerkt worden ist, ist keineswegs eine gleichgültige, rein anekdotische Einzelheit ihres Privatlebens. Es hatte im Jahr 1791 einen bedeutenden Einfluß auf Madame Roland, und die machtvolle Tätigkeit, die sie von dieser Zeit an ausübte, würde viel weniger zu erklären sein, wenn man nicht die besonderen Ursachen klar sähe, welche die bis dahin ruhige und starke Seele, deren Stärke jedoch ganz verinnerlicht war und sich nicht nach außen in Handlungen kundtat, leidenschaftlich begeisterten.

Madame Roland lebte ihr verborgenes arbeitsames Leben im Jahre 1789 in dem trüben Winkel der Platière, nahe bei Villefranche und nicht weit von Lyon. Sie hört, wie ganz Frankreich, den Donner der Kanonen vor der Bastille; ihr Atem geht rasch und ihr Herz gerät in Wallung; das wundervolle Ereignis scheint alle ihre Träume zu verwirklichen, alles, was sie von den Alten gelesen, was sie gedacht und gehofft hatte: nun hat sie ein Vaterland. Die Revolution breitet sich über Frankreich aus; Lyon erwacht und Villefranche, das Land, alle Dörfer. Die Verbrüderung vom Jahre 1790 ruft die Hälfte des Königreichs nach Lyon, alle Abordnungen der Nationalgarde, von Korsika bis nach Lothringen. Vom frühen Morgen an stand Madame Roland in Verzückung auf dem wunderbaren Rhônekai und berauschte sich an all dem Volk, an der neuen Brüderlichkeit, an dem Glanz dieser Morgenröte. Abends schrieb sie den Bericht darüber für ihren Freund Champagneux, einen jungen Mann aus Lyon, der ohne Vorteil, aus reinem Patriotismus eine Zeitung herausgab.

Die Nummer trug keinen Namen und wurde in sechzigtausend Exemplaren verkauft. Alle Nationalgardisten trugen auf der Rückkehr, ohne es zu wissen, die Seele der Madame Roland bei sich.

Auch sie kehrte zurück und kam nachdenklich in ihrer verlassenen Klause auf der Platière an, die ihr noch mehr als gewöhnlich dürftig und kahl erschien. Da sie wenig Lust hatte zu den technischen Arbeiten, mit denen sie ihr Mann beschäftigte, so las sie das interessante Protokoll der Wähler von 1789, die Revolution vom 14. Juli, die Einnahme der Bastille. Der Zufall wollte gerade, daß einer dieser Wähler, Bancal des Issarts, von ihren Freunden aus Lyon an die Rolands empfohlen wurde und mehrere Tage bei ihnen verbrachte. Bancal, der aus einer Fabrikantenfamilie in Montpellier stammte, war nach Clermont übergesiedelt und dort Notar gewesen; er hatte gerade diese einträgliche Stelle aufgegeben, um sich ganz den Studien seiner Wahl zu widmen, politischen und philanthropischen Forschungen und den Pflichten des Bürgers. Er war ungefähr vierzig Jahre alt, keine glänzende Erscheinung, aber er besaß viel Milde und Empfänglichkeit und hatte ein gutes, hilfreiches Herz. Er hatte eine sehr religiöse Erziehung genossen, und nachdem er eine philosophische und politische Periode, den Konvent und eine lange Gefangenschaft in Österreich hinter sich hatte, ist er äußerst fromm, bei der Lektüre der Bibel, die er hebräisch zu lesen versuchte, gestorben.

Er wurde von einem jungen Arzte namens Lanthenas auf die Platière gebracht, einem Freunde der Rolands, der oft bei ihnen lebte und dort Wochen und Monate verbrachte, mit ihnen und für sie arbeitete und ihre Aufträge ausführte. Die Milde Lanthenas', die Empfänglichkeit Bancal des Issarts', die ernste, aber warme Güte Rolands, ihre gemeinsame Liebe für das Schöne und Gute, ihre

Anhänglichkeit an diese vollkommene Frau, die dessen Ebenbild für sie war, das führte ganz natürlich zu einer Gemeinschaft, zu einer völligen Harmonie. Sie stimmten so gut überein, daß sie sich fragten, ob sie das gemeinsame Leben nicht fortsetzen könnten. Wer von den dreien den Gedanken zuerst hatte, weiß man nicht; aber er wurde von Roland lebhaft aufgegriffen und warm unterstützt. Die Rolands brachten alles zusammen, was sie besaßen, und konnten ungefähr sechzigtausend Franken zu der geplanten Gemeinsamkeit beitragen; Lanthenas hatte zwanzigtausend oder ein wenig mehr, und Bancal hätte noch ungefähr hunderttausend hinzugefügt. Das ergab eine ziemlich runde Summe, die ihnen erlaubte, nationale Güter, damals um einen Spottpreis feil, zu kaufen.

Nichts ist rührender, würdiger, anständiger als die Briefe, in denen Roland von diesem Plane an Bancal berichtet. Sein edles Vertrauen, der Glaube an die Freundschaft, an die Tugend erweckt von Roland und ihnen allen die günstigste Meinung. »Kommen Sie, lieber Freund«, schreibt er. »Warum zögern Sie? Sie haben unsere freimütige und offene Art gesehen; in meinem Alter ändert man sich nicht mehr, wenn man niemals anders gewesen ist. Wir predigen den Patriotismus, wir erheben die Herzen; der Doktor geht seinem Beruf nach; meine Frau ist Apothekerin für die Kranken der Gegend. Sie und ich besorgen die geschäftliche Seite« usw.

Rolands große Aufgabe war, die Bauern der Umgegend zu unterweisen und ihnen das neue Evangelium zu predigen. Trotz seines Alters war er ein bewundernswerter Fußgänger, bisweilen wanderte er, den Stock in der Hand, mit seinem Freunde Lanthenas bis Lyon und streute überall am Wege den guten Samen der Freiheit aus. Der würdige Mann glaubte in Bancal eine nützliche Hilfe zu finden, einen neuen Missionar, dessen mildes und salbungsvolles

Wort Wunder verrichten würde. Gewohnt, die uneigennützige Dienstfertigkeit des jungen Lanthenas Madame Roland gegenüber zu sehen, kam es ihm nicht entfernt in den Sinn, daß Bancal, der älter und ernster war, etwas anderes als Frieden in sein Haus bringen konnte. Obwohl er seine Frau so innig liebte, hatte er ein wenig vergessen, daß sie Frau war, und erblickte nur den unablässigen Gefährten seiner Arbeit in ihr. Arbeitsam, mäßig, frisch und rein, mit durchsichtiger Hautfarbe, mit festem und hellem Auge, war Madame Roland das beruhigendste Ebenbild von Kraft und Tugend. Ihre Grazie war durchaus weiblich, aber ihr starker Geist, ihr stoisches Herz waren männlicher Art. Wenn man ihre Freunde betrachtet, so könnte man viel eher sagen, daß diese neben ihr Weiber sind; Bancal, Lanthenas, Bosc, Champagneux haben alle ziemlich sanfte Züge. Und das weiblichste Herz von allen vielleicht, die größte Schwäche besitzt der, den man für den standhaftesten hält, der ernste Roland, der schwach war aus der tiefen Leidenschaft des Greises, der abhing von dem Leben der anderen; das wurde nur allzu deutlich beim Tode.

Die Sachlage wäre, wenn nicht gefährlich, doch wenigstens voll von Kämpfen und Stürmen gewesen. Er war Volmar, der Saint-Prux zu Julie rief, es war das gefährdete Boot an dem Felsen der Meillerie. Einen Schiffbruch hätte es nicht gegeben, nehmen wir an, aber es war vorsichtiger, nicht einzusteigen.

So ungefähr schrieb Madame Roland an Bancal, in einem tugendhaften Briefe, der aber gleichzeitig allzu naiv und erregt war. Dieser Brief, der wundervoll unvorsichtig ist, stellt gerade darum ein unschätzbares Denkmal für die Reinheit von Madame Roland dar, für ihre Unerfahrenheit, für die Jungfräulichkeit ihres Herzens, die sie immer bewahrte. Man kann ihn nur auf den Knien lesen.

Nichts hat mich jemals mehr überrascht und gerührt. Dieser Held war also wirklich ein Weib? Es gab also in der Tat einen Augenblick (der einzige), in dem ihr großer Mut gebeugt war. Der Panzer des Krieges öffnet sich halb, und man erblickt ein Weib, das verwundete Herz Clorindens.

Bancal hatte an die Rolands einen herzlichen, zärtlichen Brief geschrieben, worin er sich über die geplante Vereinigung äußert: »Sie wird die Würze unseres Lebens bilden, und wir werden unseren Mitmenschen nicht unnütz sein.« Roland, der damals in Lyon war, schickte den Brief seiner Frau. Sie war allein auf dem Lande; der Sommer war sehr trocken gewesen und die Hitze noch sehr groß, obwohl man schon im Oktober war. Der Donner grollte, und das dauerte mehrere Tage an. Sturm im Himmel und auf der Erde, Sturm der Leidenschaft, Sturm der Revolution. Zweifellos waren große Wirren im Anzug; eine unbekannte Flut von Ereignissen mußte bald die Herzen und die Schicksale umwälzen; in diesen großen Augenblicken der Erwartung glaubt der Mensch gern, daß Gott für ihn donnert.

Kaum las Madame Roland den Brief, als Tränen ihn benetzten. Sie setzte sich an den Tisch, ohne zu wissen, was sie schreiben würde; sie schilderte ihre Verwirrung selbst und verbarg nicht, daß sie weinte. Es war viel mehr als ein zärtliches Geständnis. Aber zu gleicher Zeit zerbrach diese ausgezeichnete und mutige Frau ihre Hoffnung und brachte es fertig, hinzuschreiben: »Nein, ich bin keineswegs sicher, daß Sie glücklich werden, und ich würde mir niemals verzeihen, Ihr Glück gestört zu haben. Ich glaube, daß Sie sich in Verhältnisse begeben, die ich für falsch halte; daß Sie eine Hoffnung hegen, die ich verbieten muß.« Das übrige ist eine sehr rührende Mischung von Tugend, Leidenschaft und Inkonsequenz; hier und da ein melancholisches Wort und eine unbestimmte, düstere Vorahnung des Geschickes: »Wann werden wir uns wiedersehen? Diese Frage lege ich mir oft vor und wage nicht, sie zu lösen. Aber warum versuchen, die Zukunft zu durchdringen, die die Natur uns hat verbergen wollen? Lassen wir sie also ruhen unter dem dichten Schleier, mit dem sie sie bedeckt, da es uns nicht gegeben ist, sie zu durchdringen; wir haben nur eine Möglichkeit, auf sie einzuwirken, eine große zweifellos: sein Glück vorbereiten durch die weise Ausnutzung der Gegenwart.« Und weiter: »Nicht vierundzwanzig Stunden in dieser Woche sind vorübergegangen, ohne daß der Donner sich hören ließ. Soeben hat er noch gegrollt. Ich liebe die Farbe sehr, die das Gewitter der Landschaft verleiht, sie ist erhaben und düster, aber sie würde furchtbar sein, wenn sie nicht noch etwas anderes einflößte als Schrecken.«

Bancal war klug und ehrbar. Sehr betrübt weilte er trotz des Winters in England und blieb lange dort. Darf ich es sagen? Länger vielleicht, als Madame Roland selbst es gern gesehen hätte. Das ist die Inkonsequenz des Herzens, selbst des tugendhaftesten. Wenn man ihre Briefe aufmerksam liest, so zeigen sie ein merkwürdiges Schwanken der Stimmung; sie entfernt sich, sie nähert sich; Augenblicke lang mißtraut sie sich selbst, und in anderen Augenblicken ist sie ganz gefestigt.

Wer will behaupten, daß sie sich im Februar, auf der Reise nach Paris, wohin Roland die Geschäfte der Stadt Lyon führten, nicht heimlich freute, in die große Zentrale zu kommen, in die Bancal notwendigerweise zurückkehren mußte? Aber gerade Paris gibt ihren Gedanken bald eine ganz andere Richtung. Die Leidenschaft wandelt sich, sie wendet sich ganz den öffentlichen Angelegenheiten zu. Ein sehr interessanter und rührender Vorgang. Nach der großen Begeisterung des Verbrüderungsfestes in Lyon, diesem ergreifenden Schauspiel der Einswerdung eines ganzen Volkes, war ihr persönliches Gefühl schwach und zart geworden. Und jetzt, beim Anblick von Paris, ging dieses Gefühl wieder ganz ins Allgemeine, Bürgerliche und Patriotische; Madame Roland findet sich selbst wieder und liebt nur noch Frankreich.

Wenn es sich nun um eine andere Frau handelte, würde ich sagen, daß sie durch die Revolution, durch die Republik, durch den Kampf und den Tod vor sich selbst gerettet wurde. Der ernste Charakter ihrer Vereinigung mit Roland wurde vertieft durch ihre gemeinsame Teilnahme an den Ereignissen der Zeit. Diese auf Arbeit gestellte Ehe wurde eine Ehe voll gemeinsamer Kämpfe, Opfer, heroischer Mühen. So behütet gelangte sie, rein und siegreich, zum Schafott, zum Ruhm.

Im Februar 1791 kam sie nach Paris, am Vorabend des ernsten Augenblickes, wo die Frage der Republik verhandelt werden mußte; zwei wirksame Eigenschaften brachte sie mit, die Tugend und die Leidenschaft zugleich. So lange in ihrer Einsamkeit für die großen Ereignisse vom Schicksal aufbewahrt, kam sie an in einer Jugendlichkeit des Geistes, in einer Frische der Ideen, der Gefühle, der Eindrücke, daß sie die ermüdetsten Politiker verjüngen konnte. Die waren schon müde; sie fing erst an zu leben an diesem Tage.

Noch eine andere geheimnisvolle Macht! Diese reine, vom Schicksal wunderbar gehütete Persönlichkeit kam dennoch gerade an dem Tage an, wo die Frau Besorgnis erregt, an dem Tage, wo das Pflichtbewußtsein nicht mehr ausreicht, an dem Tage, wo das lange im Zaum gehaltene Herz überfließt. Sie kam an, unbesiegbar in einer unbekannten Triebkraft! Kein Bedenken hielt sie auf; das Glück wollte, daß, da das persönliche Gefühl besiegt oder umgangen war, die Seele sich völlig einem edlen, großen, tugendhaften, ruhmreichen Ziel zuwandte und, da sie nur das Ehrenhafte dabei empfand, mit vollen Segeln auf den neuen Ozean der Revolution und des Vaterlandes hinausfuhr.

Darum war sie in diesem Augenblick unwiderstehlich. So war es ungefähr mit Rousseau, als er, nach seiner unglücklichen Leidenschaft für Madame d'Houdetot[21], auf sich selbst zurückgeworfen, Einkehr hielt und eine ungeheure Glut in sich fand, die unauslöschliche Flamme, an der sich das ganze Jahrhundert entzündete; noch das unsrige fühlt nach hundert Jahren ihre Wärme.

Nichts ist strenger als der erste Blick der Madame Roland auf Paris. Die Nationalversammlung flößt ihr Schrecken, ihre Freunde Mitleid ein. Sie sitzt auf den Tribünen der Versammlung oder der Jakobiner und durchdringt mit scharfem Auge alle die Charaktere; sie sieht die Falschheiten, Feigheiten, Erbärmlichkeiten, die Komödie der Verfassungsfreunde, die Schliche, die Unentschiedenheit der Freunde der Freiheit in ihrer ganzen Nacktheit. Sie schont weder Brissot, den sie liebt, den sie jedoch für furchtsam und leichtsinnig hält, noch Condorcet, von dem sie glaubt, er sei doppelzüngig, noch Fauchet, in dem, »wie sie sehr wohl bemerkt, ein Priester steckt«. Kaum läßt sie Pétion und Robespierre gelten; man merkt, wie ihre Langsamkeit, ihre Rücksichten, ihrer eigenen Ungeduld wenig zusagen. Jung, feurig, stark, streng fordert sie von allen Rechenschaft, will nichts von Aufschub und Hindernissen hören; sie fordert sie auf, Männer zu sein und zu handeln.

Bei dem traurigen Schauspiel der halb erblickten, erhofften und nach ihr schon verlorenen Freiheit möchte sie nach Lyon zurückkehren, sie vergießt blutige Tränen. »Wir brauchten«, sagt sie (am 5. Mai), »eine neue Erhebung, in der wir für Glück oder Freiheit zugrunde gehen; aber ich zweifele, daß noch genug Nachdruck im Volke sitzt. Der Bürgerkrieg selbst, so furchtbar er sein mag, würde die Erneuerung unseres Charakters und unserer Sitten beschleunigen. Man muß zu allem bereit sein, selbst ohne Kummer zu sterben.«

Die Generation, an der Madame Roland so leicht verzweifelt, hatte bewundernswerte Gaben, den Glauben an den Fortschritt, den aufrichtigen Wunsch nach dem Glück der Menschen, die brennende Liebe zur öffentlichen Wohfahrt; sie hat die Welt durch die Größe ihrer Opfer in Erstaunen gesetzt. Indessen, das muß gesagt werden, zu dieser Zeit, wo die Situation noch nicht mit gebieterischer Gewalt herrschte, kündeten sich die Charaktere, die unter dem alten Regime gebildet waren, noch nicht mit diesem männlichen und ernsten Zuge an. Der Mut des Geistes fehlte. Die geniale Initiative war noch bei keinem; ich nehme Mirabeau nicht aus, trotz seiner ungeheueren Begabung.

Die Männer von damals, das muß auch gesagt werden, hatten schon ungeheuer viel geschrieben, geredet, gestritten. Wieviel Arbeiten, Diskussionen, Ereignisse sind da zusammengedrängt! Wieviel schnelle Reformen! Welch eine Erneuerung der Welt! Das Leben der bedeutenden Männer in der Nationalversammlung, in der Presse war so arbeitsreich gewesen, daß es uns ein Rätsel scheint; zwei Sitzungen in der Versammlung, ebenso ohne Pause wie die Sitzungen der Jakobiner und anderer Klubs, bis elf Uhr oder Mitternacht; dann die Vorbereitung der Reden für den folgenden Tag, die Artikel, die Geschäfte und Intrigen, die Sitzungen der Komitees, der politischen Geheimklubs. Die ungeheure Begeisterung des ersten Augenblicks, die unendliche Hoffnung, hatten sie zunächst fähig gemacht, all das zu ertragen. Aber schließlich dauerte die Mühe fort, die unendliche, grenzenlose Arbeit; da ließen sie ein wenig nach. Diese Generation war weder an Geist noch an Kraft mehr unversehrt; so aufrichtig auch ihre

Überzeugungen waren, ihr fehlte die Jugend, die Frische des Geistes, der erste Enthusiasmus des Glaubens.

Am 22. Juni, inmitten des allgemeinen Zauderns der Politiker, zögerte Madame Roland allein nicht. Sie schrieb und ließ in die Provinz schreiben, daß, entgegen der schwachen und farblosen Kundgebung der Jakobiner, die Urversammlungen eine allgemeine Einberufung verlangten: »Um durch Ja oder Nein zu entscheiden, ob es am Platze ist, die monarchische Form der Regierung beizubehalten.« – Sie beweist am 24. sehr gut, daß jede Regentschaft unmöglich ist, daß man Ludwig XVI. absetzen muß usw. usw.

Alle oder fast alle scheuten zurück, zögerten, waren noch unschlüssig. Sie erwogen die Interessen, die Tunlichkeit, warteten einer auf den anderen, stellten ihre Zahl fest. »Wir waren nicht ein Dutzend Republikaner«, sagte Camille Desmoulins. Sie hatten sich im Jahre 1791 vervielfacht, dank der Reise von Varennes, und ungeheuer war die Zahl der Republikaner, die es waren, ohne es zu wissen; man mußte es ihnen erst selbst beweisen. Die allein berechneten die Sache gut, die nicht berechnen wollten. An der Spitze dieser Vorhut schritt Madame Roland; sie warf das goldene Schwert in die schwankende Waage, ihren Mut und die Idee der Gerechtigkeit.

FÜNFZEHNTES KAPITEL

Madame Roland (Fortsetzung)

Madame Roland war um diese Zeit, wenn man nach ihren Briefen urteilen soll, viel hitziger, als sie später erschien. Sie sagt mit eigenen Worten: »Der Sturz des

Thrones ist im Geschick der Königreiche beschlossen. Man muß den König verurteilen. Es ist grausam, zu denken, daß wir nur durch Blutvergießen erneuert werden können.«

Die Metzelei auf dem Marsfeld (Juli 1791), wo diejenigen, welche die Republik forderten, auf dem Altar erschossen wurden, schien ihr den Tod der Freiheit zu bedeuten. Sie zeigte die rührendste Besorgnis um Robespierre, den man in Gefahr glaubte. Sie ging um elf Uhr abends in die Rue de Saintonge im Marais, wo er wohnte, um ihm eine Zuflucht anzubieten. Aber er war bei dem Tischler Duplay in der Rue Saint-Honoré geblieben. Von da aus gingen Herr und Frau Roland zu Buzot, um ihn zu bitten, Robespierre in der Nationalversammlung zu verteidigen. Buzot weigerte sich, aber Grégoire, der zugegen war, erbot sich dazu.

Sie waren in Geschäften der Stadt Lyon nach Paris gekommen. Als sie erreicht hatten, was sie wollten, kehrten sie in ihre Einsamkeit zurück. Unmittelbar darauf (27. September 1791) schrieb Madame Roland an Robespierre einen sehr schönen Brief, der zugleich spartanisch streng und gefühlvoll, würdig und schmeichelhaft war. Dieser ein wenig umständliche Brief sieht vielleicht nach Berechnung und politischer Absicht aus. Sie war sichtlich betroffen von der erstaunlichen Elastizität, mit der die jakobinische Maschine, die ganz und gar nicht zerbrochen war, damals in ganz Frankreich in Tätigkeit trat, und von der großen politischen Rolle des Mannes, der das Haupt der Partei darstellte. Ich ziehe die folgenden Stellen heran:

»Selbst wenn ich die Laufbahn des gesetzgebenden Körpers in den Zeitungen verfolgt hätte, würde ich die kleine Zahl mutiger Männer mit festen Grundsätzen wohl unterschieden haben und unter diesen Männern den, dessen Energie niemals aufgehört hat, zu . . . usw. Diesen Auserwählten hätte ich meine Neigung und Dankbarkeit zugewendet. – (Dann folgen hochtönende Worte: Das Gute tun wie Gott, ohne Anspruch auf Dankbarkeit.) Die wenigen starken Seelen, die zu großen Dingen fähig wären, sind über das Antlitz der Erde verstreut, von den Umständen regiert und können niemals zusammenkommen, um gemeinsam zu handeln. (In anmutiger Weise führt sie ihr Kind, die Natur, eine immerhin trübe Natur, ein. Sie skizziert in Worten die steinige Landschaft, die außergewöhnliche Trockenheit. – Lyon ist aristokratisch. – Auf dem Lande hält man Roland für einen Adeligen! »An den Galgen!« hat man gebrüllt usw.) Sie haben, geehrter Herr, viel getan, um diese Grundsätze zu beweisen und auszubreiten; es ist schön und tröstlich, sich dieses Zeugnis geben zu können in einem Alter, wo so viele andere noch gar nicht wissen, welche Laufbahn ihnen vorbehalten ist. Wenn ich nichts anderes in Betracht gezogen hätte als das, was ich Ihnen mitteilen konnte, so hätte ich es unterlassen, Ihnen zu schreiben; aber auch ohne Ihnen etwas von Belang zu melden, vertraute ich dem Interesse, mit dem Sie Nachrichten von zwei Menschen aufnehmen würden, deren Herz fähig ist, Sie zu verstehen, und die Ihnen eine Hochachtung ausdrücken möchten, welche sie nur wenigen Menschen entgegenbringen, und eine Zuneigung, die sie nur für diejenigen bereit haben, welche über alles den Ruhm stellen, gerecht zu sein, und das Glück, ein empfängliches Herz zu besitzen. Roland ist soeben zurückgekommen, er ist ermüdet und bekümmert . . .« usw.

Ich sehe nirgendwo, daß er auf diese Annäherungsversuche geantwortet hat. Zwischen Girondisten und Jakobinern gab es eine Verschiedenheit, keine zufällige, sondern eine natürliche, angeborene, eine Verschiedenheit der Art, einen instinktiven Haß, wie zwischen Wolf und Hund. Madame Roland besonders schreckte Robespierre durch ihre glänzenden und männlichen Eigenschaften ab. Alle beide besaßen etwas, was scheinbar die Menschen einander näherbringen könnte, und was im Gegenteil die lebhaftesten Abneigungen zwischen ihnen hervorruft: den gleichen Fehler. Unter dem Heldenmut der einen, unter der bewundernswerten Standhaftigkeit des anderen barg sich ein gemeinsamer, um es deutlich zu sagen: ein lächerlicher Fehler. Alle beide schrieben fortwährend, sie waren geborene Schreiber. Ebenso besorgt, wie man sehen wird, um ihren Stil wie um die Geschäfte, schrieben sie Tag und Nacht, im Leben und im Sterben; in den furchtbarsten Krisen und beinahe noch unter dem Beil waren Schreiben und Stil für sie der Gegenstand unablässigen Denkens. Als echte Kinder des achtzehnten Jahrhunderts, dieses so eminent literarischen und – wie die Deutschen zu sagen pflegen – belletristischen Jahrhunderts, bewahrten sie diesen Wesenszug auch in den Tragödien einer neuen Zeit. Madame Roland schreibt ruhigen Herzens ihre wundervollen Lebensbilder, füllt sie aus und versenkt sich mit großer Liebe in sie, während schon die Schreier vor ihren Fenstern: »Tod der Frau Roland!« brüllen. Am Vorabend des 9. Thermidor, zwischen den Gedanken an Mord und Schafott, rundet Robespierre seine Perioden ab, wie es scheint, weniger darauf bedacht zu leben, als ein guter Schriftsteller zu bleiben.

Als Politiker und Literaten waren sie sich von da an nur wenig zugetan. Robespierre übrigens hatte einen allzu geraden Sinn, ein allzu tiefes Verständnis für die Einheitlichkeit des Lebens, die großen Arbeitern notwendig ist, um sich dieser Frau, dieser Königin gern zu nähern. In Madame Rolands Nähe konnte das Leben eines Freundes nur Unterwerfung oder Sturm bedeuten.

Herr und Frau Roland kamen erst im Jahre 1792 nach Paris zurück, als die Macht der Ereignisse, der drohende

Sturz des Thrones, die Gironde in die Leitung der Geschäfte brachte. Madame Roland blieb in den vergoldeten Salons des Ministeriums des Innern, was sie in ihrer ländlichen Einsamkeit gewesen war. Nur erschien das, was von Natur ernst, stark, männlich, gesetzt in ihr war, oft als Hochmut und schuf ihr viele Feinde. Es ist falsch, daß sie Stellungen vergab, im Gegenteil vermerkte sie viel eher die Bittgesuche mit strengen Worten, welche die Bittsteller verscheuchten.

Die beiden Ministerien Roland gehören mehr der Geschichte als der Biographie an.[22] Hier stehe nur ein Wort über den berühmten Brief an den König, aufgrund dessen man, sicherlich mit Unrecht, die Ehrenhaftigkeit des Ministers und seiner Frau angezweifelt hat.

Roland, der republikanische Minister eines Königs, der sich in den Tuilerien von Tag zu Tag mehr am falschen Platze fühlte, hatte seinen Fuß nur unter der ausdrücklichen Bedingung an diesen verhängnisvollen Ort gesetzt, daß ein eigens hierzu ernannter Sekretär jeden Tag wörtlich die Entscheidungen und Abstimmungen niederschriebe, damit Belege dafür vorhanden blieben und damit man im Falle einer Treulosigkeit nach jeder Richtung genau abmessen und feststellen konnte, welcher Anteil an der Verantwortung jedem Beteiligten zukam.

Das Versprechen wurde nicht gehalten; der König wollte es nicht. Da wählte Roland zwei Mittel, die ihn decken sollten. Überzeugt, daß die Öffentlichkeit die Seele eines freien Staates ist, veröffentlichte er jeden Tag in einer Zeitung, »Das Thermometer«, alles, was von den Entscheidungen des Kronrates bekannt zu geben nützlich sein konnte; zweitens entwarf er mit Hilfe seiner Frau einen offenen, freimütigen und energischen Brief, der dem König und später vielleicht der Öffentlichkeit übergeben werden sollte, wenn der König sich darüber aufhielt.

Dieser Brief war durchaus nicht vertraulich, er versprach keineswegs, daß er geheim bleiben solle, was man auch gesagt hat. Er wandte sich offensichtlich ebenso an Frankreich wie an den König und sagte ausdrücklich, daß Roland nur darum zu diesem Mittel gegriffen habe, weil der Sekretär und das Protokollbuch, die für ihn hätten zeugen können, ausgeblieben waren. Der Brief wurde am 10. Juni von Roland übergeben, am gleichen Tage, an dem der Hof eine neue Mine gegen die Nationalversammlung springen ließ, eine drohende Eingabe, worin man hinterlistigerweise, angeblich im Namen von achttausend Nationalgardisten, behauptete, daß die Einberufung der zwanzigtausend Föderierten aus den Departments eine Beleidigung für die Pariser Nationalgarde sei.

Als der König am 11. oder 12. den Brief unerwähnt ließ, faßte Roland den Entschluß, ihn im Kronrat laut vorzulesen. Dieses wahrhaft beredte Schriftstück ist der äußerste Protest einer echt republikanischen Gesinnung, die dennoch dem König einen letzten Ausweg zeigt. Harte Worte stehen darin, auch vornehme und zarte; das Folgende ist erhaben: »Nein, das Vaterland ist kein bloßes Wort; es ist ein lebendiges Etwas, dem man Opfer gebracht hat; dem man sich jeden Tag enger verbindet durch die Sorgen, die es verursacht, das man mit großen Anstrengungen geschaffen hat, das sich mitten in den Unruhen der Zeit erhebt und das man gerade um dessentwillen liebt, was es kostet und was man erhofft . . .« Dann folgen ernste Warnungen, allzu wahre Prophezeiungen über die furchtbaren Gefahren des Widerstandes, der die Republik zwingen würde, sich im Blut zu vollenden. – Dieser Brief hatte den besten Erfolg, den der Verfasser erhoffen konnte. Er wurde der Grund für seine Entlassung.

An anderer Stelle haben wir die Fehler des zweiten Ministeriums Roland verzeichnet, das Schwanken, ob man in Paris bleiben oder es beim Nahen der Invasion verlassen solle, die Ungeschicklichkeit, mit der man Robespierre durch einen so leichtsinnigen Menschen wie Louvet angreifen ließ, die unpolitische Strenge, mit der man das Entgegenkommen Dantons zurückwies. Was den Vorwurf angeht, man habe den Verkauf der nationalen Güter durchaus nicht beschleunigt, man habe Frankreich in einer solchen Gefahr ohne Geld gelassen, so machte Roland große Anstrengungen, ihn nicht zu verdienen; aber die girondistischen Verwaltungen der Departements blieben den schärfsten Befehlen, den dringendsten Aufforderungen gegenüber taub.

Im September 1792 gerieten Herr und Frau Roland in die größte Gefahr, Leben und Ehre zu verlieren. Man wagte es nicht, mit dem Dolch zu arbeiten; man benutzte die grausameren Waffen der Verleumdung. Im Dezember 1792 suchte ein Intrigant namens Viard Chabot und Marat auf und machte sich anheischig, ihnen die Fäden einer großen girondistischen Verschwörung zu zeigen; Roland sei dabei und seine Frau. Marat biß gierig wie ein Hai an; ob man dem gefräßigen Fisch Holz, Steine oder Eisen hinwirft, er verschlingt es unterschiedslos. Chabot war sehr leichtsinnig, ein Tropf mit Geist – wenn es das gibt –, mit wenig Verstand und noch weniger Zartgefühl; er beeilte sich, die Mitteilung zu glauben, und hütete sich wohl, sie nachzuprüfen. Der Konvent verlor einen ganzen Tag damit, selbst zu prüfen, sich zu zanken, sich zu beschimpfen. Man erwies Viard die Ehre, ihn kommen zu lassen, und man sah sofort ein, daß der biedere, von Chabot und Marat beigebrachte Zeuge ein Spion war, der wahrscheinlich für alle Parteien arbeitete. Man ließ Madame Roland rufen und verhörte sie; sie rührte die ganze Versammlung durch ihre Anmut und Vernunft, ihre verständigen, bescheidenen und taktvollen Worte. Chabot wurde ganz kleinlaut. Marat schrieb abends wütend in sein Blatt, daß das Ganze von den Anhängern Rolands ins Werk gesetzt worden sei, um die Patrioten irrezuführen und sie lächerlich zu machen.

Am 2. Juni, als die meisten Girondisten die Stadt verließen oder sich verbargen, waren die unvergleichlich tapfersten die Rolands, die es standhaft verschmähten, außerhalb des Hauses zu schlafen oder ihren Zufluchtsort zu wechseln. Madame Roland fürchtete weder Gefängnis noch Tod; sie hatte nur Angst um persönlichen Schimpf, und um immer Herrin ihres Schicksals zu bleiben, schlief sie niemals ein, ohne eine Pistole unter ihr Kopfkissen zu legen. Auf das Gerücht, daß die Kommune einen Haftbefehl gegen Roland erlassen habe, eilte sie in die Tuilerien, in dem mehr heldenmütigen als vernünftigen Gedanken, die Ankläger niederzuwerfen und die Montagne durch ihre Beredsamkeit und ihren Mut zu zerschmettern, der Nationalversammlung die Freiheit ihres Gatten abzunötigen. Sie wurde selbst in der Nacht verhaftet. Man muß den ganzen Vorgang in ihren wundervollen Memoiren lesen, die oft weniger von der Feder einer Frau als von Catos Dolche herzurühren scheinen. Aber dann läßt doch irgendein Wort, das aus dem Herzen der Mutter kommt, irgendeine rührende Anspielung auf die Unantastbarkeit der Freundschaft, allzusehr merken, daß dieser große Mensch ein Weib ist, daß diese Seele leider ebenso zart wie stark war.

Sie tat nichts, um sich der Haft zu entziehen, und wurde ihrerseits in der Conciergerie, in der Nähe des Gefängnisses der Königin, untergebracht, in den Gewölben, die kaum erst von Vergniaud, von Brissot verlassen waren und in denen noch ihre Schatten lebten. Heldenmütig wie eine Königin kam sie, sie hatte wie Vergniaud das Gift, das sie besaß, weggeworfen und wollte im hellen Tageslicht sterben. Sie glaubte, die Republik durch ihren Mut vor dem Gericht und durch ihren standhaften Tod zu ehren. Die sie in der Conciergerie sahen, erzählen, sie sei immer noch schön und reizvoll gewesen, jung trotz ihrer neununddreißig Jahre; eine volle, mächtige Jugend, ein Schatz bewahrten Lebens strahlte aus ihren schönen Augen. Ihre Stärke erschien besonders in ihrer verständigen Milde, in der unantastbaren Harmonie ihres Wesens und ihres Wortes.

Sie hatte sich im Gefängnis die Zeit damit vertrieben, an Robespierre zu schreiben, nicht um ihn um etwas zu bitten, sondern um ihm die Meinung zu sagen. Und die sagte sie auch dem Gericht, als man ihr den Mund verschloß. Der achte November, an dem sie starb, war ein kalter Tag. Die entlaubte, trübe Natur entsprach dem Zustande der Herzen; auch die Revolution versank in den Winter, in den Tod der Illusionen. – Zwischen den beiden blätterlosen Gärten kam sie bei sinkender Nacht (halb sechs Uhr abends) am Fuße der kolossalen Freiheitsstatue an, nahe beim Schafott, auf dem Platz, auf dem heute der Obelisk steht; sie stieg leichten Schritts die Stufen hinan, wandte sich der Statue zu und sprach mit ernster Milde, ohne Vorwurf, die Worte: »O Freiheit! Wieviel Verbrechen sind in deinem Namen begangen!«

Sie hatte den Ruhm ihrer Partei, ihres Gatten geschaffen und nicht wenig dazu beigetragen, sie zu vernichten. Sie hat in Zukunft Roland unfreiwillig in Schatten gestellt. Aber sie ließ ihm Gerechtigkeit widerfahren, sie hatte für diese antike, begeisterte und strenge Seele eine Art religiöser Verehrung. Als sie einen Augenblick lang die Absicht hatte, sich zu vergiften, schrieb sie ihm, um ihn um Verzeihung zu bitten, daß sie ohne seine Zustimmung über ihr Leben verfüge. Sie wußte, daß Roland nur eine Schwäche besaß, seine glühende Liebe zu ihr, die um so tiefer war, als er sie zurückhielt.

Als man sie verurteilte, sagte sie: »Roland wird sich töten.« Man konnte ihm ihren Tod nicht verbergen. Er hatte sich in die Nähe von Rouen zurückgezogen und lebte bei sehr zuverlässigen Freundinnen; heimlich stahl er sich fort und wollte, um seine Spur zu verwischen, ganz aus der Gegend. Der Greis wäre um diese Jahreszeit nicht weit gekommen. Er fand eine schlechte Kutsche, die nur im Schritt vorwärts kam; die Wege im Jahre 1793 waren nur Pfützen. Erst abends kam er an den Grenzen von Eure an. Da jede Ordnung aufgehoben war, so machten Diebe die Wege unsicher und griffen die Höfe an; Gendarmen verfolgten sie. Das beunruhigte Roland, er schob seinen Entschluß nicht weiter auf. Er stieg ab, verließ den Weg und folgte einer Allee, die in einer Biegung zu einem Schlosse führte; am Fuße einer Eiche machte er halt, zog seinen Stachelstock und durchbohrte sich völlig. Man fand bei ihm einen Zettel mit seinem Namen und den Worten: »Habt Ehrfurcht vor den Überresten eines tugendhaften Mannes.« Die Zukunft hat ihn nicht Lügen gestraft. Er hat die Achtung seiner Gegner mit sich genommen, besonders diejenige Robert Lindets*.

---

* Ich kann mir das Vergnügen nicht versagen, das Porträt abzuschreiben, das Lémontey von Madame Roland entwirft:

»Ich habe«, so erzählt er, »Madame Roland einige Male vor 1789 gesehen: ihre Augen, ihre Gestalt und ihr Haar waren von bemerkenswerter Schönheit, ihr zarter Teint besaß eine Frische und ein Kolorit, das sie in Verbindung mit ihrem zurückhaltenden und keuschen Wesen merkwürdig verjüngte. Ich fand bei ihr nicht die leichte Eleganz einer Pariserin, die sie sich in ihren Memoiren zuschreibt; damit will ich keineswegs sagen, daß sie linkisch war; denn das, was einfach und natürlich ist, wird niemals ohne Anmut sein. Ich erinnere mich, daß sie, als ich sie zum ersten Male sah, dem Bilde entsprach, das ich mir von der Enkelin Vevays gemacht hatte, die so viele Köpfe verdreht hat, und von der Julie J. J. Rousseaus; und als ich sie sprechen hörte, war die Illusion noch vollkommener. Madame Roland sprach gut, zu gut. Die Eigenliebe hätte gern eine besondere Vorbereitung in ihren Worten gefunden; aber das war nicht möglich: sie war einfach eine allzu vollkommene

SECHZEHNTES KAPITEL

Fräulein Kéralio (Madame Robert).
Der 17. Juli 1791

Die Grundakte der Republik, die berühmte Petition vom Marsfelde, die besagt, daß weder Ludwig XVI. noch ein anderer König anerkannt werden dürfe, diese inmitten der Menge auf dem Altar des Vaterlandes (16. Juli 1791) aus dem Stegreif verfaßte Akte, ist noch in den Archiven des Seinedepartements vorhanden. Sie wurde von dem Cordelier Robert geschrieben.

Seine Frau, Madame Robert (Fräulein Kéralio), er-

Natur. Geist, Verstand, treffende Ausdrucksweise, klare Vernunft, naive Anmut, all das kam mühelos zwischen ihren Elfenbeinzähnen und ihren rosigen Lippen hervor; man mußte sich damit abfinden. Im Verlauf der Revolution habe ich Madame Roland nur ein einziges Mal wiedergesehen; das war im Anfang des ersten Ministeriums ihres Gatten. Sie hatte nichts von ihrem frischen, jugendlichen und einfachen Aussehen verloren; ihr Gatte, dessen Tochter sie hätte sein können, glich einem Quäker, ihr Kind mit schönen, bis zum Gürtel wallenden Haaren sprang um sie herum; man glaubte, Bewohner Pensylvaniens zu sehen, die in den Salon des Herrn de Calame versetzt waren. Madame Roland sprach nur noch von öffentlichen Angelegenheiten, und ich konnte erkennen, daß meine Mäßigung ihr ein wenig Mitleid einflößte. Ihre Seele war überspannt, aber ihr Herz blieb milde und harmlos. Obgleich die großen Wirrnisse in der Monarchie noch nicht begonnen hatten, verhehlte sie sich nicht, daß Anzeichen von Anarchie sichtbar zu werden begannen, und versprach, sie bis zum Tode zu bekämpfen. Ich entsinne mich des mutigen und entschlossenen Tones, in dem sie mir ankündigte, daß sie, wenn nötig, ihr Haupt auf das Schafott legen würde; und ich gestehe, daß die Vorstellung, diesen reizenden Kopf dem Beil des Henkers überliefert zu sehen, mir einen Eindruck machte, der sich niemals verwischt hat; denn die Wut der Parteien hatte uns noch nicht an diese entsetzlichen Vorstellungen gewöhnt. Daher überraschten mich in der Folge die Wunder der Standhaftigkeit Madame Rolands und ihr heldenmütiger Tod gar nicht. Alles war aus einem Guß und nichts war gespielt bei dieser berühmten Frau; sie war nicht nur der stärkste, sondern auch der wahrste Charakter unserer Revolution; die Geschichte wird sie in Ehren halten und andere Nationen werden uns um sie beneiden.«

zählte es am Abend Madame Roland. Auch die Akte selbst beweist es. Sie trägt offensichtlich die Handschrift Roberts, der sie als einer der ersten unterzeichnet hat.

Robert war ein dicker Mann, sein Patriotismus war größer als seine Begabung, und er besaß keinerlei geistige Beweglichkeit. Seine Frau hingegen, eine bekannte Schriftstellerin und unermüdliche Journalistin, hatte einen lebhaften, schnell erfassenden, feurigen Geist und mußte sehr wahrscheinlich diktieren.

Das Schriftstück ist sehr bemerkenswert. Es war in der Tat aus dem Stegreif hervorgegangen. Die Jakobiner waren dagegen. Sogar der Girondist Brissot, welcher den Sturz des Königs wollte, hatte eine behutsame Petition entworfen, die von den Cordeliers abgelehnt wurde. Von den Führern der Cordeliers wurden die einen am Morgen verhaftet, die anderen verbargen sich, um der Verhaftung zu entgehen. Da Danton, Desmoulins, Fréron, Legendre nicht erschienen, so kam ein Augenblick, wo nur Cordeliers zweiten Ranges, wie Robert einer war, an der Spitze standen und in den Fall gerieten, die Initiative zu ergreifen.

Die kleine Madame Robert, geschickt, witzig und stolz (dieses Bild entwirft Madame Roland von ihr), besonders aber ehrgeizig und unzufrieden, weil sie schon so lange die unbeachteten Mühen einer Frau trug, die schreiben muß, um zu leben, ergriff die Gelegenheit beim Schopfe. Für mich besteht kein Zweifel, daß sie diktierte und der dicke Robert schrieb.

Der Stil scheint den Autor zu verraten. Die Sätze sind abgehackt, wie von einem Keuchenden. Mehrere bezeichnende Nachlässigkeiten, kleine, plötzliche Seitensprünge (wie sie eine Frau oder ein Kolibri im Zorn tut), verraten deutlich genug die weibliche Hand. »Aber, meine Herren, aber, ihr Vertreter eines edelmütigen und vertrauenden Volkes, erinnert euch« usw.

Madame Roland war morgens auf dem Marsfeld gewesen, um auszuforschen, welche Wendung die Dinge nehmen würden. Sie kam zurück, zweifellos in dem Glauben, daß nichts mehr daran zu ändern sei. Am Abend vorher hatte sie mit angesehen, wie eine unbekannte Menge in den Saal der Jakobiner drang; man vermutete – und das ist nicht unwahrscheinlich –, die Orléanisten hätten, um die republikanische Bewegung zu eigenem Vorteil abzulenken, diese Leute gedungen.

So waren es also die Cordeliers allein, Herr und Frau Robert an der Spitze, welche auf dem Marsfelde mitten unter dem Volke zurückblieben, welche für das Volk schrieben und in der Tat die verwegene Initiative hatten, aus der die Girondisten und später die Jakobiner bald Nutzen ziehen sollten.

Wer war Madame Robert (Fräulein Kéralio)?

Sie stammte durch ihren Vater aus der Brétagne, war aber im Jahre 1758 in Paris geboren und zählte damals dreiunddreißig Jahre. Sie war eine gebildete, man könnte sagen gelehrte Frau, von ihrem Vater, einem Mitglied der Akademie für alte Geschichte, erzogen. Guinement de Kéralio, Ritter vom Heiligen Ludwig, war mit Condillac zum Erzieher des Prinzen von Parma ernannt worden. Als Lehrer der Taktik an der Kriegsschule und als Inspektor einer Kriegsschule in der Provinz, hatte er den jungen Korsen Bonaparte unter seinen Schülern gehabt. Da seine Besoldung zum Unterhalt seiner Familie nicht ausreichte, schrieb er in den Merkur, in das Journal des Savants und verfertigte außerdem eine Menge Übersetzungen. Die kleine Kéralio war erst siebzehn Jahre alt, als sie übersetzte und kompilierte. Mit achtzehn Jahren schrieb sie einen Roman (Adélaïde), den niemand beachtete. Dann verwandte sie zehn Jahre auf die Ausarbeitung eines ernsten Werkes, einer ausführlichen »Geschichte Elisabeths«, die voll von Studien und Forschungen war. Unglücklicherweise war das große Werk erst im Jahre 1789 vollendet; das war zu spät, man machte damals Geschichte, statt sie zu lesen. Rasch wandten sich Vater und Tochter den Ereignissen der Zeit zu. Fräulein Kéralio wurde Journalistin und redigierte die »Staats- und Bürgerzeitung«. Der alte Kéralio wurde unter Lafayette Instruktor der Nationalgarde. Es läßt sich nicht feststellen, daß er oder sie großen Nutzen dabei gehabt hätten. Er hatte seine Stellung verloren, von der er leben konnte, als seine Tochter gerade zur rechten Zeit einen Gatten fand.

Dieser Gatte, ein scharfer Gegner der Partei Lafayettes, war der Cordelier Robert, welcher seit Ende des Jahres 1790 kühn dem Wege Camille Desmoulins folgte; er hatte den »Republikanismus, auf Frankreich angewandt« geschrieben. Fräulein Kéralio, die von adeliger Geburt und in der Welt des alten Regime aufgewachsen war, warf sich mit glühendem Eifer in die Bewegung. Ihre Ehe versetzte sie mitten in den heißesten Herd der Pariser Unruhen, in den Klub der Cordeliers. An dem Tage, wo die Führer der Cordeliers, verhaftet oder auf der Flucht, auf dem gefährlichen Posten am Altar des Vaterlandes fehlten, war sie da, handelte und verfaßte durch die Hand ihres Gatten die entscheidende Akte.

Die Sache war nicht ungefährlich. Obgleich man die Metzelei nicht voraussah, welche die Royalisten und die Soldaten Lafayettes am Abend veranstalteten, war das Marsfeld am Morgen der Schauplatz eines sehr tragischen Vorgangs, eines verhängnisvollen Scherzes, der in eine Bluttat ausartete. So traurig und schändlich dieser einzelne Fall ist, können wir ihn nicht unerwähnt lassen; er hängt zu sehr mit unserem Gegenstande zusammen.

Die royalistischen Edelleute waren Spötter. In ihren »Taten der Apostel« und anderswo machten sie unentwegt

Witze über ihre Feinde. Besonders hatten sie ihren Spaß über das Verschwinden der Häupter der Cordeliers, über die Prügel, die einige von ihnen von den Anhängern Lafayettes erhielten. Die Royalisten niederen Ranges, frühere Lakaien, Portiers, Perückenmacher, trieben ebenfalls Possen; sie spielten, wenn sie Courage genug hatten, den Revolutionären Streiche. Die Perückenmacher besonders, welche durch die Revolution brotlos geworden waren, wurden wütende Royalisten. Vermittler von Vergnügungen und Liebesboten unter dem alten Regime, unvermeidliche Zeugen des Levers und der frechen Alkovenszenen, waren sie im allgemeinen auch auf eigene Faust lockere Zeisige. Einer von ihnen kam am Samstagabend, am Vorabend des 17. Juli, auf einen Gedanken, der nur dem Hirn eines arbeitslosen Libertins entspringen konnte: er wollte sich unter die Bretter des Altars des Vaterlandes verstecken und den Frauen unter die Röcke gucken. Man trug damals keine Reifröcke mehr, sondern solche, die nach hinten stark gebauscht waren. Die hochmütigen Republikanerinnen, Tribunen in der Haube, Klubredner, Römerinnen, gebildete Damen würden stolz zum Altar hinaufsteigen. Der Perückenmacher fand es belustigend, zuzusehen (oder zu erraten, was er nicht sah), und dann faule Witze darüber zu machen. Falsch oder wahr! die Sache wäre zweifellos in den royalistischen Salons mit Begeisterung aufgenommen worden; der Ton war damals sehr frei, selbst der der höchstgestellten Damen. Man liest in den Memoiren Lauzuns mit Erstaunen, was man in Gegenwart der Königin zu sagen wagte. Die Leserinnen des Faublas und anderer, noch schlimmerer Bücher würden zweifellos die frechen Beschreibungen begierig vernommen haben.

Der Perückenmacher wollte, wie der beim Lutrin, einen Genossen haben, wenn er sich in seine Finsternis einschloß, und wählte einen »Braven«, einen alten, invaliden Soldaten, der ebensowenig Royalist wie Libertin war. Sie nehmen Lebensmittel und ein Tönnchen Wasser mit und gehen nachts auf das Marsfeld, heben ein Brett aus, steigen hinab und legen es geschickt wieder zurecht. Dann begeben sie sich daran, mit einem Bohrer Löcher zu bohren. Die Nächte sind kurz im Juli, es wurde schon ganz hell, und sie arbeiteten noch immer. Die Erwartung des großen Tages weckte viele Leute auf, ebenso das Elend und die Hoffnung, in der Menge etwas zu verkaufen; eine Kuchen- oder Limonadenhändlerin war eher da als die anderen und streifte wartend auf dem Altar des Vaterlandes umher. Sie fühlt den Bohrer unter dem Fuß, bekommt Angst und schreit. Nun war da ein Lehrling, der fleißig die patriotischen Inschriften abschreiben wollte. Er rennt, um die Garde von Gros-Caillou zu holen, doch die rührt sich nicht; er rennt weiter zum Rathaus, holt Menschen herbei und Werkzeuge, man öffnet die Planken und findet die beiden Schuldigen, die sehr betroffen sind und sich schlafend stellen. Ihre Sache stand faul; man scherzte damals nicht über den Altar des Vaterlandes; ein Offizier in Brest wurde umgebracht, weil er sich darüber lustig gemacht hatte. Hier wurde der Umstand erschwerend, daß sie ihr häßliches Begehren gestanden. Die Bevölkerung von Gros-Caillou besteht völlig aus Wäscherinnen, ein rohes Weibervolk mit Waschkellen bewaffnet, manche Aufstände und Revolten haben während der Revolution dort stattgefunden. Diese Damen nahmen das Geständnis des Schimpfes, der den Frauen angetan werden sollte, sehr übel auf. Außerdem liefen noch andere Gerüchte in der Menge um; man hatte den Übeltätern, wurde erzählt, eine Leibrente versprochen, wenn sie einen Streich versuchen wollten; das Wassertönnchen ging von Mund zu Mund und wurde zu einem Pulverfaß; die Folge war die Behauptung: »Sie wollten das Volk in die Luft sprengen.« Die Garde kann sie nicht mehr verteidigen, man entreißt sie ihr und erwürgt sie; dann schneidet man ihnen, um die Aristokraten zu erschrecken, die Köpfe ab und trägt diese nach Paris. Um halb neun oder neun Uhr waren sie im Palais-Royal.

Einen Augenblick später erklärte die Nationalversammlung, die aufgeregt und unwillig war, aber sehr geschickt von den Royalisten auf die republikanische Petition, die man voraussah und fürchtete, abgelenkt wurde: »Daß diejenigen, welche durch ihre eigenen oder durch gemeinsame Schriften das Volk zum Widerstande reizen würden, des Hochverrats schuldig seien.« Die Petition stand so auf einer Stufe mit der Gewalttat am Morgen, und jede Versammlung wurde bedroht wie eine Vereinigung von Mördern. Jeden Augenblick schrieb der Präsident Karl de Lameth an den Gemeinderat, er solle die rote Fahne[23] entfalten und die Nationalgarde gegen die Gesuchsteller auf dem Marsfelde schicken.

Die Volksversammlung war in Wirklichkeit sehr harmlos. Sie zählte noch mehr Frauen als Männer, sagt ein Augenzeuge. Unter den Unterschriften bemerkt man die sehr vieler Frauen und Mädchen. Zweifellos hingen sie, da es Sonntag war, am Arm ihrer Väter, ihrer Brüder oder ihrer Gatten. Im gläubigen Vertrauen gelehriger Schülerinnen wollten sie mit ihnen Zeugnis ablegen, wollten bei diesem großen Akt, dessen ganze Tragweite viele von ihnen nicht verstanden, mit den Männern gemeinsame Sache machen. Das Unverständnis war nicht wichtig, sie blieben mutig und treu, und mehr als eine hat bald auch mit ihrem Blut Zeugnis abgelegt.

Die Zahl der Unterschriften muß tatsächlich ungeheuer gewesen sein. Die noch vorhandenen Blätter enthalten mehrere Tausend. Aber offenbar sind viele verlorengegangen. Das letzte trägt die Nummer 50. Der wunderbare Eifer des Volkes, eine dem Könige so feindliche, die Nationalversammlung so mahnende Akte zu unterzeichnen, mußte diese erschrecken. Man brachte ihr zweifellos eine der Abschriften, die umliefen, und diese souveräne Versammlung, die bis dahin Richter und Schiedsmann zwischen König und Volk gewesen war, sah mit Schrecken, daß sie als angeklagt galt. Nun war es notwendig geworden, um jeden Preis die Volksversammlung aufzulösen und die Petition zu zerreißen.

Das war sicherlich der Gedankengang, ich sage nicht der ganzen Nationalversammlung, die sich leiten ließ, aber der Gedankengang der Führer. Sie versicherten, Mitteilung zu haben, daß die Menge vom Marsfeld gegen die Versammlung ziehen wollte, gewiß eine ungenaue Sache, die durch alles, was die noch lebenden Augenzeugen von der Haltung des Volkes erzählen, klar widerlegt wird. Daß unter der großen Zahl einige Verrückte waren, die den Zug vorschlugen, ist nicht unmöglich; aber niemand wirkte im geringsten auf die Menge. Sie war ungeheuer groß geworden, mit tausend verschiedenen Elementen durchsetzt und um so weniger leicht mit fortzureißen, um so weniger angriffslustig. Die Dörfer der Banlieue, die von den letzten Ereignissen nichts wußten, hatten sich in Bewegung gesetzt, besonders die westliche Banlieue, Vaugirard, Issy, Sèvres, Saint-Cloud, Boulogne usw. Sie kamen wie zu einem Feste; aber einmal auf dem Marsfeld, hatten sie nicht die geringste Lust, noch weiter zu gehen; sie suchten lieber an diesem äußerst heißen Tage ein wenig Schatten und Ruhe unter den Bäumen der Einfassung oder noch eher in der Mitte, unter der breiten Pyramide des Altars des Vaterlandes.

Indessen kam gegen vier Uhr eine letzte, niederschmetternde Botschaft aus der Nationalversammlung ins Rathaus; und zu gleicher Zeit verbreitete sich ein Gerücht aus derselben Quelle auf der Grève und unter der ganzen besoldeten Garde, die da stand: »Eine Truppe von fünfzigtausend Briganten hat sich auf dem Marsfeld aufgestellt und schickt sich an, gegen die Nationalversammlung zu ziehen.«

Der Stadtrat widerstand nicht länger. Er entfaltete die rote Fahne. Der Maire Bailly ging totenbleich auf die Grève hinab und marschierte an der Spitze einer Kolonne der Nationalgarde. Lafayette verfolgte einen anderen Weg. Es folgt nun die unveröffentlichte Erzählung eines sehr glaubwürdigen Zeugen, der Nationalgardist war und mit der Truppe aus dem Faubourg Saint-Antoine auf das Marsfeld zog.

»Der Anblick, den dieser ungeheure Platz damals darbot, verblüffte uns. Wir hatten erwartet, ihn von wütendem Pöbel besetzt zu sehen; wir fanden nur die friedlichen Sonntagsspaziergänger in Gruppen und in Familien beieinander, und in großer Mehrzahl aus Frauen und Kinder bestehend, inmitten deren Händler Lakritzenwasser, Pfefferkuchen und Kuchen aus Nanterre, die damals den Ruf der Neuheit hatten, feilboten. Niemand in dieser Menge war bewaffnet, mit Ausnahme einiger Nationalgardisten, die mit Uniform und Säbel angetan waren; doch die meisten begleiteten ihre Frauen und hatten nichts Drohendes oder Verdächtiges. Die Sorglosigkeit war so groß, daß mehrere unserer Kompanien ihre Gewehre zusammenstellten und daß einige von uns von Neugier getrieben bis zur Mitte des Marsfeldes gingen. Bei ihrer Rückkehr wurden sie ausgefragt und erzählten, daß es nichts Neues gäbe, nur auf den Stufen zum Altar des Vaterlandes unterzeichne man eine Petition.

Dieser Altar war ein ungeheures Bauwerk, hundert Fuß hoch; es stützte sich auf vier Massive, welche die Winkel seines weiten Vierecks einnahmen und Dreifüße von kolossaler Größe trugen. Diese Massive waren unter sich durch Treppen verbunden, die so breit waren, daß ein ganzes Bataillon in Front auf jeder von ihnen hinaufsteigen konnte. Auf der Plattform, auf die sie führten, erhob sich pyramidenförmig durch eine Vielheit von Stufen ein Wall, den der Altar des Vaterlandes krönte und der von einem Palmbaum beschattet war.

Die auf den vier Seiten von unten bis oben angebrachten Stufen hatten der durch einen langen Spaziergang und durch die Sonnenhitze des Juli ermüdeten Menge Sitze dargeboten. So glich das große Denkmal bei unserer Ankunft einem lebendigen Gebirge, das aus übereinanderlagernden menschlichen Wesen gebildet war. Keiner von uns sah voraus, daß dieses für ein Fest errichtete Bauwerk bald in ein blutiges Schafott verwandelt sein würde.«

Weder Bailly noch Lafayette waren blutdürstig. Sie hatten nur einen allgemeinen Befehl gegeben, im Falle des Widerstandes Gewalt anzuwenden. Die Ereignisse rissen alles mit sich fort: die besoldete Nationalgarde (eine Art von Gendarmerie) betrat gerade das Marsfeld durch die Mitte (von Gros-Caillou her), als »man« ihr sagte, daß am anderen Ende auf dem Maire geschossen worden sei. Und in der Tat war aus einer Gruppe Kinder und aufgeregter Männer ein Schuß gefallen, der hinter dem Maire einen Dragoner verwundete.

»Man« sagte, aber wer war dieser »man«? Zweifellos die Royalisten, vielleicht die Perückenmacher, die in großer Zahl bis an die Zähne bewaffnet gekommen waren, um den am Morgen getöteten Perückenmacher zu rächen.

Die besoldete Garde wartete nicht ab, und ohne die Wahrheit dieses *on dit* festzustellen, rückte sie im Laufschritt auf dem Marsfeld vor und feuerte alle ihre Waffen auf den Altar des Vaterlandes ab, der mit Frauen und

Kindern dicht besetzt war. Robert und seine Frau wurden nicht getroffen. Entweder sie oder ihre Freunde, die Cordeliers, sammelten unter dem Feuer die verstreuten Blätter der Petition, die wir zum Teil noch besitzen.

Abends flohen sie zu Madame Roland. Man muß ihren Bericht lesen, der durch seine Bitterkeit nur allzusehr die übergroße Ängstlichkeit der girondistischen Politik bezeugt: »Als ich um elf Uhr abends von den Jakobinern nach Hause zurückkam, fand ich Herrn und Frau Robert vor. ›Wir kommen‹, begann die Frau mit der Vertraulichkeit einer alten Freundin, ›Sie um eine Zuflucht zu bitten; man braucht Sie nicht oft gesehen zu haben, um an die Aufrichtigkeit Ihres Charakters und Ihres Patriotismus zu glauben. Mein Mann entwarf die Petition auf dem Altar des Vaterlandes; ich stand ihm zur Seite; wir entgingen dem Blutbad, konnten es aber nicht wagen, nach Hause zu gehen oder bei vertrauten Freunden einzukehren, wo man uns suchen könnte.‹ – ›Ich bin Ihnen sehr verbunden‹, erwiderte ich ihr, ›daß Sie in so trauriger Lage an mich gedacht haben, und ich mache mir eine Ehre daraus, die Verfolgten aufzunehmen; aber Sie sind hier schlecht geborgen (ich wohnte im Hotel Britannique in der Rue Guénégaud); dies Haus wird stark besucht, und der Wirt ist ein eifriger Parteigänger Lafeyettes.‹ – ›Es handelt sich nur um diese Nacht; morgen werden wir auf einen anderen Schlupfwinkel bedacht sein.‹ Ich ließ der Wirtin sagen, daß eine Dame aus meiner Verwandtschaft in diesem Augenblick des Tumultes in Paris angekommen sei und ihr Gepäck bei der Post gelassen habe, sie würde die Nacht bei mir verbringen; ich bäte sie, zwei Feldbetten in meiner Wohnung aufschlagen zu lassen. Sie wurden in einen Salon gestellt, in den sich die Männer zurückzogen, und Madame Robert schlief im Bett meines Mannes neben dem meinigen in meinem Zimmer. Am folgenden Morgen stand ich sehr früh auf und hatte nichts Dringenderes als Briefe zu schreiben, um meine entfernten Freunde über die Vorgänge des verflossenen Tages zu unterrichten. Herr und Frau Robert, von denen ich glaubte, sie seien sehr tätig und unterhielten als Journalisten einen ausgedehnten Briefwechsel, kleideten sich gemächlich an, plauderten nach dem Frühstück, das ich ihnen servieren ließ, und setzten sich auf den Balkon über der Straße; sie riefen sogar durch das Fenster einen Bekannten an, der vorüberkam, und ließen ihn zu sich heraufkommen.

Ich fand dieses Betragen von Leuten, die sich versteckten, sehr inkonsequent. Die Person, die sie hatten heraufkommen lassen, unterhielt sie mit hitzigem Eifer von den Ereignissen des Vorabends und rühmte sich, einem Nationalgardisten seinen Säbel mitten durch den Leib gerannt zu haben; er sprach sehr laut, in einem Zimmer, das einem mit einer anderen Wohnung verbundenen großen Vorzimmer benachbart war. Ich rief Madame Robert: ›Ich habe Sie aufgenommen, Madame, mit einem Interesse, das man aus Gerechtigkeitssinn und Menschlichkeit ehrbaren Leuten zollt, die in Gefahr sind; aber ich kann nicht allen Ihren Bekannten Zuflucht gewähren; Sie stellen sich bloß, wenn Sie sich in einem Hause, wie dieses ist, mit einem so wenig diskreten Menschen unterhalten; ich empfange gewöhnlich Abgeordnete, welche Gefahr liefen, sich zu kompromittieren, wenn man sie hier eintreten sähe in einem Augenblick, wo sich jemand hier befindet, der sich seiner gestern begangenen Gewalttätigkeiten rühmt; ich bitte Sie, den Menschen aufzufordern, sich zurückzuziehen.‹ Madame Robert rief ihren Gatten, ich wiederholte meine Bemerkungen in einem erhöhten Ton, weil seine schwerfälligere Persönlichkeit mir eines starken Eindrucks zu bedürfen schien; man verabschiedete den Mann. Ich erfuhr, daß er Vachard hieße und Vorsitzender eines sogenannten Armenvereins sei; man rühmte seine ausgezeichneten Eigenschaften und seinen glühenden Patriotismus sehr. Ich seufzte in meinem Inneren über den Wert, den man dem Patriotismus eines Individuums beimessen mußte, das mir lediglich ein Brausekopf, Tagedieb und Taugenichts zu sein schien. Ich habe seither erfahren, daß er ein Verkäufer des Maratschen Blattes war und nicht lesen konnte; heute ist er Verwalter des Departements Paris und spielt unter seinesgleichen eine ausgezeichnete Rolle.

Es war Mittag; Herr und Frau Robert sprachen davon, nach Hause zu gehen, wo alles in Unordnung sein mußte; ich sagte ihnen, daß, wenn sie aus diesem Grunde vor dem Weggang eine Suppe von mir annehmen wollten, ich sie ihnen frühzeitig servieren lassen würde; sie antworteten mir, daß sie lieber wiederkommen wollten, und verabredeten in diesem Sinne verbindlich beim Hinausgehen. Tatsächlich sah ich sie vor drei Uhr wieder; sie hatten Toilette gemacht: die Frau trug große Federn und hatte die Schminke dick aufgetragen; der Gatte hatte einen Rock aus himmelblauer Seide angezogen, von welchem seine schwarzen Haare, die in dicken Locken herabfielen, merkwürdig abstachen. Ein langer Degen an der Seite vervollständigte sein Kostüm nach der Richtung des Auffälligen. Aber lieber Gott! Sind diese Leute verrückt? fragte ich mich selbst. Und ich beobachtete sie beim Sprechen, um mich zu vergewissern, daß sie nicht den Verstand verloren hätten. Der dicke Robert aß mit prachtvollem Appetit, und seine Frau plauderte vergnüglich. Schließlich verließen sie mich, und ich habe nichts mehr von ihnen gehört oder gesehen.

Als Robert im folgenden Winter in Paris zurück war und Roland bei den Jakobinern begegnete, machte er ihm liebenswürdige Vorwürfe und beklagte sich höflich, daß er keinerlei Beziehung mehr mit uns habe; seine Frau besuchte mich mehrere Male und lud mich auf das dringendste ein, zweimal in der Woche zu ihr zu kommen, wenn sie Zusammenkünfte abhielt, bei der sich Männer von Verdienst aus der gesetzgebenden Versammlung einfanden. Ich ging einmal hin und sah Antoine, dessen ganze Mittelmäßigkeit ich kannte; er war ein kleiner Mann, den man gut auf einen Toilettentisch setzen konnte, und machte hübsche Verse, schrieb auch belanglose Dinge, besaß aber weder Festigkeit noch Charakter. Ich sah Abgeordnete, die Patrioten nach der Elle waren und anständig wie Chabot; einige in Bürgertugend glühende Frauen und ehrenwerte Mitglieder des Brudervereins vollendeten die Zusammensetzung eines Kreises, der mir durchaus nicht zusagte und den ich nicht wieder aufsuchte. Einige Monate später wurde Roland zum Minister ernannt; vierundzwanzig Stunden waren kaum verstrichen seit seiner Ernennung, als ich Madame Robert bei mir ankommen sah: ›Ah, sieh da! Ihr Gatte hat nun eine Stellung; die Patrioten müssen sich gegenseitig helfen; ich hoffe, daß Sie den meinigen nicht vergessen.‹ – ›Madame, ich wäre entzückt, Ihnen nützlich sein zu können; aber ich weiß nicht, ob ich etwas dazu tun kann; und sicherlich wird Herr Roland durch die Verwendung fähiger Leute nichts versäumen, was im öffentlichen Interesse liegt.‹ – Vier Tage gehen vorüber; Madame Roland erscheint, um mir einen Morgenbesuch zu machen, ein zweiter Besuch folgte wenige Tage darauf, und immer blieb sie hartnäckig dabei, daß es notwendig sei, ihrem Gatten eine Stellung zu verschaffen, daß er ein Recht darauf habe vermöge seines Patriotismus. Ich belehrte Madame Robert, daß der Minister des Inneren lediglich Stellen in seinen Bureaus zu vergeben habe und daß diese alle besetzt seien; daß, auch wenn es nützlich schiene, einen Wechsel unter den Beamten eintreten zu lassen, es einem klugen Manne gezieme, die

Dinge und die Menschen zu studieren, bevor er Neuerungen einführe, damit der Gang der Geschäfte nicht gehemmt würde; und daß schließlich nach allem, was sie mir selbst mitgeteilt habe, zweifellos ihr Gatte keine subalterne Stellung wünsche. – ›In der Tat ist Robert für etwas Besseres geschaffen.‹ – ›In diesem Falle kann Ihnen der Minister des Inneren in keiner Weise dienen.‹ – ›Aber dann muß er mit dem Minister des Auswärtigen sprechen und Robert eine Mission übertragen lassen.‹ – ›Ich glaube, daß Roland zu streng denkt, um jemanden zu beeinflussen und sich in das Departement seiner Kollegen zu mischen; aber da Sie wahrscheinlich nur verlangen, daß man die Bürgertugend Ihres Gatten bezeugt, so werde ich es meinem Manne sagen.‹

Madame Robert hing sich an Dumouriez und an Brissot[24] und kam nach drei Wochen wieder, um mir zu sagen, daß sie das Wort des ersteren habe und daß sie mich bäte, ihn an sein Versprechen zu erinnern, wenn ich ihn sähe.

Er kam in derselben Woche zu mir zu Tisch; Brissot und andere waren da. ›Haben Sie nicht‹, sagte ich zu dem ersteren, ›einer sehr zudringlichen Dame versprochen, ihrem Gatten unverzüglich eine Stellung zu geben? Sie hat mich gebeten, Sie daran zu erinnern, und ihre Geschäftigkeit ist so groß, daß ich sehr froh bin, sie meinerseits beruhigen und ihr sagen zu können, daß ich ihren Wunsch erfüllt habe.‹ ›Handelt es sich nicht um Robert?‹ fragte Brissot sogleich. – ›Richtig.‹ – ›Ah‹, fuhr er mit dem für ihn bezeichnenden Wohlwollen fort, ›Sie müssen (und er wandte sich an Dumouriez) diesen Mann unterbringen, er ist ein aufrichtiger Freund der Revolution, ein warmer Patriot; er ist gar nicht glücklich; die Herrschaft der Freiheit muß denen, die sie lieben, von Nutzen sein.‹ – ›Was!‹ unterbrach ihn Dumouriez ebenso lebhaft wie belustigt. ›Sie sprechen von dem kleinen Mann mit dem schwarzen Kopf, der ebenso breit wie lang ist!? Meiner Treu, ich habe keine Lust, mir Schande zu machen. Ich kann doch einen solchen Dickkopf nirgends hinschicken.‹ – ›Aber‹, erwiderte Brissot, ›unter den Beamten, die Sie zu verwenden im Falle sind, brauchen doch nicht alle die gleiche Kapazität zu besitzen.‹ – ›Kennen Sie denn Robert?‹ fragte Dumouriez. – ›Ich kenne Kéralio gut, den Vater seiner Frau; er ist ein außerordentlich achtbarer Mann; ich habe Robert bei ihm gesehen; ich weiß, daß man ihm einige Verkehrtheiten vorwirft; aber ich halte ihn für anständig und glaube, daß er das beste Herz besitzt und von wahrer Bürgertugend durchdrungen ist; er braucht es wohl, verwendet zu werden.‹ – ›Ich stelle keinen solchen Narren ein.‹ – ›Aber Sie haben es seiner Frau versprochen.‹ – ›Zweifellos! Eine untergeordnete Stelle mit tausend Taler Gehalt, die er ausgeschlagen hat. Wissen Sie, um was er mich bittet? Um die Gesandtschaft in Konstantinopel.‹ – ›Um die Gesandtschaft in Konstantinopel!‹ rief Brissot lachend. ›Das ist nicht möglich.‹ – ›Das ist so.‹ – ›Dann habe ich nichts mehr zu sagen.‹ – ›Ich auch nicht‹, fügte Dumouriez hinzu, ›außer, daß ich dieses Faß auf die Straße rollen lassen werde, wenn es sich wieder bei mir einstellt, und daß ich seiner Frau meine Türe verbiete.‹

Madame Robert kam noch einmal zu mir; ich wollte sie mir durchaus vom Halse schaffen, aber ohne Aufsehen; und ich konnte nur in einer meiner Freimütigkeit entsprechenden Weise vorgehen. Sie beklagte sich sehr über Dumouriez und seine Langsamkeit; ich sagte ihr, daß ich mit ihm gesprochen hätte, aber daß ich ihr nicht verhehlen könne, daß sie Feinde habe, die üble Gerüchte über sie verbreiteten; ich bäte sie, diesen bis an ihre Quelle nachzugehen, um sie zu zerstören, damit ein im öffentlichen Leben stehender Mann sich nicht den Vorwürfen Übelwollender aussetze, wenn er jemanden anstelle, der von ungünstigen Vorurteilen umgeben sei; daß sie nur Erklärungen dafür beizubringen brauche, die zu geben ich sie auffordere. Madame Robert ging zu Brissot, der ihr in seiner Unbefangenheit sagte, sie habe eine Torheit begangen, eine Gesandtschaft zu verlangen, und daß man mit solchen Ansprüchen schließlich gar nichts erreichen könne. Wir sahen sie nie wieder; aber ihr Gatte schrieb eine Broschüre gegen Brissot, um ihn als Stellenverkäufer und Urkundenfälscher zu verdächtigen, der ihm die Gesandtschaft von Konstantinopel versprochen und es später widerrufen habe. Er warf sich den Cordeliers an den Hals und verband sich mit Danton, bot sich diesem als Handlanger an, als Danton am 10. August Minister wurde; von ihm wurde er in den Wahlkörper gebracht und in die Pariser Vertretung des Konvents; er bezahlte seine Schulden, machte großen Aufwand, empfing den Herzog von Orléans und tausend andere zum Essen, ist heute reich, verleumdet Roland und verlästert seine Frau, all das begreift man: er versteht sein Amt und verdient Geld.«

Dieses bittere, ungerechte Bild, welches beweist, daß Madame Roland, daß die größten Charaktere ihre Erbärmlichkeiten und Schwächen haben, ist in mehr als einem Punkt tatsächlich ungenau, in einem ganz bestimmten. Robert warf sich den Cordeliers keineswegs Ende 1792 an den Hals, denn er gehörte schon seit Anfang 1791 zu ihnen und hatte im Juli 1791 mit seiner Frau die kühne Akte verfaßt, welche die Cordeliers in der Geschichte berühmt macht, die Grundakte der Republik.

Robert war ein guter Mensch mit warmem Herzen. Er scheint einer von denen gewesen zu sein, die im Sommer 1793 (im August oder September) mit Garat bei Robespierre Versuche machten, die Girondisten zu retten, die dann unweigerlich verloren waren und die kein Mensch mehr retten konnte.

Ein ganz unbedeutender Zufall wurde ihm sehr verhängnisvoll. Der Konvent hatte ein sehr strenges Gesetz gegen den Wucher eingebracht. Man verdächtigte Robert, daß er eine Tonne Rum im Hause habe. Er wandte vergeblich ein, es sei nur ein ganz kleines Fäßchen und für den eigenen Gebrauch bestimmt. Man zog nichtsdestoweniger bei den Jakobinern gegen Robert, »den Aufkäufer«, los, erfreut, daß man die alten Cordeliers um ihr Ansehen bringen konnte.

Was auch Madame Roland sagen mag, weder Robert noch seine Frau hatten sich bereichert. Die arme Frau lebte nach der Revolution von ihrer Feder wie vorher; sie schrieb zahlreiche Übersetzungen aus dem Englischen für die Buchhändler und von Zeit zu Zeit Romane: »Amalie und Caroline oder Liebe und Freundschaft«, »Alphons und Mathilde oder die spanische Familie«, »Rosa und Albert oder Emmas Grab« (1810). Das ist das letzte ihrer Werke und wahrscheinlich das Ende ihres Lebens.

All das ist vergessen, sogar ihre »Geschichte Elisabeths«. Aber unvergessen ist der Mut, mit dem sie zur Republik den Anstoß gab, am 17. Juli 1791.

SIEBZEHNTES KAPITEL

Charlotte Corday

Sonntag, den 7. Juli 1793 hatte man auf dem ungeheuren grünen Teppich der Wiese von Caen den Generalmarsch geschlagen und die Freiwilligen zusammenberufen, die nach Paris in den »Krieg gegen Marat« zogen.[25] Dreißig Mann kamen. Die schönen Damen, die sich mit den Abgeordneten einfanden, waren über die kleine Zahl überrascht und wenig erbaut. Besonders ein junges Mädchen erschien tief betrübt; es war Fräulein Marie Charlotte Corday d'Armont, eine junge schöne Person, Republikanerin, aus einer verarmten adeligen Familie; sie lebte in Caen mit ihrer Tante. Pétion, der sie ein paarmal gesehen hatte, vermutete, daß sie zweifellos einen Liebhaber besaß, dessen Abreise sie traurig machte. Er machte einen plumpen Witz darüber und sagte: »Sie würden wohl noch trauriger sein, wenn sie nicht abreisten, nicht wahr?«

Der durch so viele Ereignisse abgestumpfte Girondist ahnte nicht das neue lebendige Gefühl, die heiße Flamme, die in diesem jungen Herzen lebte. Er wußte nicht, daß seine und seiner Freunde Reden, die in dem Munde erledigter Menschen eben nur Reden waren, in dem Herzen Fräulein Cordays Schicksal, Leben und Tod bedeuteten. Auf der Wiese von Caen, die hunderttausend Menschen faßte und auf der nur dreißig zusammengekommen waren, hatte sie etwas gesehen, was niemand sah: das verlassene Vaterland.

Da die Männer so wenig taten, so faßte in ihr der Gedanke Raum, daß es der Hand einer Frau bedürfe.

Fräulein Corday war von adeligster Herkunft; sie war die nahe Verwandte der Heroinen Corneilles, einer Chimene, Pauline und der Schwester des Horatius. Sie war die Urgroßnichte des Dichters des »Cinna«. Das Erhabene war ihrer Natur gemäß.

Im letzten Briefe vor ihrem Tode sprach sie vernehmlich genug aus, was in ihrem Geiste herrschte; in einem Worte, das sie unaufhörlich wiederholt, faßt sie alles zusammen: »Friede! Friede!«

Erhaben und nachdenksam wie ihr Onkel, wie die Normannen so oft, folgerte sie so: Das Gesetz ist der Friede an sich. Wer hat das Gesetz am 2. Juni getötet? Marat vor allem.[26] Wenn der Mörder des Gesetzes tot ist, so wird der

Friede wieder blühen. Der Tod eines einzigen wird das Leben aller bedeuten.

Das war ihr einziger Gesichtspunkt. Um ihr eigenes Leben, das sie hinopferte, sorgte sie sich wenig.

Ein ebenso enger wie hoher Gesichtspunkt. Alles sah sie in einem Menschen; mit dem Lebensfaden eines einzelnen glaubte sie den unserer Mißgeschicke rund und glatt abzuschneiden, wie sie als fleißiges Mädchen den Faden ihrer Spindel zerschnitt.

Man darf in Fräulein Corday kein wildes Mannweib erblicken wollen, dem es auf Blut nicht ankam. Ganz im Gegenteil: um Blutvergießen zu verhüten, entschloß sie sich, den Dolch zu führen. Sie glaubte, eine ganze Welt zu retten, wenn sie den Würger erwürgte. Sie hatte ein weibliches, ein zartes und mildes Herz. Die Tat, die sie unternahm, war eine Tat des Mitleids.

In dem einzigen Bilde, das von ihr vorhanden ist und das man kurz vor ihrem Tode gemacht hat, spürt man ihre außerordentliche Sanftheit. Nichts paßt weniger zu der blutigen Erinnerung, die ihr Name wachruft. Sie hat die Gestalt einer jungen normannischen Dame: eine jungfräuliche Gestalt, zart und frisch wie ein blühender Apfelbaum, wenn man so sagen darf. Sie erscheint viel jünger als ihre fünfundzwanzig Jahre. Man glaubt, ihre ein wenig kindliche Stimme zu hören und sogar die Worte, die sie in einer die schleppende Aussprache der Normandie verratenden Orthographie an ihren Vater schrieb: »Wollet verzeihen, lieber Papa . . .«

Auf diesem tragischen Bilde erscheint sie unendlich gescheit, vernünftig und ernst, wie es die Frauen ihres Landes zu sein pflegen. Nimmt sie ihr Schicksal leicht? Keineswegs; nichts ist darin von falschem Heroismus. Man muß bedenken, daß sie eine halbe Stunde vor ihrem furchtbar schweren Gang stand. Hat sie nicht ein bißchen von einem schmollenden Kinde? Ich möchte es glauben; wenn man genau zusieht, so bemerkt man mit Überraschung auf ihrer Lippe ein leichtes Zucken, es ist beinahe ein »Mäulchen«. Wie! So gelassen ist sie angesichts des Todes, angesichts des barbarischen Feindes, der dieses wundervolle Leben, dem noch so viel Liebe und Erlebnis beschieden sein könnte, vernichten will? Man ist erschüttert, wenn man sie so sanft sieht, das Herz geht einem über, die Augen verschleiern sich; man muß den Blick abwenden.

Der Maler hat den Menschen ein Bild ewiger Sehnsucht geschaffen. Keiner kann sie ansehen, ohne im Herzen zu sprechen: »Ach, warum bin ich so spät geboren! . . . Ach, wie hätte ich sie geliebt!«

Sie hat aschblondes, mildglänzendes Haar und trägt eine weiße Haube und ein weißes Kleid. Soll es ein Zeichen ihrer Unschuld und eine sichtbare Rechtfertigung sein? Ich weiß es nicht. Ihr Blick drückt Zweifel und Trauer aus. Ich glaube nicht, daß sie traurig ist über ihr Schicksal; vielleicht aber über ihre Tat. Der Standhafteste, der einen solchen Streich führt, sieht oft, wie stark auch sein Glaube sei, im letzten Augenblick sonderbare Zweifel in sich wachsen.

Wenn man recht in ihre traurigen, sanften Augen blickt, spürt man noch etwas anderes, was vielleicht ihr ganzes Geschick erklärt: sie war immer allein gewesen.

Ja, das ist das einzige Beunruhigende, das man bei ihr findet. In diesem reizenden, guten Wesen lebte eine dunkle Gewalt; der Dämon der Einsamkeit.

Zunächst hatte sie keine Mutter. Die starb frühzeitig; sie kannte nicht die Liebkosungen einer Mutter; ihr war in ihren ersten Jahren die süße Muttermilch versagt, für die es keinen Ersatz gibt.

Und, die Wahrheit zu sagen, sie hatte auch keinen

Vater. Der, ein armer Landjunker, war ein utopischer und romantischer Kopf; er schrieb gegen die Mißstände, in denen der Adel lebte, und beschäftigte sich viel mit seinen Büchern und wenig mit seinen Kindern.

Man kann sogar sagen, daß sie keinen Bruder hatte. Wenigstens standen die beiden, die sie besaß, im Jahre 1792 den Ansichten ihrer Schwester so vollkommen fern, daß sie in das Heer von Condé[27] eintraten.

Und war sie nicht noch immer allein, als sie mit dreizehn Jahren in das Kloster Abbaye-aux-Dames in Caen getan wurde, wo man die Töchter des armen Adels aufnahm? Man darf es annehmen, wenn man weiß, wie sehr in diesen religiösen Anstalten, die Heiligtümer christlicher Gleichheit sein müßten, die Reichen die Armen verachten. Kein Ort erscheint geeigneter, die Traditionen des Hochmutes zu erhalten, als die Abbaye-aux-Dames. Von Mathilde, der Gattin Wilhelms des Eroberers, gegründet, beherrscht sie die Stadt und trägt in der Strenge ihrer hohen, übereinandergeschichteten romanischen Bogen noch heute das Gepräge feudalen Übermutes.

Die Seele der jungen Charlotte suchte zuerst Zuflucht in der Frömmigkeit, in den zarten Klosterfreundschaften. Sie liebte besonders zwei Fräulein, adelig und arm wie sie. Sie erhielt auch flüchtige Kenntnis von den Dingen der Welt. Eine sehr weltliche Gesellschaft junger Adeliger hatte zu dem Empfangszimmer des Klosters und den Salons der Äbtissin Zutritt. Ihre Seichtheit mußte dazu beitragen, das männlich feste Herz des jungen Mädchens in seiner Weltflucht und Einsamkeitsfreude zu bestärken.

Ihre wahren Freunde waren die Bücher. Die Philosophie des Jahrhunderts drang in die Klöster. Zufällige und wenig gewählte Lektüre: Raynal und Rousseau in bunter Mischung. »Ihr Kopf«, sagt ein Journalist, »war erhitzt von Lektüre aller Art.«

Sie gehörte zu denen, die ungestraft Bücher und Meinungen in sich aufnehmen können, ohne daß ihre Reinheit daran Schaden nimmt. Sie bewahrte in der Kenntnis des Guten und des Bösen eine sonderbare Gabe moralischer und gleichsam kindlicher Jungfräulichkeit. Das trat besonders in dem Klang ihrer Stimme zutage, welche fast wie die eines Kindes war und aus deren metallischer Färbung man vollkommen den ganzen Menschen spürte, den noch nichts gebrochen hatte. Man konnte vielleicht die Züge Fräulein Cordays vergessen, aber niemals ihre Stimme. Jemand, der sie einmal bei einer belanglosen Gelegenheit in Caen hörte, hatte noch zehn Jahre später den Klang dieser einzigartigen Stimme im Ohr und hätte sie in Noten setzen können.

Diese verlängerte Kindheit war eine Eigenart Jeanne d'Arcs, die immer ein Mädchen blieb und niemals ein Weib wurde.

Was mehr als alles andere Fräulein Corday auffällig und unvergeßlich machte, war, daß diese kindliche Stimme einer ernsten Schönheit gehörte, die durch ihren Ausdruck männlich, obgleich in ihren Zügen zart war. Dieser Gegensatz hatte die doppelte Wirkung, zu verführen und Achtung einzuflößen. Man sah sie an, man näherte sich ihr; doch irgend etwas in dieser Menschenblume machte die Kühnen schüchtern, etwas, das nicht aus der Zeit stammte, sondern aus der Unsterblichkeit. Dahin ging sie und die wollte sie. Sie lebte schon unter den Helden in Plutarchs Elysium, unter denen, die ihr Leben hingaben, um ewig zu leben.

Die Girondisten hatten keinerlei Einfluß auf sie. Die meisten waren, wie wir gesehen haben, nicht mehr sie selbst. Zweimal sah sie Barbaroux* als Abgeordneten der

---

* Die romantischen Geschichtsforscher entlassen ihre Heldin niemals, ohne den Nachweis zu versuchen, daß sie verliebt gewesen sein muß.

Provence und empfing einen Brief von ihm in den Angelegenheiten einer ihrer Freundinnen aus einer provenzalischen Familie.

Sie hatte auch Fauchet, den Bischof von Calvados, gesehen; als Priester, und zwar als unmoralischen Priester, liebte und achtete sie ihn wenig. Überflüssig zu sagen, daß Fräulein Corday keinerlei Beziehung zu einem Priester hatte und niemals beichtete.

Nach der Aufhebung der Klöster suchte sie, da ihr Vater wieder verheiratet war, Zuflucht bei einer alten Tante, Madame Breteville in Caen. Und dort faßte sie ihren Entschluß.

Faßte sie ihn ohne Schwanken? Nein; einen Augenblick lang wurde sie von dem Gedanken an ihre Tante zurückgehalten, diese gute alte Dame, die sie aufnahm und die sie zum Danke dafür den größten Unannehmlichkeiten auszusetzen im Begriff war. Ihre Tante überraschte sie eines Tages, als sie eine Träne in den Augen hatte. »Ich weine«, sagte sie, »über Frankreich, über meine Eltern und über Sie. Wer ist, so lange Marat lebt, seines Lebens sicher?«

Sie verschenkte ihre Bücher mit Ausnahme eines Ban-

Charlotte Corday, meinen sie, hat wahrscheinlich Barbaroux geliebt. Andere sind auf die Aussage einer alten Magd hin auf einen gewissen Franquelin geraten, einen jungen, empfänglichen und begabten Menschen, der der hohen Ehre teilhaftig geworden sei, daß Fräulein Corday ihn geliebt und um seinetwillen Tränen vergossen habe. Das heißt die menschliche Natur schlecht kennen. Solche Taten bedingen eine strenge Jungfräulichkeit des Herzens. Die Priesterin von Tauris konnte nur darum das Messer in das Herz ihrer Opfer stoßen, weil keine Menschenliebe ihr eigenes Herz erweicht hatte. – Das tollste von allem leistet Wimpfen, der sie anfänglich zur Royalistin, zur Geliebten des Royalisten Belzunce gemacht! Der Haß Wimpfens gegen die Girondisten, die seine Vorschläge, den Engländer herbeizurufen, zurückwiesen, scheint seinen Geist verwirrt zu haben. Er versteigt sich zu der Behauptung, daß der arme, halbtote Pétion, der nur noch einen Gedanken, nämlich seine Kinder, hatte . . . (man denke!) Caen anzünden wollte, um dieses Verbrechen dann der Montagne zur Last zu legen. Alles übrige steht auf der gleichen Höhe.

des Plutarch, den sie mit sich nahm. Auf dem Hofe begegnete sie dem Kinde eines im Hause wohnenden Arbeiters; sie schenkte ihm ihre Zeichenmappe, gab ihm einen Kuß und ließ noch eine Träne auf seine Wange fallen. Zwei Tränen! Damit hatte sie der Natur genug getan.

Charlotte Corday glaubte, nicht aus dem Leben scheiden zu sollen, bevor sie ihren Vater noch einmal gesehen hatte. Sie besuchte ihn in Argentan und empfing seinen Segen. Von da reiste sie in einem öffentlichen Fuhrwerk nach Paris, in Gesellschaft einiger Montagnards, große Bewunderer Marats, die sich sofort in sie verliebten und um ihre Hand baten. Sie stellte sich schlafend, lächelte und spielte mit einem Kinde.

Sie kam Donnerstag, den elften, mittags in Paris an und stieg im Hotel de la Providence, Rue des Vieux Augustins Nr. 17, ab. Sie ging um fünf Uhr nachmittags zu Bett und schlief, müde wie sie war, bis zum folgenden Morgen den Schlaf der Jugend und eines friedlichen Gewissens. Ihr Opfer war vollbracht, ihre Tat in Gedanken ausgeführt; sie empfand weder Unruhe noch Zweifel.

Ihr Plan stand so fest, daß sie kein Bedürfnis fühlte, die Ausführung zu beschleunigen. Ganz ruhig ging sie zunächst an die Erfüllung einer Freundschaftspflicht, die als Vorwand für ihre Reise nach Paris gedient hatte. Sie hatte in Caen von Barbaroux einen Brief erhalten an dessen Kollegen Duperret, da sie, wie sie erzählte, durch seine Vermittlung aus dem Ministerium des Inneren Akten zurückziehen wollte, die ihrer emigrierten Freundin, Fräulein Forbin, nützlich werden konnten.

Am Morgen fand sie Duperret nicht; er war im Konvent. Sie kehrte nach Hause zurück und verbrachte den Tag in ruhiger Lektüre der »Lebensläufe« Plutarchs, dieser Bibel der Starken. Abends ging sie wieder zu dem Abgeordneten und fand ihn mit seiner Familie bei Tisch; seine Töchter

MARATS ERMORDUNG (13. JULI 1793)

waren beunruhigt. Er versprach ihr fest, sie am folgenden Tage zu begleiten. Sie war bewegt, als sie die Familie sah, die sie bloßstellen wollte, und sagte mit fast flehender Stimme zu Duperret: »Glauben Sie mir; reisen Sie nach Caen; fliehen Sie vor morgen abend!« In derselben Nacht und vielleicht schon, als Charlotte mit ihm sprach, wurde Duperret geächtet, oder wurde es doch beinahe. Nichtsdestoweniger hielt er sein Vesprechen und führte sie am folgenden Morgen zum Minister, der sie nicht vorließ und ihnen schließlich zu verstehen gab, sie seien beide verdächtig und könnten dem emigrierten Fräulein nichts nützen.

Sie ging nur heim, um Duperret, der sie begleitete, in höflicher Weise zu verabschieden; dann ging sie sogleich wieder fort und ließ sich das Palais-Royal zeigen. In diesem sonnigen, von einer fröhlichen Menge belebten Garten, unter den Augen der Kinder, suchte und fand sie einen Messerhändler und kaufte für vierzig Sous ein frisch geschliffenes Messer mit Ebenholzgriff, das sie in ihrem Brusttuch verbarg.

Nun ist sie im Besitz ihrer Waffe; wie wird sie sie gebrauchen? Sie wollte der Vollstreckung des Urteils, das sie über Marat gefällt hatte, eine große Feierlichkeit verleihen. Ihr erster Gedanke, den sie schon in Caen hatte, den sie sorgsam hegte und mit nach Paris brachte, war eine ergreifende dramatische Szene. Sie wollte ihn auf dem Marsfeld niederstoßen vor allem Volke, im Angesicht des Himmels; bei der Feier des 14. Juli, am Jahrestage des Untergangs des Königtums wollte sie diesen König der Anarchie strafen. Sie hätte als wahre Nichte Corneilles buchstäblich die berühmten Verse Cinnas befolgt:

»Er opfert morgen auf dem Kapitol. Er selber
Soll Opfer sein; so rächen wir an diesem Ort
Im Angesicht der Götter eine Welt an ihm.«

Da das Fest vertagt wurde, so änderte sie ihr Vorhaben, Marat an der Stätte seines Verbrechens zu strafen, an dem Ort, wo er, das Ansehen der Volksvertretung mit Füßen stampfend, den Spruch des Konvents diktiert und die einen zum Leben, die anderen zum Tode bestimmt hatte. Sie hätte ihn im Herzen der Montagne getroffen. Aber Marat war krank, er ging nicht mehr in die Versammlung.

Sie mußte also in seine Wohnung gehen, ihn an seinem Herde aufsuchen und trotz der Wachsamkeit seiner beunruhigten Umgebung einzudringen suchen; sie mußte, eine peinliche Sache, mit ihm in Verbindung treten und ihn täuschen. Nur das allein wurde ihr schwer, verursachte ihr Skrupel und Gewissensbisse.

Das erste Briefchen, das sie an Marat schrieb, blieb unbeantwortet. Da schrieb sie noch ein zweites, in dem sich eine gewisse Ungeduld, eine Steigerung der Leidenschaft bemerkbar macht. Sie erkühnt sich zu dem Satz, »daß sie ihm Geheimnisse enthüllen will, daß sie verfolgt wird, daß sie unglücklich ist«, und treibt unbedenklich Mißbrauch mit dem Mitleid, um den Mann zu täuschen, den sie wegen seiner Unbarmherzigkeit, weil er aller Menschlichkeit feind war, zum Tode verurteilte.

Sie brauchte übrigens diesen Fehltritt nicht zu tun; sie gab den Brief gar nicht ab.

Am Abend des 13. Juli ging sie um sieben Uhr vom Hause fort, nahm ein öffentliches Fuhrwerk zum Platz des Victoires, fuhr über den Pont Neuf und stieg an der Türe Marats, Rue des Cordeliers Nr. 20 (heute Rue del' École-de-Médecine Nr. 18) ab. Es ist ein großes, düsteres Haus neben dem mit einem Türmchen versehenen Eckhaus.

Marat bewohnte das dunkelste Stockwerk in diesem dunklen Hause, die erste Etage, die bequemste für einen Journalisten und Volkstribunen, dessen Haus ebenso wie die Straße jedem offensteht, wo fortwährend Austräger und Zettelanschläger ein- und ausgehen, Korrekturbogen gebracht und geholt werden, wo ein beständiges Hin und Her von Menschen aller Art herrscht. Das Innere, die Möblierung, bot einen seltsam widerspruchsvollen Anblick, ein treues Abbild der Dissonanzen, die für Marat und sein Schicksal bezeichnend sind. In den sehr dunklen Zimmern, die auf den Hof hinausgingen, standen alte Möbel, schmutzige Tische, auf denen man die Zeitungen faltete; sie machten den Eindruck einer armseligen Arbeiterwohnung. Wenn man weiter hineinging, so wurde man überrascht von einem kleinen Salon, dessen Fenster auf die Straße wiesen; er hatte blau und weiße Damastmöbel, zarte und gefällige Farben, schöne Seidenvorhänge und Porzellanvasen, in denen gewöhnlich Blumen standen. Offenbar wurde er von einer Frau bewohnt, einer guten, aufmerksamen und zärtlichen Frau, die dem aufreibender Arbeit gewidmeten Manne sorgsam die Ruhestatt bereitete. Da steckt das Geheimnis in Marats Leben, das später von seiner Schwester enthüllt wurde: er war nicht zu Hause, er hatte kein »zu Hause« in dieser Welt. »Marat kam nicht auf seine Kosten (seine Schwester Albertine spricht); eine edle Frau, die seine Lage rührte, hatte den Freund des Volkes bei sich aufgenommen und verborgen, als er von Schlupfwinkel zu Schlupfwinkel floh; sie hatte ihm ihr Vermögen geopfert und ihre Ruhe für ihn hingegeben.«

Man fand in den Papieren Marats ein Heiratsversprechen für Catherine Évrard. Er hatte sie schon zu seiner Gattin gemacht »im Antlitz der Sonne und der Natur«.

Dieses unglückliche, vor der Zeit gealterte Geschöpf verzehrte sich in Unruhe. Sie spürte den Tod um Marat, sie wachte an den Türen, sie hielt jedes verdächtige Gesicht auf der Schwelle zurück.

Fräulein Corday sah völlig unverdächtig aus; ihre sittsame Tracht eines Fräuleins aus der Provinz nahm für sie ein. In jener Zeit, wo alle Dinge übertrieben wurden, wo die Kleidung der Frauen entweder nachlässig oder schamlos war, erschien das junge Mädchen wie von gutem alten, normannischen Schlage; sie trieb keinen Mißbrauch mit ihrer Schönheit, ihr prächtiges Haar hatte sie unter der bekannten Haube der Frauen von Calvados mit einem grünen Bande zusammengerafft, ihre Haartracht war bescheiden, weniger prunkend als die der Damen von Caux. Gegen den Brauch der Zeit war ihr Busen, trotz der Julihitze, streng verhüllt mit einem seidenen Tuche, das hinten an der Taille solide verknotet war. Sie trug ein weißes Kleid, keinen anderen Luxus als den, der die Frau wohlgefällig macht, die Bänder der Haube flatterten um ihre Wangen. Übrigens war sie keineswegs blaß, ihre Wangen waren rosig, ihre Stimme sicher, ohne jedes Zeichen von Erregung. Sie ging festen Schrittes durch die erste Schranke, ohne auf den Zuruf der Türhüterin stehenzubleiben, die sie vergeblich zurückrief. Sie hielt die wenig wohlwollende Prüfung Katherinens aus, die auf das Geräusch hin die Tür halb geöffnet hatte und sie am Eintritt hindern wollte. Marat hörte den Wortwechsel, und der Klang dieser vibrierenden, metallenen Stimme drang zu ihm. Er hatte durchaus keine Angst vor Frauen, und obwohl er im Bade war, befahl er gebieterisch, man solle sie eintreten lassen.

Das Zimmer war klein und dunkel. Da Marat im Bade saß, mit einem schmutzigen Tuche bedeckt war und vor sich ein Brett hatte, auf welchem er schrieb, so waren nur der Kopf, die Schultern und der rechte Arm frei. Seine fettigen Haare, die mit einem Taschentuch oder einem Handtuch umwunden waren, seine gelbe Haut und seine dünnen Glieder, sein großer Froschmund gaben nur eine schwache Vorstellung davon, daß dieses Wesen ein Mensch war. Übrigens kann man wohl annehmen, daß das junge Mädchen nicht darauf achtete. Sie hatte Nachrichten aus der Normandie versprochen, er ersuchte sie darum und fragte besonders nach den Namen der nach Caen geflohenen Abgeordneten; sie nannte diese, und er schrieb sie entsprechend auf. Als er zu Ende war, sagte er: »Es ist gut! In acht Tagen kommen sie auf die Guillotine!«

Charlotte, die bei diesen Worten ihre Kraft wachsen fühlte und ein Recht zuzustoßen, zog das Messer aus ihrem Busen und trieb es ganz bis ans Heft in Marats Herz. Der Stoß, der so von oben geführt wurde und mit außergewöhnlicher Sicherheit traf, drang nahe beim Schlüsselbein ein, durchschnitt die ganze Lunge, öffnete die Hauptschlagadern und entfesselte einen mächtigen Strom von Blut.

»Rasch her zu mir, liebe Freundin!« Das war alles, was er sagen konnte; dann starb er.

ACHTZEHNTES KAPITEL

Charlotte Cordays Tod (17. Juli 1793)

Die Frau tritt ein, der Diener. Sie finden Charlotte stehend und wie versteinert in der Nähe des Fensters. Der Mann versetzt ihr einen Hieb mit einem Stuhl auf den Kopf; er verriegelt die Tür, damit sie nicht hinaus kann. Aber sie rührt sich nicht. Auf das Geschrei laufen die Nachbarn herbei, die Leute aus der Umgebung, die Vorübergehenden. Man ruft den Arzt, der nur noch einen Toten findet. Inzwischen hatte die Nationalgarde verhindert, daß man Charlotte in Stücke riß; man hielt sie an beiden Händen fest. Sie dachte durchaus nicht daran, sie zu gebrauchen. Unbeweglich starrte sie mit trübem, kaltem Blick. Ein Perückenmacher aus dem Viertel ergriff das Messer und schwang es schreiend. Sie achtete nicht darauf. Das einzige, was sie in Erstaunen setzte und quälte (sie hat es selbst erzählt), waren die Schreie der Katherine Marat. Da zuerst ergriff sie der peinliche Gedanke, »daß Marat schließlich ein Mensch war«. Sie schien zu sich selbst zu sagen: »Wie denn? Er war geliebt!«

Der Polizeikommissar kam bald, um sieben dreiviertel Uhr, dann die Polizeiverwalter Louvet und Marius, schließlich die Abgeordneten Maure, Chabot, Drouet und Legendre, die aus dem Konvent herbeiliefen, um das Ungeheuer zu sehen. Sie waren sehr erstaunt, als sie zwischen den Soldaten, die sie bei den Händen hielten, ein schönes junges Mädchen fanden, das völlig ruhig war und jede Frage fest und einfach, furchtlos und ohne Schwulst beantwortete; sie gestand selbst, daß sie entschlüpft wäre, wenn sie gekonnte hätte. So groß sind die Widersprüche der Natur. In einer Adresse an die Franzosen, die sie vorher geschrieben hatte und die sie bei sich trug, sagte sie, daß sie sterben wollte, damit ihr Kopf in Paris herumgetragen würde und den Freunden der Gesetze als Wahrzeichen diene.

Ein anderer Widerspruch: Sie sagte und schrieb, daß sie hoffe, unbekannt zu sterben. Indessen fand man bei ihr den Taufschein und den Paß, die sie ausweisen mußten.

Die anderen Gegenstände, die man bei ihr fand, ließen vollkommen ihre ganze Seelenruhe erkennen; sie gehörten zu denen, die eine an Ordnung gewöhnte Frau mitnimmt. Außer Schlüssel, Uhr und Geld hatte sie einen Fingerhut und Faden, um im Gefängnis die ziemlich wahrscheinliche Unordnung wieder gutzumachen, in die ihre Kleider durch eine gewaltsame Verhaftung geraten mußten.

Der Weg bis zur Abbaye war nicht weit, kaum zwei Minuten. Aber er war gefährlich. Die Straße war voll von Freunden Marats, von wütenden Cordeliers, die weinten und brüllten, man solle ihnen den Mörder ausliefern. Charlotte hatte an alle Todesarten gedacht und sich im voraus mit ihnen abgefunden, nur nicht an die, zerfleischt zu werden. Man erzählt, daß sie von einer Schwäche befallen wurde, sie meinte, ihr werde übel. Man erreichte die Abbaye. Als sie in der Nacht von den Mitgliedern des Komitees der allgemeinen Sicherheit und von anderen Abgeordneten verhört wurde, zeigte sie nicht nur Festigkeit, sondern sogar Munterkeit. Legendre, der von seiner Wichtigkeit ganz aufgebläht war und sich sehr naiv des Opfertodes für würdig hielt, fragte sie: »Sind Sie nicht gestern in Nonnenkleidung zu mir gekommen?« – »Der Bürger irrt sich«, antwortete sie lächelnd. »Ich war nicht der Meinung, daß sein Leben oder sein Tod für das Wohl der Republik irgend von Bedeutung sei.«

Chabot hielt beständig ihre Uhr fest und legte sie nicht aus der Hand. »Ich glaubte«, sagte sie, »daß die Kapuziner das Gelübde der Armut abgelegt hätten.«

Der große Kummer Chabots und der anderen, die sie verhörten, war, daß sie weder bei ihr noch in ihren Antworten etwas fanden, was darauf schließen ließ, daß sie von den Girondisten in Caen geschickt worden sei. Während des nächtlichen Verhörs behauptete der unverschämte Chabot, sie hätte noch ein Papier in ihrem Busen verborgen, und feige ausnutzend, daß ihre Hände geknebelt waren, legte er Hand an sie; er hätte zweifellos gefunden, was nicht da war, das Manifest der Gironde. Obwohl sie völlig gefesselt war, wehrte sie ihn nach Kräften ab und warf sich so heftig nach rückwärts, daß die Taillenbänder rissen und man einen Augenblick lang den keuschen, heldenmütigen Busen sehen konnte. Alle waren gerührt. Man löste ihr die Fesseln, damit sie sich wieder zurechtmachen konnte. Man erlaubte ihr auch, die Ärmel umzuschlagen und Handschuhe unter ihre Ketten anzuziehen.

Am 16. morgens wurde sie von der Abbaye in die Conciergerie gebracht und schrieb abends einen langen Brief an Barbaroux, einen Brief, der offenbar darauf gerichtet ist, durch seine Munterkeit (die übrigens traurig und übel anmutet) eine vollkommene Seelenruhe zu beweisen. In diesem Briefe, der bestimmt gelesen werden mußte, der am folgenden Tage in Paris verbreitet wurde und der trotz seiner vertraulichen Form das Gepräge einer Kundgebung trägt, sucht sie den Glauben zu erwecken, daß die Freiwilligen in Caen zahlreich und voller Eifer seien. Sie wußte noch nichts von ihrer völligen Zersprengung in Vernon.

Daß sie weniger ruhig war, als sie zu sein vortäuschte, scheint daraus hervorzugehn, daß sie einmal darauf zurückkommt, warum sie die Tat beging und was sie entschuldigt: der Friede, der Wunsch nach Frieden. Der Brief ist datiert: Am zweiten Tage der Vorbereitung des Friedens. Und ungefähr in der Mitte sagte sie: »Möge der Friede so bald erscheinen, wie ich es ersehne! . . . Seit zwei Tagen genieße ich den Frieden. Das Glück meines Landes ist mein eigenes.«

Sie schrieb an ihren Vater, um ihn um Verzeihung zu bitten, daß sie über ihr Leben verfügt habe, und zitierte ihm den Vers: »Die Untat nur, nicht das Schafott bringt Schande.«

Sie hatte auch an einen jungen Abgeordneten, Doulcet de Pontécoulant, geschrieben, einen Neffen der Äbtissin von Caen, einen klugen Girondisten, der, wie Charlotte Corday sagt, seinen Sitz auf der Montagne hatte. Sie wählte ihn zum Verteidiger. Doulcet schlief nicht zu Hause, und der Brief erreichte ihn nicht.

Wenn ich einer übertrieben aufgemachten Rechnung Glauben schenken soll, die von der Familie des Malers, der Charlotte Corday im Gefängnis malte, aufbewahrt wird, hatte sie sich eigens für ihre Verurteilung eine Haube anfertigen lassen. Das erklärt, warum sie in ihrer so kurzen Gefangenschaft sechsunddreißig Francs ausgab.

Wie würde das Verfahren der Anklage sein? Die Behörden von Paris schoben in einer Proklamation die Schuld an dem Verbrechen auf die Föderalisten und erklärten gleichzeitig: »Daß diese Furie aus dem Hause des weiland Grafen Dorset hervorgegangen sei.« Fouquier-Tinville[28] schrieb an den Sicherheitsausschuß: »Er sei davon unterrichtet worden, daß sie eine Freundin Belzunces war, daß sie Belzunce und ihren Verwandten Biron, der kürzlich von Marat angezeigt worden sei, habe rächen wollen, daß Barbaroux sie gedrängt habe« usw. Ein absurdes Märchen, von dem er selbst in seinem Antrag nicht zu sprechen wagte.

Das Publikum täuschte sich nicht über sie. Jedermann verstand, daß sie allein war, daß nur ihr Mut, ihre Aufopferung, ihr Fanatismus sie beraten habe. Die Gefangenen in der Abbaye und in der Conciergerie, sogar das Volk auf den Straßen, alle betrachteten sie (wenn man von den Verwünschungen im ersten Augenblick absieht) im stillen mit achtungsvoller Bewunderung. »Wenn sie im Gerichtssaal erschien«, sagte ihr offizieller Verteidiger Chauveau Lagarde, »so sahen alle, Richter, Geschworene und Zuschauer, aus, als wenn ein Richter vor ihnen stände, der sie vor den obersten Gerichtshof gerufen habe. Man hat ihre Züge malen können«, sagte er weiter, »ihre Worte hat man wiederholt; aber keine Kunst hätte ihre große Seele gemalt, die voll auf ihrem Gesicht leuchtete; . . . das war die moralische Wirkung der Verhandlungen und der Dinge, die man fühlt, die jedoch auszudrücken unmöglich ist.«

CHARLOTTE CORDAY ALS GEFANGENE

Er berichtigt sodann ihre Antworten, die im Moniteur geschickt entstellt, verstümmelt und verblaßt nachgedruckt wurden. Jede von ihnen ist ganz von dem Schlage der Erwiderungen, die man aus den gedrängten Dialogen Corneilles kennt.

»Wer hat Ihnen soviel Haß eingeflößt?« – »Ich brauchte den Haß der anderen nicht, ich hatte an meinem eigenen genug.«

»Die Tat mußte Ihnen eingeredet werden?« – »Man führt schlecht aus, was man nicht selbst begriffen hat.«

»Was haßten Sie an ihm?« – »Seine Verbrechen.«

»Was verstehen Sie darunter?« – »Die Verheerung Frankreichs.«

»Was hofften Sie, als Sie ihn töteten?« – »Meinem Lande den Frieden wiederzugeben.«

»Glauben Sie denn, alle Marats getötet zu haben?« – »Da dieser tot ist, so haben die anderen vielleicht Furcht.«

»Seit wann hatten Sie den Plan gefaßt?« – »Seit dem 31. Mai, als man hier die Vertreter des Volkes verhaftete.«

Der Präsident fragte nach einer sie belastenden Aussage: »Was antworten Sie darauf?« – »Nichts, als daß es mir gelungen ist.«

Ihre Wahrheitsliebe blieb sich nur in einem Punkte nicht gleich. Sie behauptete, daß bei der Revue in Caen dreißigtausend Mann zur Stelle waren. Sie wollte den Parisern Furcht einjagen.

Mehrere Antworten zeigten, daß ihr so mutiges Herz dennoch natürlichen Empfindungen durchaus nicht fremd war. Sie konnte die Aussage, die Marats Frau unter Schluchzen machte, nicht bis zu Ende anhören und beeilte sich, zu sagen: »Ja, ich habe ihn getötet.« So geriet sie auch in Erregung, als man ihr das Messer zeigte. Sie wandte den Blick ab, schob es mit der Hand beiseite und sagte mit gebrochener Stimme: »Ja, ich kenne es, ich kenne es.«

Fouquier-Tinville wies darauf hin, daß sie von oben zugestoßen hatte, um sicher zu treffen; anderenfalls hätte sie ihn in die Seite treffen können und vielleicht nicht getötet; und er fügte hinzu: »Offenbar hatten Sie sich vorher gut geübt?« – »Oh, der Unmensch!« schrie sie. »Er hält mich für einen Mörder!«

Dies Wort, erzählt Chauveau-Lagarde, wirkte wie ein Donnerschlag. Die Verhandlung wurde geschlossen. Sie hatte im ganzen eine halbe Stunde gedauert.

Der Präsident Montané hätte sie gern gerettet. Er änderte die Frage, die er den Geschworenen vorlegen mußte, und begnügte sich mit der Form: »Hat sie mit Vorbedacht gehandelt?«, während er die zweite Hälfte der Formel: »mit verbrecherischer und revolutionsfeindlicher Absicht?« unterdrückte. Das trug ihm selbst wenige Tage später seine Verhaftung ein.

Der Präsident, um sie zu retten, die Geschworenen, um sie zu demütigen, hätten gern gesehen, daß der Verteidiger sie als verrückt hinstellte. Der sah sie an und las in ihren Augen; dann diente er ihr, wie sie bedient sein wollte, betonte den langen Vorbedacht und daß sie als einzige Verteidigung nicht hätte verteidigt werden wollen. Jung und beim Anblick dieses großen Mutes sich selbst übertreffend, wagte er das kühne Wort (das ganz hart an das Schafott streifte): »Diese Ruhe und diese Selbstverleugnung sind in gewisser Beziehung erhaben . . .«

Nach dem Urteilsspruch ließ sie sich zu dem jungen Anwalt führen und sagte ihm mit viel Anmut, daß sie ihm für seine zarte und edelmütige Verteidigung danke und daß sie ihm einen Beweis ihrer Hochachtung geben wolle. »Diese Herren haben mir soeben mitgeteilt, daß meine Habe mit Beschlag belegt worden ist; ich bin im Gefängnis etwas schuldig; ich beauftrage Sie, meine Schuld zu bezahlen.«

Sie verließ den Saal und stieg über die dunkle Treppe zu den darunterliegenden Verließen hinab, sie lächelte ihren Mitgefangenen zu, die sie vorübergehen sahen, und entschuldigte sich bei dem Wärter Richard und seiner Frau, denen sie versprochen hatte, mit ihnen zu frühstücken. Sie empfing den Besuch eines Priesters, der ihr seinen Beistand anbot, und führte ihn höflich hinaus mit den Worten: »Sprechen Sie den Leuten meinen Dank aus, die Sie geschickt haben.«

Sie hatte während der Verhandlung einen Maler bemerkt, der ihre Züge festzuhalten suchte und sie mit lebhaftem Interesse betrachtete. Sie hatte sich ihm zugewandt. Nach der Urteilsverkündung ließ sie ihn rufen und schenkte ihm die letzten Augenblicke, die ihr vor der Hinrichtung blieben. Der Maler, Herr Hauer, war Vizekommandant des Bataillons der Cordeliers. Diesem Titel vielleicht verdankte er die Vergünstigung, daß man ihn ohne einen anderen Zeugen als einen Gendarmen bei ihr ließ. Sie plauderte völlig ruhig mit ihm über belanglose Dinge, doch auch über das Ereignis des Tages und über den moralischen Frieden, den sie in sich fühlte. Sie bat Herrn Hauer, eine kleine Kopie von dem Bild zu machen und sie ihrer Familie zu schicken.

Nach anderthalb Stunden klopfte man leise an eine kleine Tür, die hinter ihr war. Man öffnete, und der Henker trat ein. Charlotte wandte sich um und sah die Schere und das rote Hemd, das er trug. Sie konnte sich einer leichten Erregung nicht erwehren und sagte unwillkürlich: »Was! Schon?!« Doch sogleich faßte sie sich wieder und wandte sich an Herrn Hauer mit den Worten: »Mein Herr, ich weiß nicht, wie ich Ihnen für Ihre Liebenswürdigkeit danken soll; ich kann Ihnen nur dies hier anbieten; behalten Sie es als Andenken von mir.« Gleichzeitig ergriff sie die Schere und schnitt eine schöne Locke von ihren langen, aschblonden Haaren ab, die unter ihrer Haube hervorquollen, und reichte sie Herrn Hauer. Die Gendarmen und der Henker waren sehr bewegt.

In dem Augenblick, als sie den Karren bestieg, als die Menge, von zwei gegensätzlichen Leidenschaften, Wut oder Verwunderung, bewegt, das schöne, liebliche Opfer in seinem roten Mantel aus dem niedrigen Bogengang der Conciergerie heraustreten sah, schien sich die Natur mit der Leidenschaft der Menschen zu vermählen, und ein wütender Sturm brach über Paris los. Er dauerte nur kurze Zeit und schien vor ihr zu fliehen, als sie auf dem Pont Neuf sichtbar wurde und langsam durch die Rue Saint Honoré fuhr. Die Sonne trat wieder hoch und stark hervor; es war noch nicht sieben Uhr abends (17. Juli). Die Reflexe des roten Stoffes hoben in eigentümlicher und ganz phantastischer Weise die Wirkung ihrer Gesichtsfarbe und ihrer Augen.

Man versichert, daß Robespierre, Danton und Camille Desmoulins sich auf ihrem Wege aufstellten und sie betrachteten. Ein friedliches, aber um so furchtbareres Bild der revolutionären Nemesis, verwirrte sie die Herzen und ließ sie voll Staunen zurück.

Die ernsthaften Beobachter, die ihr bis zu den letzten Augenblicken folgten, Schriftsteller und Ärzte, waren von einem seltsamen Umstand betroffen; auch die standhaftesten unter den Verurteilten suchten sich durch irgendwelche Anregungen aufrecht zu erhalten, sie sangen patriotische Lieder oder stießen furchtbare Verwünschungen aus gegen ihre Feinde. Sie bewahrte eine vollkommene Ruhe beim Geschrei der Menge, eine feierliche und schlichte Heiterkeit; voll eigenartiger Hoheit kam sie auf dem Platze an und wie verklärt in den Strahlen der Abendsonne.

Ein Arzt, der sie nicht aus den Augen verlor, erzählt, sie

sei ihm einen Augenblick lang bleich erschienen, als sie das Beil bemerkte. Aber die Farbe kehrte ihr wieder, und sie stieg festen Schrittes hinan. Als der Henker ihr das Brusttuch abreißen wollte, wurde das junge Mädchen in ihr wach, ihre Scham litt darunter, sie kürzte den Vorgang ab und kam selbst dem Tod zuvor.

Sogleich als der Kopf fiel, packte ihn ein Zimmermann, ein Anhänger Marats, der dem Henker zur Hand ging, mit roher Faust, zeigt ihn dem Volke und ohrfeigte ihn in schamloser Brutalität. Ein Schauder des Schreckens, ein Murmeln lief durch die Menge. Man meinte, den Kopf rot werden zu sehen. Vielleicht war das eine bloße optische Täuschung: die in diesem Augenblick verwirrte Menge hatte die roten Strahlen der Sonne im Auge, die durch die Bäume der Champs Elysées drang. Die Pariser Gemeindebehörden und der Gerichtshof gewährten dem allgemeinen Gefühl Genugtuung und steckten den Mann ins Gefängnis.

Trotz des Geschreies der Anhänger Marats, deren Zahl ungewöhnlich gering war, war der allgemeine Eindruck an Bewunderung und Mitgefühl sehr stark. Man kann das beurteilen an der Kühnheit, mit der die *»Chronique de Paris«*[29], trotz der großen Abhängigkeit der Presse, es wagte, fast ohne Vorbehalt ein Lob auf Charlotte Corday zu drucken.

Viele Leute blieben bis ins Herz getroffen und haben sich niemals wieder erholt. Wir sahen die Erregung des Präsidenten, seine Anstrengung, sie zu retten, die Erregung des Anwalts, eines jungen, ängstlichen Menschen, der diesmal über sich selbst hinauswuchs. Die des Malers war nicht weniger groß. Er stellte in diesem Jahre ein Porträt Marats aus, vielleicht als Entschuldigung dafür, daß er Charlotte Corday gemalt hatte. Aber sein Name erscheint in keiner Ausstellung mehr. Er scheint seit jenem verhängnisvollen Werke nicht mehr gemalt zu haben.

Die Wirkung dieses Todes war furchtbar; er lehrte den Tod lieben.

Ihr Beispiel, die ruhige Unerschrockenheit eines reizenden Mädchens wirkte ansteckend. Mehr als einer, der sie gesehen hatte, fand eine düstere Wollust darin, ihr zu folgen, sie in den unbekannten Welten zu suchen. Ein junger Deutscher, Adam Lux, der nach Paris geschickt war, um die Vereinigung von Mainz und Frankreich zu erbitten, verfaßte eine Broschüre, worin er zu sterben verlangt, um mit Charlotte Corday vereint zu sein. Dieser Unglückliche, der hierher gekommen war mit einem Herzen voll Begeisterung, in dem Glauben, mit der französischen Revolution dem reinen Ideal menschlicher Wiedergeburt ins Antlitz zu blicken, konnte die vorzeitige Trübung dieses Ideals nicht ertragen; er verstand nicht die allzu grausamen Heimsuchungen, die ein solches Gebären mit sich bringt. In seinem melancholischen Sinnen sieht er die Freiheit, als sie ihm verloren scheint, sie heißt Charlotte Corday. Er sieht sie vor Gericht, sie ist rührend, bewundernswert in ihrer Unerschrockenheit; er sieht sie, eine Königin in ihrer Hoheit auf dem Schafott . . . Zweimal erschien sie ihm . . . Genug! Er hat den Tod davon.

»Ich glaubte wohl an ihren Mut«, erzählt er, »aber wie wurde mir, als ich sie in ihrem ganzen süßen Zauber erblickte, mitten unter dem Geschrei der Barbaren, ihren durchdringenden Blick, die schnellen, feuchten Strahlen, die aus ihren schönen Augen brachen, aus denen eine ebenso zarte wie unerschrockene Seele sprach. O unsterbliches Gedenken! Ihr süßen und bitteren Regungen, die ich niemals gekannt hatte! . . . Sie befestigen in mir die Liebe zu diesem Vaterlande, für das sie sterben wollte und dessen Sohn – durch Adoption – auch ich bin. Ehren sollen sie mich jetzt mit ihrer Guillotine, sie ist nur noch ein Altar!«

Seine reine und hohe Seele, sein verzücktes Herz betet Charlotte Corday an, doch betet er keineswegs den Mord an, den sie begangen.

»Man hat ohne Zweifel das Recht«, meint er, »Thronräuber und Tyrannen zu töten, aber dazu gehörte Marat nicht.«

Eine bemerkenswerte Milde des Herzens. Sie steht in starkem Widerspruch mit der Gewalttätigkeit eines großen Volkes, das den Mord zu lieben begann. Ich spreche von dem girondistischen Volke und sogar von den Royalisten. Ihr Wert bedurfte eines Heiligen und einer Legende. Charlotte rief eine ganz andere, eine viel poetischere Erinnerung wach als Ludwig XVI., der ein gewöhnlicher Märtyrer war und nichts Interessantes besaß als sein Unglück.

Eine Religion erwächst aus dem Blut Charlotte Cordays: die Religion des Dolches.

André Chénier dichtete eine Hymne auf die neue Gottheit:

»O Tugend! Der Dolch, der Erde einzige Hoffnung,
Ist deine heilige Wehr!«

Diese Hymne, wieder und wieder gedichtet in jeder Zeit und in allen Ländern, erschien schließlich an Europas Grenzen, in der »Hymne an den Dolch« von Puschkin.

Der alte Schutzherr heroischer Morde, Brutus, verblaßtes Andenken an ein fernes Altertum, tritt jetzt seine Herrschaft ab an eine neue Gottheit, die mächtiger und verführerischer ist. An wen denkt der junge Mann heute, der eine große Tat träumt, heiße er Alibando oder Sand? Wen sieht er in seinen Träumen? Das Phantom des Brutus? Nein, die hinreißend schöne Charlotte, so wie sie war, in dem düsteren Glanz des roten Mantels, in dem blutigen Widerschein der Julisonne, im Purpur des Abends. –

NEUNZEHNTES KAPITEL

Das Palais-Royal im Jahre 1793. Die Salons.
Wie die Gironde erschlaffte

Die allzu heftigen Aufregungen, die gewaltsamen Wechselfälle, die Stürze und Umstürze hatten nicht nur den moralischen Nerv zerbrochen; sie hatten, scheint's, bei vielen Menschen das Gefühl abgestumpft, das alle anderen überdauert: das Lebensgefühl; man hätte es für sehr stark halten sollen bei diesen Menschen, die sich so blindlings in Vergnügungen stürzten; oft war das Gegenteil der Fall. Viele wählten, gelangweilt, angewidert und sehr wenig erwartend vom Leben, als ihre Art des Selbstmordes das Vergnügen. Das konnte man vom Beginn der Revolution an beobachten. In dem Maße, wie eine politische Partei schwächer wurde, erkrankte und abstarb, dachten die Männer, die sie gebildet hatten, nur noch daran zu genießen: so ging es Mirabeau, Chapelier, Talleyrand, Clermont-Tannerre und dem Klub von 1789, der bei dem ersten Restaurateur des Palais-Royal, neben den Spielsälen, seinen Versammlungsort hatte: die glänzende Sippschaft war nur noch eine Gesellschaft von Spielern. Ebenso besuchten die Häupter der gesetzgebenden Versammlung und des Konvents, so viele Männer, die der Lauf des Verhängnisses zu Fall gebracht hatte, diese Lasterhöhlen, um sich zu trösten und zu vergessen. So lebendig war dieses Palais-Royal, so völlig in blendendes Licht, in Luxus und Gold getaucht, so voll von schönen Frauen, die die Männer ansprachen und sie baten, glücklich zu sein und das Leben zu genießen! Und doch, was war es in Wirklichkeit anders als ein Haus des Todes?

Der war da, in allen Gestalten und mit den schnellsten Wirkungen. Auf der Freitreppe waren die Geldmakler und auf den Holzgalerien die Mädchen. Die ersteren hockten bei den Weinhändlern und in den kleinen Cafés und boten wohlfeil die Mittel an, mit denen man sich ruinieren konnte. Von dem Inhalt der Brieftasche, der auf der Stelle in gangbare Münze umgesetzt wurde, blieb ein großer Teil auf der Freitreppe, ein anderer in den Cafés, ein dritter in den Spielsälen der ersten Etage, der Rest in der zweiten. Oben saß man auf dem Trocknen; alles war verpufft.

Man lebte nicht mehr in den ersten Zeiten des Palais-Royal[30], wo seine Cafés die Kirchen der beginnenden Revolution waren, wo Camille im Café de Foy den Kreuzzug predigte. Es waren nicht mehr die Kinderjahre der Revolution, wo der gute Fauchet im Zirkus die Lehre der »Freunde« verkündete und die philanthropische Gesellschaft des »Zirkels der Wahrheit« ihre große Rolle spielte. Die Cafés, die Restaurationen waren sehr besucht, aber düster. Einige dieser berühmten Buden sollten Grabstätten werden. Der Restaurateur Février sah in seinem Hause, wie Saint-Fargeau getötet wurde. Ganz in der Nähe, im Café Corraza, wurde der Untergang der Gironde angezettelt.

Leben, Tod, schnelles, übermäßiges, gezwungenes Vergnügen, würgendes Vergnügen, das ist das Palais-Royal vom Jahre 1793.

Spiele mußten sein, man mußte sich selbst auf einer einzigen Karte ganz verspielen, sich mit einem Schlage zugrunde richten können.

Mädchen mußten sein, doch nicht die armseligen Strichgängerinnen, die man in den Straßen sieht und die dazu angetan sind, die Männer in der Enthaltsamkeit zu bestärken. Die Mädchen, die man damals ausführte, waren gewählt, wie man auf den normannischen Weiden die größten Tiere auswählt, wenn man so sagen soll, blühend von Fleisch und Leben, wie man sie auf dem Karneval zeigt. Mitten im Winter mit nacktem Busen, mit nackten Schultern und Armen, auf den Kopf riesige Blumensträuße getürmt, ragten sie über die ganze Menge der Menschen hinweg. Die Greise erinnern sich, daß sie in der Zeit zwischen der Schreckensherrschaft und dem Konsulat vier kolossale, ungeheure Blondinen gesehen haben, wahre Riesinnen der Prostitution, die mehr als jeder andere die Last der revolutionären Orgie auf ihren Schultern getragen haben. Mit welcher Verachtung sahen sie auf das Hin und Her des Schwarmes der Modedämchen in den Holzgalerien, deren witziger Gesichtsausdruck und pikantes Liebäugeln nur geringen Ersatz bot für ihre Magerkeit!

So sah es in den sichtbaren Teilen des Palais-Royal aus. Wer aber die beiden Täler von Gommorrha durcheilt wäre, die rings herumgingen, oder die neun Stockwerke der Passage Radziwill, einen wahren Turm von Sodom, erstiegen hätte, der hätte noch ganz andere Dinge gefunden. Viele zogen diese dunklen Höhlen vor, die finstern Löcher, kleinen Spelunken, Kammern, Sackgassen, die Keller, die tagsüber durch Lampen erleuchtet waren und die der dumpfe Geruch alter Häuser völlig durchzog, der sogar in allem Prunke von Versailles schon unten an der Treppe in die Nase drang. Als man die alte Herzogin von D., die im Jahre 1814 in die Tuilerien zurückkehrte, beglückwünschte und ihr zeigte, wie nun die gute alte Zeit gänzlich zurückgekommen sei, erwiderte sie betrübt: »Ja, aber hier herrscht nicht der Duft von Versailles.«

Das ist die schmutzige, faule, dunkle Welt lasterhaften Genusses, in die sich eine Menge Männer geflüchtet hatten, Gegenrevolutionäre die einen, die anderen überhaupt parteilos, Angewiderte, Gelangweilte, durch die Ereignisse Zerbrochene, die weder Kopf noch Hals mehr hatten. Jene waren darauf angewiesen, sich bei Spiel und

Weibern ein Alibi zu schaffen in den Stürmen der Zeit. Sie kapselten sich da ein, fest entschlossen, nicht mehr zu denken. Das Volk starb vor Hunger und die Armee vor Kälte; was kümmerte es sie? Feinde der Revolution, die Opfer von ihnen verlangte, schienen sie sagen zu wollen: »Wir sind in deinen Vorratskellern; du kannst uns nacheinander auffressen, morgen mich, heute den. Einverstanden! Aber uns zu Männern zu machen, unser Herz aufzuwecken, uns edelmütig und für die unendlichen Leiden der Welt empfänglich zu machen, das raten wir dir bleiben zu lassen.«

Nun sind wir in die tiefsten Tiefen des Egoismus getaucht, haben den Pfuhl geöffnet und in die Kloake geblickt. Genug! Wenden wir den Blick ab!

Und merken wir uns wohl, daß wir dennoch nicht zu Ende sind. Wenn wir höher hinaufsteigen, so geschieht es in unmerklichen Übergängen. Zwischen den Freudenhäusern und den damals zahllosen Spielhöllen besteht wenig Unterschied, da die Spielbänke meistens von zweideutigen Damen gehalten werden. Dann kommen die Salons der Schauspielerinnen und dem Range nach gleich daneben die der Schriftstellerinnen und politischen Intrigantinnen. Eine traurige Stufenleiter, wo ein Höher kein Besser bedeutet. Die niedrigste Stufe ist vielleicht noch die ungefährlichste. Die Freudenmädchen: das bedeutet Vertierung und die Straße zum Tode. Die Damen hier: das bedeutet meistens eine andere und schlimmere Art des Todes, ein Sterben des Glaubens und der Grundsätze, ein Erschlaffen der Meinungen, eine verhängnisvolle, verweichlichende Kunst, eine Verderbnis der Charaktere.

Man stelle sich Menschen vor, die den Boden von Paris nicht kennen und in eine solche Welt versetzt werden, wo alles darin einig ist, sie schwach zu machen und zu entwerten, ihnen den Nerv des Bürgertums, die Begeisterung und die Härte, auszureißen. Die Mehrzahl der Girondisten verlor unter diesem Einfluß zwar nicht die Kampfesfreudigkeit, den Mut und die Kraft zu sterben, sondern vor allem die des Sieges, den festen und starken Einfluß, ihn um jeden Preis zu erringen. Sie wurden sanftmütig und hatten nicht mehr »die Herbe im Blut, mit der man Schlachten gewinnt«. Da das Vergnügen der Philosophie an die Seite trat, so entsagten sie. Und sobald ein Politiker entsagt, ist er verloren.

Diese zum großen Teil sehr jungen Leute, die bis dahin in der Verborgenheit der Provinzen vergraben gewesen waren, sahen sich plötzlich in helles Licht gerückt, einem ihnen ganz neuen Luxus gegenüber, in Schmeicheleien und Verhätschelungen der eleganten Welt eingewickelt. Diese Schmeicheleien und Verhätschelungen waren um so wirksamer, als sie oft aufrichtig waren; man bewunderte ihre Energie und man brauchte sie so nötig! Besonders die Frauen, die besten Frauen haben in solchen Fällen einen gefährlichen Einfluß, dem niemand widersteht. Sie wirken durch ihre Anmut, oft noch mehr durch das rührende Interesse, das sie einflößen, durch ihre Furcht, die man beruhigen will, durch das Glück, sich bei einem Menschen sicher zu fühlen, das sie tatsächlich empfinden. Ein solcher Mann kam wohl behütet an, gewappnet und gepanzert, fest gegen jede Verführung; nichts hätte Schönheit allein dagegen ausgerichtet. Aber was soll man tun, wenn eine Frau Furcht hat und es ausspricht, wenn sie uns bei der Hand nimmt und sich an uns schmiegt: »Ach, mein Herr! Ach, lieber Freund! Sie können uns noch retten. Sprechen Sie für uns, ich bitte Sie; beruhigen Sie mich, tun Sie den und den Schritt für mich, halten Sie die und die Rede. Für andere würden Sie das nicht tun, das weiß ich; aber für mich werden Sie es tun. Hören Sie, wie mein Herz schlägt!«

Diese Damen waren sehr geschickt. Sie hüteten sich im Anfang wohl, ihren Hintergedanken zu zeigen. Am ersten Tage sah der junge Mann nur gute, gemäßigte, anständige Republikaner in ihren Salons. Schon am zweiten stellte man ihm Feuillantiner und Anhänger Lafayettes vor. Dann lüftete man für einige Zeit den Schleier nicht weiter. Dann, wenn man seiner Macht sicher war, wenn man das schwache Herz gewonnen und die Augen und Ohren an die feinen Unterschiede in diesen wenig republikanischen Gesellschaften gewöhnt hatte, zeigte man das wahre Gesicht, und die alten royalistischen Freunde kamen zum Vorschein, für die man gearbeitet hatte. Und der arme junge Mann, der so ganz rein nach Paris gekommen war, konnte sich glücklich schätzen, wenn er nicht, ohne es zu ahnen, unter die adeligen Spione, unter die Intriganten von Coblenz geraten war.

Die Gironde fiel so beinahe ganz in die Netze der Pariser Gesellschaft. Man verlangte von den Girondisten nicht, daß sie Royalisten wurden, sondern man wurde selbst Girondist. Diese Partei wurde allmählich das Asyl des Royalismus, die schützende Maske, unter der sich die Gegenrevolution im Angesicht der Revolution selbst in Paris halten konnte. Die Geldleute und Bankiers hatten sich geteilt, die einen waren Girondisten, die anderen Jakobiner. Indessen schien ihnen der Übergang von ihrer früheren, allzu bekannten, zu den republikanischen Ansichten von der Gironde aus leichter. Besonders waren die Salons der Künstler und der Modedamen ein neutraler Boden, auf dem wie durch Zufall Bankiers und Politiker zusammentrafen, miteinander plauderten, sich besprachen und schließlich ohne weitere Vorstellung in Verbindung traten.

Aber die reinsten Beziehungen, die von Intrige am weitesten entfernt waren, die der wahren Liebe, trugen ebenfalls dazu bei, die Kraft der Gironde zu brechen. Die Liebe Fräulein Candeilles stand in engem Zusammenhang mit dem Verderben Vergniauds. Die Befangenheit des Herzens vermehrte seine Unentschiedenheit, seine natürliche Trägheit. Man sagte, daß seine Seele oft anderswo umherzuirren schien. Das war nicht unbegründet. Diese Seele wohnte in einer Zeit, wo das Vaterland sie völlig in Anspruch hätte nehmen müssen, in einer anderen Seele. Das süße, schwache Herz einer Frau hielt das löwenkühne Herz Vergniauds gleichsam fest umfaßt. Die Stimme und die Harfe Fräulein Candeilles, der schönen, guten, anbetungswürdigen, hatte ihn bezaubert. Obwohl er arm war, wurde er von derjenigen geliebt und vorgezogen, die bei der Menge in hoher Gunst stand. Die Eitelkeit hatte bei beiden keinen Teil daran, weder die Erfolge des Redners noch die der jungen Dichterin, von der ein Stück hundertfünfzig Aufführungen erlebte.

Diese hinreißend schöne Frau, voll von sittsamer Anmut, rührend durch ihr Talent, durch ihre inneren Tugenden, durch ihre zärtliche Kinderliebe, hatte sich um dieses faule Genie, dessen hohe Gaben schliefen, gemüht und es geliebt; sie, der die Menge anhing, hatte alles verlassen, um ihm zu folgen. Vergniaud hatte sich lieben lassen; er hatte sein Leben in dieser Liebe eingehüllt und träumte in ihrem Schutze weiter. Doch er war allzu scharfsichtig, um nicht zu sehen, daß sie beide am Rande eines Abgrunds entlanggingen, in den sie zweifellos stürzen mußten. Traurig war es auch, daß er diese vollkommene Frau, die sich ihm hingegeben hatte, nicht schützen konnte. Ach! sie gehörte dem Publikum; ihr Mitleid, die Notwendigkeit, ihre Eltern zu unterstützen, hatten sie zur Bühne geführt und den Zufällen einer so bewegten Welt ausgesetzt. Sie, die nur einem einzigen gefallen wollte, mußte allen gefallen, mußte unter diese sensationslüsternde, freche, unmoralische Menge den Schatz ihrer Schönheit verteilen, auf den nur einer Anspruch hatte. Das war demütigend und schmerzlich! Und furchtbar war es auch, angesichts der Parteiungen davor zittern zu müssen, daß die Hinopferung eines Weibes jeden Augenblick ein grausames Spiel der Faktionen, ein barbarisches Vergnügen werden konnte.

Da hatte der große Redner seine wunde Stelle. Da hatte er Furcht, der sonst nichts fürchtete. Da schützte weder Panzer noch Rock, noch sonst etwas sein Herz.

Diese Zeit liebte die Gefahr. Mitten während des Prozesses gegen Ludwig XVI., unter den mörderischen Blicken der Parteien, die sich für den Tod aussprachen, enthüllten sie der Allgemeinheit die Stelle, an der sie zu packen war. Vergniaud hatte gerade den größten seiner Triumphe erlebt, den Triumph der Menschlichkeit. Fräulein Candeille selbst hatte auf der Bühne ihr eigenes Stück gespielt: »Die schöne Pächterin«. Sie riß das entzückte Publikum mit fort, weit weg von allen Ereignissen, in eine milde und friedliche Welt, wo man alles vergaß, selbst die Gefahr des Vaterlandes.

Der Versuch gelang. »Die schöne Pächterin« hatte ungeheuren Erfolg; die Jakobiner selbst verschonten diese reizende Frau, die allen das Opium der Liebe, den Trank aus Lethe einflößte. Der Eindruck war nichtsdestoweniger für die Gironde wenig günstig. Das Stück der Freundin Vergniauds enthüllte allzusehr, daß seine Partei eher die der Menschlichkeit und der Natur als die des Vaterlandes war, daß sie den Besiegten Schutz gewähren würde und daß schließlich diese Partei nicht die unbeugsame Härte besaß, dessen die Zeit bedurfte.

ZWANZIGSTES KAPITEL

Dantons erste Frau (1792-1793)

Die Sammlung des Obersten Maurin, die unglücklicherweise verkauft und heute verstreut ist, enthielt unter anderen Kostbarkeiten einen sehr schönen Kopfabguß der ersten Frau Dantons, ich glaube die Totenmaske. Güte, Ruhe und Stärke prägte sich darauf aus. Man wundert sich nicht, daß sie eine solche Herrschaft über das Herz ihres Gatten ausgeübt und so viel Leid hinterlassen hatte.

Wie hätte es auch anders sein können? Sie war das Weib seiner Jugend und seiner Armut, seiner ersten dunklen Zeit. Danton, der damals Rechtsbeistand war, ein Anwalt ohne Klienten, und nichts als Schulden besaß, wurde von seinem Schwiegervater, dem Limonadenhändler an der Ecke des Pont Neuf ernährt, der ihm, wie man erzählt, einige Louis monatlich gab. Er lebte wie ein König auf dem Pflaster von Paris, hatte weder Sorge noch Unruhe, verdiente wenig und war ohne Wünsche. Wenn die Lebensmittel im Haushalt völlig fehlten, ging man eine Zeitlang in den Wald, nach Fontenai bei Vincennes, wo der Schwiegervater ein kleines Haus besaß.

Danton, dessen Natur reich an lasterhaften Neigungen war, hatte keine kostspieligen Laster. Er war weder Spieler noch Trinker. Er liebte die Frauen, das ist wahr, aber seine eigene ganz besonders. Die Frauen waren die schwache Seite, an der ihn die Parteien angriffen und ihn in die Hand zu bekommen suchten. So versuchte die orléanistische Partei, ihn durch die Geliebte des Prinzen, die schöne Frau von Buffon, zu bestricken. Danton war infolge seiner lebhaften Einbildungskraft und des Übermaßes seines stürmischen Temperamentes sehr beweglich. Indessen

führte ihn sein Bedürfnis nach wahrer Liebe und Zuneigung unveränderlich jeden Abend ins Ehebett zurück, zu
dem guten, treuen Weibe seiner Jugend, an den dunklen
Herd des Danton von ehedem.

Ein Unglück für die arme Frau war es, daß sie plötzlich,
im Jahre 1792, in das Justizministerium versetzt wurde,
in dem furchtbaren Augenblick der Invasion und der Metzeleien in Paris. Sie wurde krank zum großen Kummer
ihres Gatten. Ich zweifle durchaus nicht, daß sie zum
großen Teile die Veranlassung gab, daß Danton im November oder Dezember einen letzten peinlichen und demütigenden Schritt tat, um sich der Gironde zu nähern
und, wenn möglich, noch auf der Neigung des Abgrunds,
der alles verschlingen zu wollen schien, zu bremsen.

Die zermalmende Schnelligkeit einer solchen Revolution, bei der Ereignis auf Ereignis ihr Herz bestürmte,
hatte Madame Danton zerbrochen. Der furchtbare Ruf
ihres Gatten, seine entsetzliche Prahlerei, die Septembermorde verursacht zu haben, hatten sie getötet. Mit Zittern hatte sie ihren Einzug in das verhängnisvolle Gebäude des Justizministeriums gehalten, tot, ich will sagen: zum Tode getroffen, kam sie wieder heraus. Ein
Schatten kehrte in die kleine Wohnung an der Passage du
Commerce zurück, in das finstere Haus, das ein Bogenge-
wölbe bildet zwischen der Passage und der ebenfalls finsteren Rue des Cordeliers; heute heißt sie Rue de l'École
de Médecine.

Es war ein harter Schlag für Danton. Er kam in die
verhängnisvolle Zeit, wo beim Manne, wenn er durch die
Zusammenfassung aller Kräfte die Hauptaufgabe seines
Lebens erfüllt hat, die Einheitlichkeit des Wesens schwin-
det und seine andere Natur wieder zum Vorschein kommt.
Wenn der Bereich des Willens weniger ausgedehnt ist, so
kehren Natur und Herz, alles, was ursprünglich war im

Manne, mit Gewalt zurück. Das geschieht im gewöhnlichen Verlauf der Dinge in zwei verschiedenen Lebensaltern, die durch die Zeit geschieden sind. Aber damals gab es, wie wir gesagt haben, keine Zeit mehr; die Revolution hatte sie getötet mit vielen anderen Dingen.

Schon war dieser Augenblick für Danton gekommen. Als sein Werk, die öffentliche Wohlfahrt im Jahre 1792, getan war, empörte sich die Natur gegen den momentan erschlafften Willen und ergriff Besitz von seinem Herzen, zerwühlte es ganz und gar, bis Hochmut und schnaubende Wut es wiederum in Besitz nahmen und es in den Tod leiteten.

Die Männer, die das Leben in so furchtbarer Überfülle nach außen drängen, die die Völker mit ihrem Wort, mit ihrer glühenden Brust, mit ihrem Herzblut ernähren, haben ein großes Bedürfnis nach dem häuslichen Herd. Das Herz muß wieder gesund werden, das Blut muß sich beruhigen. Und das geschieht immer nur durch eine Frau, und zwar eine sehr gute Frau, wie Madame Danton war. Sie war, nach dem Bilde und der Büste zu urteilen, ebenso stark und ruhig wie schön und sanft; der Bericht von Arcis, wohin sie oft ging, fügt hinzu, daß sie fromm, von Natur melancholisch und von ängstlichem Charakter war.

Sie hatte in ihrer behaglichen und ruhigen Lage das Verdienst gehabt, sich dem Zufall anvertrauen, den jungen Mann kennenlernen und ihm folgen zu wollen, diesem unbeachteten Genie ohne Ruf und Vermögen. Sie war tugendhaft und hatte ihn trotz seiner Laster gewählt, die auf seinem düsteren und verwüsteten Gesicht geschrieben standen. Sie hatte sich diesem dunklen, schwankenden Schicksal, von dem man sagen konnte, daß es auf Sturm eingestellt war, verbunden. Sie war eine einfache Frau, besaß aber ein wackeres Herz und hatte diesen Engel der

Finsternis und des Lichts im Vorübergehen festgehalten, um ihm durch die Abgründe zu folgen und mit ihm das dunkle Land zu betreten . . . Da verließ sie die Kraft, und sie ging ein in Gottes Hand.

»Das Weib ist die Göttin des Glücks«, sagt irgendwo die Weisheit des Ostens. Es war nicht nur die Frau, die Danton verlorenging, das Glück selbst und sein guter Stern entglitt ihm, die Jugend und die Grazie, diese Gunst, mit der das Schicksal, als mit seiner schönsten Gabe, den Mann beschenkt, wenn er noch kein Verdienst sein eigen nennt. Sie war das Vertrauen und der Glaube, die erste Tat des Zutrauens, die man an ihm getan hatte. Als eine Anhängerin des arabischen Propheten ihn fragte, warum er immer noch seine erste Frau beklage, antwortete er: »Weil sie geglaubt hat, als niemand an mich glaubte.«

Ich zweifle durchaus nicht, daß Madame Danton es war, die ihren Gatten versprechen ließ, dem König, wenn er schon gestürzt werden müsse, wenigstens das Leben zu retten, wenigstens die Königin zu retten, die fromme Madame Elisabeth[31] und die beiden Kinder. Auch er hatte zwei Kinder; das eine wurde – man sieht es aus den Daten – in dem heiligen Augenblick empfangen, der auf die Einnahme der Bastille folgte; das andere im Jahre 1791, an dem Tage, als Mirabeau tot war und die hinfällige konstituierende Versammlung die Zukunft Danton überließ, wo die neue Versammlung und der neue König des Wortes im Aufgang begriffen waren.

Diese Mutter wurde zwischen zwei Wiegen krank; Dantons Mutter pflegte sie. Jedesmal, wenn er zerschunden und verletzt von den Dingen draußen heimkehrte, wenn er die Rüstung des Politikers und die stählerne Maske an der Tür ließ, fand er diese so ganz andere Wunde, diese schreckliche, blutende Narbe: die Gewißheit, daß über ein kleines er am eigenen Fleisch zerrissen, in zwei Teile zerstückel, daß sein Herz zerschnitten werden mußte. Er hatte diese ausgezeichnete Frau immer geliebt, aber sein Leichtsinn und sein Ungestüm hatten ihn bisweilen auf Abwege geführt. Und nun schied sie; da erst nahm er die Stärke und Tiefe seiner Leidenschaft zu ihr wahr. Und er konnte nichts tun; sie siechte dahin, entfloh, entwich seiner Hand, je enger seine Arme sich um sie schlangen.

Das bitterste war, daß es ihm nicht vergönnt war, sie wenigstens bis zum Ende zu sehen und ihre Abschiedsworte zu hören. Er konnte nicht dableiben; er mußte das Totenbett verlassen. Das Widersprechende seiner Lage kam zum Durchbruch; es war ihm unmöglich, Danton mit Danton zu versöhnen. Frankreich, die Welt blickten auf ihn bei diesem fatalen Vorgang. Er konnte weder reden noch schweigen. Wenn er keinen Ausweg fand, der den rechten Flügel und durch ihn das Zentrum, die Masse des Konvents wieder zusammenbrachte, so mußte er sich entfernen, von Paris fliehen, sich nach Belgien schicken lassen mit dem Vorbehalt der Rückkehr, wenn der Gang der Dinge und das Schicksal den Knoten entwirrt oder zerhauen hätten. Aber würde dann diese kranke, so schwer kranke Frau noch leben? Würde sie in ihrer Liebe genug Lebensodem und Stärke finden, nun, der Natur zum Trotz, so lange zu leben und den letzten Seufzer für ihren zurückgekehrten Gatten zu verhalten? Man konnte vorhersehen, was geschah: daß es zu spät sein, daß er bei seiner Rückkehr das Haus leer, die Kinder ohne Mutter und den so heiß geliebten Leib auf dem Grunde des Grabes finden würde. Danton glaubte nicht an die Seele, dem Leib folgte er und wollte ihn wiedersehen, den entriß er schrecklich entstellt nach sieben Nächten und sieben Tagen der Erde und machte ihn den Würmern streitig in rasender Umarmung.[32]

Dantons zweite Frau.
Die Liebe im Jahre 1793

Dem Sturz der Gironde folgte eine ungeheure Entmutigung. Die Sieger wurden fast ebenso davon befallen wie die Besiegten. Marat wurde krank. Vergniaud hielt es sogar nicht für unter seiner Würde zu fliehen. Danton suchte in einer zweiten Ehe gewissermaßen ein Alibi vor den politischen Geschäften.

Die Liebe spielt eine große Rolle in Vergniauds und Dantons Ende.

Der große girondistische Redner, der in der Rue de Clichy, in diesem damals verlassenen und völlig in Gärten liegenden Viertel, gefangen war, der weniger vom Konvent als von Fräulein Candeille gefangen gehalten wurde, schwankte zwischen Liebe und Zweifel hin und her. Würde ihm diese Liebe einer glänzenden Theaterdame in dem Untergang aller Dinge erhalten bleiben? Was er von sich selbst übrigbehielt, das legte er in die bitteren Briefe, die er gegen die Montagne richtete. Das Verhängnis hatte ihn der Taten enthoben, und er bedauerte es nicht, da er es schön fand, so zu sterben, im Genuß der süßen Tränen, die eine Frau so leicht vergießt, und in dem Glauben, geliebt zu sein.

Danton bereitete sich zur selben Zeit den gleichen Selbstmord.

Unglücklicherweise machten das damals sehr viele Männer ebenso. In dem Augenblick, wo die öffentliche Angelegenheit eine private wurde, eine Frage nach Leben oder Tod, sagen sie: »Die Geschäfte kommen morgen daran.« Sie schließen sich zu Hause ein, flüchten sich an den häuslichen Herd, zur Liebe, zur Natur. Die Natur ist eine gute Mutter, sie wird sie bald wieder aufnehmen und an ihrem Busen bergen.

Danton heiratete in der Trauerzeit. Seine erste, so sehr geliebte Frau war am 10. Februar gestorben. Und er hatte sie am 17. ausgegraben, um sie noch einmal zu sehen. Am 17. Juni war es, genau auf den Tag, vier Monate her, daß er in wahnsinniger Liebe, brüllend vor Schmerz die Erde geöffnet hatte, um im Grauen des Leichentuches die zu umarmen, in der seine Jugend, sein Glück und sein Erfolg gelebt hatten. Was sah er, was hielt er in den Armen – nach sieben Tagen!? Sicher ist, daß sie ihn in Wirklichkeit mit hinwegnahm.

Noch im Sterben hatte sie seine zweite Ehe, die so viel zu seinem Untergang beitrug, vorbereitet und sie gewollt. Da sie ihn leidenschaftlich liebte, so ahnte sie, daß er eine andere liebte, und wollte ihn glücklich machen. Überdies hinterließ sie zwei Kinder und glaubte, ihnen eine Mutter zu geben in einem jungen Mädchen, das erst sechzehn Jahre alt war, aber voll sittsamer Anmut, fromm wie Madame Danton selbst und aus royalistischer Familie. Die arme Frau, welche die Aufregungen des September und der schreckliche Ruf ihres Gatten tötete, glaubte zweifellos, ihn durch eine solche neue Ehe der Revolution zu entfremden, seine Umkehr vorzubereiten, ihn vielleicht zum heimlichen Verteidiger der Königin, des Kindes im Temple und aller Verfolgten zu machen.

Danton hatte im Parlament den Vater des jungen Mädchens, einen Gerichtsdiener, kennengelernt. Als er Minister geworden war, verschaffte er ihm eine gute Stelle im Seedienst. Aber zu wie großem Danke auch die Familie Danton gegenüber verpflichtet sein mochte, sie zeigte sich seinen Heiratsabsichten keineswegs geneigt. Die Mutter, auf die der Schrecken seines Namens durchaus keinen Eindruck machte, warf ihm in dürren Worten die Septembermorde vor, die er nicht angestiftet hatte, und den Tod des Königs, den er gern gerettet hätte.

Danton hütete sich wohl, sich zu verteidigen. Er tat, was man in solchen Fällen zu tun pflegt, wenn man seinen Prozeß gewinnen will oder wenn man verliebt und eilig ist: er bereute. Er gestand wahrheitsgemäß, daß er die Auswüchse der Anarchie mit jedem Tage schwerer ertrüge, daß er sich der Revolution schon sehr überdrüssig fühle, usw.

Wie er die Mutter abstieß, so gefiel er der Tochter gar nicht. Fräulein Louise Gély, eine zarte, hübsche Person, war in dieser bürgerlichen Familie alten Schlages – lauter anständige, mittelmäßige Leute – aufgewachsen und lebte ganz in den Anschauungen des alten Regimes. In Dantons Nähe empfand sie viel eher Staunen und ein wenig Furcht als Liebe. Diese merkwürdige Persönlichkeit, Mensch und Löwe in einem, blieb ihr unfaßbar. Es nützte ihm nichts, daß er seine Zähne abfeilte und seine Krallen verkürzte, sie fühlte sich nicht sicher vor diesem erhabenen Ungeheuer.

Dennoch war das Ungeheuer ein guter Mensch, aber alles, was groß in ihm war, kehrte sich gegen ihn. Die geheimnisvolle, wilde Energie, die poetische Häßlichkeit, über die hier und da helle Lichter huschten, die Stärke des mächtigen Mannes, aus dem eine lebendige Woge von Ideen, von unsterblichen Worten sprudelte! All das schüchterte das Herz des Kindes ein, krampfte es vielleicht zusammen. Die Familie glaubte, seinem Drängen Einhalt zu tun, wenn sie ihm ein Hindernis zeigte, das sie für unübersteiglich hielt: die Notwendigkeit, sich den Zeremonien der katholischen Trauung zu unterwerfen. Jedermann wußte, daß Danton, Diderots wahrer Sohn, im Christentum nichts als Aberglauben erblickte und nur die Natur anbetete.

Aber gerade darum gehorchte dieser Sohn, dieser Hörige der Natur, unschwer. Ob man ihn an einen Altar oder an ein Götzenbild verwies, er ging dahin, er legte da den Eid ab. So groß war die Tyrannei seines blinden Begehrens. Die Natur war mit im Bunde; sie entfaltete plötzlich alle ihre verhaltenen Energien; der Frühling, ein wenig verspätet, brach in den brennenden Sommer hinein; die Rosenblüte begann. Niemals bestand ein solcher Gegensatz zwischen einer so triumphierenden Jahreszeit und einer so trübe verwirrten Lage. In seiner moralischen Gedrücktheit wog die Gewalt einer glühenden, leidenschaftliche Wünsche weckenden Temperatur um so schwerer. Unter diesem Antrieb wehrte sich Danton nicht lange, als man ihm sagte, daß er von einem ungehorsamen Priester den Segen empfangen müsse. Er wäre auch durch die Hölle gelaufen. Überdies war dieser Priester, der in einer Dachkammer hauste, gewissenhaft und fanatisch, er ließ Danton nicht los um einen gekauften Zettel. Er mußte, erzählt man, niederknien und das Bekenntnis heucheln, und so lästerte er in einer Handlung zwei Religionen zugleich: die unsrige und die der Vergangenheit.

Wo war denn der von unseren Versammlungen der Religion des Gesetzes geweihte Altar, der auf den Trümmern des alten Altars der Willkür und der Gnade stand? Wo war der Altar der Revolution, zu dem der gute Camille, Dantons Freund, seinen Neugeborenen trug und so künftigen Geschlechtern das erste Beispiel gab?

Diejenigen, die Dantons Bildnisse kennen, besonders die Skizzen, die David in den nächtlichen Sitzungen des Konvents heimlich von ihm zeichnete, wissen nicht, wie der Mann vom Löwen zum Stier, was sage ich, zum Wildschwein hinabsinken konnte, ein düsteres, gedrücktes, in seiner wilden Sinnlichkeit unleidliches Geschöpf.

Hier haben wir eine neue Gewalt, die in der blutigen

Zeit, von der ich erzählen muß, ihre allmächtige Herrschaft antritt; eine erschlaffende Gewalt, eine schreckliche Gewalt, die die Kraft der Revolution unterwühlt und zerbricht. Unter der sichtbaren Strenge der republikanischen Sitten, unter den Schrecken und den Tragödien des Schafotts sind das Weib und die physische Liebe die Könige von 1793.

Da sieht man Verurteilte, die unbekümmert, die Rose im Munde, den Karren besteigen. Das ist das wahre Bild der Zeit. Sie geleiten den Menschen zum Tode, diese blutigen Rosen.

Danton, der ebenso geleitet und mitgerissen wurde, gestand es mit schamlos-schmerzlicher Naivität, deren Ausdruck man wohl milder verstehen muß. Man beschuldigte ihn, daß er eine Verschwörung anstifte. »Ich!« antwortete er. »Das ist unmöglich. Wie soll ein Mensch zum Handeln geneigt sein, der jede Nacht mit Leidenschaft der Liebe ergeben ist?«

Unter den melancholischen Liedern, die man noch hier und da hört, haben Fabre d'Eglantine und andere die »Marseillaise der tödlichen Lüste« ausgelassen, die sehr oft in den Gefängnissen und sogar im Gerichtssaal und bis zum Fuß des Schafotts gesungen wurde. Die Liebe erscheint im Jahre 1793 als das, was sie ist: als die Schwester des Todes.

VIERTER TEIL

DAS ENDE

Die Göttin der Vernunft (10. November 1793)

Ich habe im Jahre 1816 Fräulein Dorothea gekannt, die bei den Festen von 1793 in irgendeiner Stadt die Vernunft dargestellt hatte. Sie war eine ernste Frau und führte ein immer vorbildliches Leben. Man hatte sie ihrer großen Gestalt und ihres guten Rufes wegen gewählt. Sie war niemals schön gewesen, und außerdem schielte sie.

Die Begründer des neuen Gottesdienstes, die durchaus nicht daran dachten, ihn verächtlich zu machen, empfehlen in ihren Zeitungen denen, die das Fest in anderen Städten feiern wollten, ausdrücklich, »für eine so erhabene Rolle Leute zu wählen, deren Sittenstrenge und reine Blicke die Zudringlichkeit zurückweist und die Herzen mit anständigen, ehrbaren Gefühlen erfüllt«. In der Hauptsache mußten Mädchen aus geachteten Familien willig oder gezwungen die Vernunft darstellen.

In Saint Sulpice wurde die Vernunft von der Frau eines der ersten Beamten von Paris dargestellt, in Notre Dame von einer berühmten, beliebten und geachteten Künstlerin, Fräulein Maillard. Es ist bekannt, ein wie arbeitsames und ernstes Leben solche Damen schon infolge ihrer Kunst führen müssen. Die göttliche Gabe ist ihnen um den Preis einer großen Enthaltsamkeit von den meisten Vergnügungen zuteil geworden. Wer würde an dem Tage, wo die weiser gewordene Welt das Priestertum wieder den

Frauen überträgt, wie sie es im Altertum besaßen, erstaunt sein, an der Spitze nationaler Weihefeste die gute, liebreiche, die heilige Garcia Viardot zu sehen?

Noch drei Tage vor dem Feste wollte man, daß das Sinnbild, welches die Vernunft darstellen sollte, eine Statue war. Dagegen wandte man ein, daß ein festes Standbild an die heilige Jungfrau erinnern und einen neuen Götzendienst hervorrufen könne. Man zog ein bewegliches, beseeltes, lebendes Bild vor, das, bei jedem Feste ein anderes, kein Gegenstand des Aberglaubens werden könnte.

Das geschah in dem Augenblick, als Chaumette[33], der berühmte Prokurator der Gemeinde, sich zu seinem Kollegen Hébert in Widerspruch gesetzt und verlangt hatte, daß die eigensinnige Tyrannei der kleinen Revolutionskomités überwacht und durch die Beaufsichtigung des obersten Rates beschränkt würde. Unter diesem Banner von Mäßigung und nachsichtiger Gerechtigkeit hielt die neue Religion am 10. November ihren Einzug. Gossec hatte die Melodien gemacht. Chénier die Worte dazu geschrieben. Man hatte, so gut es ging, in zwei Tagen in dem sehr engen Chor von Notre Dame einen Tempel der Philosophie gebaut, den die Bildnisse der Weisen, der Väter der Revolution, schmückten. Ein Berg trug diesen Tempel; auf einem Felsen brannte die Fackel der Wahrheit. Die Behörden hatten ihren Sitz unter den Säulen. Nirgendwo sah man Waffen oder Soldaten. Zwei Reihen junger Mädchen, noch Kinder, bildeten den ganzen Schmuck des Festes; sie trugen weiße Kleider und waren mit Eichenlaub bekränzt und nicht, wie man behauptet hat, mit Rosen.

Die Vernunft, in weißem Kleide und himmelblauem Mantel, tritt aus dem Tempel der Philosophie hervor und nimmt auf einem einfachen Rasensitz Platz. Die jungen Mädchen singen ihr ihre Hymne; sie geht am Fuße des Berges vorbei und begrüßt die Anwesenden mit einem sanften Blick, einem sanften Lächeln. Sie kehrt zurück, und man singt noch einmal . . . Man wartet . . . Das war alles.

Eine keusche, triste, trockene, langweilige Zeremonie.*

Von Notre Dame ging die Vernunft zum Konvent; sie betrat ihn mit ihrem Geleit von unschuldigen Kleinen, weißgekleideten Mädchen; – die Vernunft, die Menschlichkeit und Chaumette, der sie führte als Lohn für den Mut, mit dem er am Abend vorher zur Gerechtigkeit aufgefordert hatte, stimmten völlig überein mit dem Empfinden der Versammlung.

Eine sehr freimütige Brüderlichkeit begann zwischen Gemeinde, Konvent und Volk. Der Präsident hieß die Vernunft neben sich Platz nehmen und gab ihr im Namen der Versammlung den Bruderkuß, und alle, einen Augenblick lang einig unter ihrem sanften Blick, hofften auf bessere Tage.

Eine fahle Nachmittagssonne, die im Brumaire so sel-

---

* Muß man versichern, daß dieser Kultus keineswegs der wahre Kultus der Revolution war? Sie war schon alt und müde, zu alt, um noch Neues in die Welt zu setzen. Dieser frostige Versuch vom Jahre 1793 stammt nicht aus ihrem heißen Busen, sondern aus den Denkerschulen der Zeit der Enzyklopädie. – Nein, dieses negative, Gott fremde Bild, mag es auch noch so edel und hoch sein, ist nicht das, was die Herzen und die Not der Zeiten verlangten. Den Helden und Märtyrern in ihren Mühen beizustehen brauchte man einen anderen Gott als den der Geometrie. Der mächtige Gott der Natur selbst, Gott Vater und Schöpfer, (der vom Mittelalter verkannt wurde; vgl. die Monumente Didrons) hätte nicht genügt; die Offenbarung Newtons und Lavoisiers reichte nicht aus. Der Gott, der der Seele nottat, war der Gott heroischer Gerechtigkeit, durch den Frankreich, ein Priester in Waffen in Europa, die schlafenden Völker aus dem Grabe rufen sollte.

Obwohl dieser Gott noch nicht genannt und in unseren Tempeln noch nicht angebetet wurde, folgten ihm unsere Väter nichtsdestoweniger in ihrem Kreuzzug für die Befreiung der Welt. Was würden wir heute ohne ihn sein? Mögen die Trümmer gehäuft, der Herd verloschen und zerstört sein, mag der Boden unter unseren Füßen weichen: auf ihm ruhen unerschütterlich unser Herz und unsere Hoffnung.

ten ist, drang in den dunklen Saal und erleuchtete die Schatten ein wenig. Die Anhänger Dantons verlangten, daß die Versammlung ihr Wort hielte, zur Notre Dame ginge und den Besuch der Vernunft erwiderte. Man erhob sich mit frischem Eifer.

Das Wetter war wunderbar schön, kalt und klar, wie schöne Wintertage zu sein pflegen. Der Konvent setzte sich in Bewegung, glücklich über dieses Licht der Einigkeit, das einen Augenblick lang zwischen so viel Zwietracht erschienen war. Viele nahmen mit vollem Herzen am Fest teil und meinten in gutem Glauben, die wahre Erfüllung der Zeit darin zu erblicken.

Ihren Gedanken spricht ein Wort von Cloots in treffender Weise aus: »Der Hader weckende Föderalismus der Sekten schwand dahin in die Einheit und Unteilbarkeit der Vernunft.«[34]

DREIUNDZWANZIGSTES KAPITEL

Die Verehrung der Frauen für Robespierre

Man kann erstaunt darüber sein, daß ein Mann von so strengem Äußern wie Robespierre, ein Mensch, der in freiwilliger Armut lebte, dessen Kleidung sorgfältig gepflegt, aber einförmig und mittelmäßig, dessen Einfachheit wohl berechnet war, von den Frauen so geliebt und gesucht wurde.

Darauf gibt es nur eine Antwort, und die enthält das ganze Geheimnis der Verehrung, deren Gegenstand er war: er flößte Vertrauen ein.

Die Frauen hassen ernstes und würdiges Aussehen durchaus nicht. Da sie so oft Opfer des Leichtsinns der

Männer sind, so nähern sie sich gern dem, bei dem sie sich sicher fühlen. Sie vermuten instinktiv, daß ein ernster Mann im allgemeinen einer geliebten Frau sein Herz besser bewahren wird.

Ihnen ist das Herz alles. Zu Unrecht nimmt man in der Gesellschaft an, daß sie ein Bedürfnis nach Vergnügen haben. Die gefühlvolle Rhetorik Robespierres mochte bisweilen langweilig sein; er brauchte nur zu sagen: »Der Reiz der Tugend, die sanften Lehren der Mutterliebe, ein heiliges süßes Vertrautsein, die Empfänglichkeit meines Herzens« und andere solche Phrasen, so waren die Frauen gerührt. Dazu kam, daß unter diesen Allgemeinheiten immer eine individuelle, noch gefühlvollere Stelle war, die gewöhnlich von ihm selbst handelte, von den Mühen seiner schwierigen Laufbahn, von seinen persönlichen Leiden; all das kehrte in jeder Rede mit solcher Regelmäßigkeit wieder, daß man diese Stelle erwartete und die Taschentücher bereithielt. Wenn dann die Rührung begonnen hatte, dann kam mit der einen oder anderen Abänderung der bekannte Satz über die Gefahren, in denen er schwebte, über den Haß seiner Feinde, über die Tränen, mit denen man eines Tages die Asche der Märtyrer der Freiheit benetzen würde. Aber wenn er soweit gekommen war, so wurde es zuviel, das Herz floß über, sie hielten nicht mehr an sich und brachen in Schluchzen aus.

Dabei kam Robespierre sein fahles und trübes Gesicht sehr zustatten, das schon im voraus bei empfindsamen Herzen für ihn sprach. Mit den Bruchstücken aus »Émile« oder dem »Gesellschaftsvertrag« im Munde sah er auf der Tribüne wie ein trauriger Bastard Rousseaus aus. Seine blinzelnden, beweglichen Augen durchliefen unaufhörlich den ganzen Saal, drangen in die schlecht erleuchteten Ecken und erhoben sich oft zu den Galerien, auf denen die Frauen saßen. Dabei handhabte er mit Ernst und Geschick zwei Brillen, die eine für nahe Gegenstände und zum Lesen, die andere, um weit zu sehen, als suche er einen bestimmten Menschen. Jeder sagte sich dann: »Er meint mich!«

Die lebhafte Teilnahme der Frauen kam besonders zum Durchbruch, als er gegen Ende 1792, während seines Kampfes gegen die Gironde, den Jakobinern erklärte, er würde sich, wenn die Intriganten verschwunden wären, selbst aus dem öffentlichen Leben zurückziehen, der Tribüne fernbleiben und nur noch dem Wunsche leben, »seine Tage in den Wonnen einer heiligen, zarten, innigen Freundschaft zu verbringen«. Da kamen von den Tribünen herab die Rufe zahlreicher Frauen: »Wir wollen Ihnen folgen! Wir wollen Ihnen folgen!«

Diese übertriebene Vorliebe enthielt, wenn man die Lächerlichkeiten der Person und der Zeit außer acht läßt, etwas sehr Achtbares. Sie folgten mit ganzem Herzen dem Manne, der die würdigsten Sitten, den höchsten Idealismus besaß, dessen Rechtschaffenheit aufs beste erprobt war, der sich ebenso geschickt wie mutig in dieser Zeit zum Verteidiger der religiösen Ideen aufwarf und es im Dezember 1792 wagte, der Vorsehung für das Heil des Vaterlandes zu danken.

Robespierre bei Madame Duplay (1791-1795)

Ein kleines, unbedeutendes und abgeschmacktes Bild des siebzehnjährigen Robespierre stellt ihn mit einer Rose in der Hand dar, wahrscheinlich um anzudeuten, daß er schon Mitglied der Akademie der Rosati in Arras

DER SCHARFRICHTER

war. Er hält die Rose über dem Herzen. Unten steht der zarte Spruch: »Alles für meine Freundin.« (Sammlung Saint-Albin)

Blieb der Jüngling aus Arras, nach Paris verpflanzt, dieser sentimentalen Reinheit unveränderlich treu? Wir wissen es nicht. Vielleicht brachte ihn während der Konstituierenden Versammlung die enge Freundschaft mit Lameth und anderen jungen Adeligen der Linken ein wenig davon ab. Vielleicht war er in den ersten Monaten dieser Versammlung, als er ihrer zu bedürfen glaubte und durch eine gemachte Begeisterung das Band enger knüpfen wollte, der Verderbnis der Zeit nicht fremd*. Wenn es so war, so wird er geglaubt haben, auch darin seinem Meister Rousseau, dem Rousseau der »Bekenntnisse«, folgen zu müssen. Aber früh genug raffte er sich wieder auf, und niemand verbrachte sein Leben glücklicher in fortschreitender Läuterung. »Emile«, »Der Vikar aus Savoyen«, »Der Gesellschaftsvertrag« befreiten und veredelten ihn: er

---

* Im Jahre 1790 gehörte er offenbar in den Kreis der Héloïse; er hatte eine Geliebte (vgl. meine Geschichte Bd. II, S. 323). Ich zögere, in bezug auf seine Lebensführung im Jahre 1789 eine verdächtige Anekdote zu erzählen. Ich habe sie von einem berühmten, wahrheitsliebenden Künstler, einem Bewunderer Robespierres, der aber hatte sie seinerseits von Alexander de Lameth. Der Künstler begleitete eines Tages das alte Mitglied der Konstituierenden nach Hause, und dieses zeigte ihm in der Rue de Fleurus die frühere Stadtwohnung der Lameth und erzählte, Robespierre habe eines Abends bei ihnen gegessen und sich dann zur Rückkehr in seine Wohnung, Rue de Saintonge in Marais, fertig gemacht; er bemerkte, daß er seine Börse vergessen habe, und lieh einen Taler zu sechs Franken, den er, wie er sagte, nötig habe, weil er auf dem Heimwege zu einem Mädchen gehen wolle: »Das ist besser, als die Frauen seiner Freunde zu verführen.« – Wenn man glauben will, daß Lameth dieses Wort nicht erfunden hat, so ist die für mein Empfinden wahrscheinlichste Erklärung, daß Robespierre, der kürzlich in Paris gelandet war und sich von der fortgeschrittensten Partei in der Konstituierenden, das heißt dem jungen Adel, aufnehmen lassen wollte, es für nützlich hielt, deren Sitten, wenigstens in Worten, nachzuahmen. Es ist anzunehmen, daß er völlig unversehrt in sein anständiges Marais heimgekehrt ist.

wurde wahrhaft Robespierre. In seiner Sittenstrenge hat er nicht mehr nachgelassen.

Wir sahen, wie er am Abend der Metzelei auf dem Marsfeld bei einem Tischler Zuflucht suchte; ein glücklicher Zufall wollte es so. Aber daß er wiederkam und sich dort festsetzte, das war keineswegs ein Zufall.

Bei der Rückkehr von seinem Triumph in Arras, nach der Konstituierenden, im Oktober 1791, hatte er mit seiner Schwester in der Rue Saint-Florentin, einer vornehmen, aristokratischen Straße, deren adelige Bewohner emigriert waren, eine Wohnung bezogen. Charlotte de Robespierre besaß einen harten, unbeugsamen Charakter und war, als ihre erste Jugend vorbei war, verbittert wie eine alte Jungfer; ihre Haltung und ihr Geschmack verrieten den Provinzadel; sie wäre gar zu gern große Dame gewesen. Robespierre, feiner und femininer, hatte dennoch in seiner steifen Haltung, seinem langweiligen, aber gepflegten Äußeren etwas von einem Parlamentsaristokraten. Er sprach immer gewählt, selbst im vertraulichen Beisammensein, seine literarischen Neigungen gingen auf die edlen oder die weitschweifigen Schriftsteller, auf Racine und Rousseau.

Er war nicht Mitglied der Gesetzgebenden Versammlung. Er hatte die Stellung eines Staatsanwalts ausgeschlagen; denn er meinte, die Angeklagten hätten ihn, da er sich heftig gegen sie ausgesprochen hatte, als persönlichen Feind ablehnen können. Man vermutete auch, daß es ihn zu große Mühe gekostet hätte, seinen Widerwillen gegen die Todesstrafe zu überwinden. In Arras hatte dieser ihn bestimmt, seine Stellung als Kirchenrichter aufzugeben. In der Konstituierenden Versammlung hatte er sich gegen die Todesstrafe, gegen das Kriegsgesetz und gegen alle gewaltsamen Maßregeln für die öffentliche Wohlfahrt erklärt, die seinem Herzen zu sehr zuwidergingen.

In diesem Jahre, vom September 1791 bis September 1792, spielte Robespierre, da er ohne öffentliche Ämter, ohne Auftrag und ohne andere Beschäftigung war als die eines Journalisten und Mitglieds der Jakobiner, eine weniger große Rolle. Die Girondisten waren die Hauptspieler; sie hatten glänzende Erfolge, da sie in der Kriegsfrage mit dem nationalen Empfinden völlig übereinstimmten. Robespierre und die Jakobiner vertraten den Grundsatz des Friedens, der außerordentlich unpopulär war und ihnen sehr schadete. Zweifellos bedurfte die Volkstümlichkeit des großen Demokraten um diese Zeit einer gründlichen Stärkung und Verjüngung. Er hatte lange und unermüdlich geredet und drei Jahre lang die Aufmerksamkeit beschäftigt und ermüdet; schließlich erlebte er seinen Triumph und seine Krönung. Es stand zu befürchten, daß der König Publikum, launisch wie alle Könige und leicht zu übersättigen, ihn genug gelohnt zu haben glaubte und seine Gunst einem anderen Bevorzugteren zuwenden würde.

Robespierres Art zu sprechen konnte sich nicht ändern, er hatte nur einen Stil; sein Schauplatz konnte sich ändern und sein Sich-in-Szene-Setzen. Ein Hebel war nötig. Robespierre brauchte ihn nicht zu suchen, er kam gewissermaßen zu ihm. Er nahm ihn an, ergriff ihn und betrachtete es zweifellos als eine glückliche Fügung der Vorsehung, daß er bei einem Tischler wohnte.

Die Inszenierung gilt viel im revolutionären Leben. Marat hatte es instinktiv gefühlt. Er hätte sehr bequem an seiner ersten Zufluchtsstätte, auf dem Speicher des Schlächters Legendre, bleiben können; er zog den finsteren Keller der Cordeliers vor; dieser unterirdische Schlupfwinkel, aus dem jeden Morgen seine glühenden Worte hervorbrachen wie aus einem unbekannten Vulkan, berauschte seine Einbildungskraft; sie mußte auch die des Volkes ergreifen. Marat, der ein großer Nachahmer war, wußte sehr gut, daß im Jahre 1788 der belgische Marat, der Jesuit Feller, aus der Wahl seines Wohnsitzes, der hundert Fuß unter der Erde, tief unten in einer Kohlengrube war, großen Vorteil für seine Volkstümlichkeit gezogen hatte.

Robespierre hätte weder Feller noch Marat nachgeahmt, aber er ergriff gern die Gelegenheit, Rousseau nachzuahmen, das Buch, das er unaufhörlich im Munde führte, in die Tat umzusetzen und den »Emile« mit möglichster Treue zu kopieren.

Er war gegen Ende des Jahres 1791 krank in der Rue Saint-Florentin, krank durch Überanstrengung, krank durch eine ihm ungewohnte Tatlosigkeit, krank auch durch seine Schwester; da kam Madame Duplay und machte Charlotte eine furchtbare Szene, weil sie sie nicht von der Krankheit ihres Bruders benachrichtigt hatte. Sie ging nicht weg, ohne Robespierre mitzunehmen, der es mit gutem Anstand geschehen ließ. Sie brachte ihn trotz der Enge der Wohnung bei sich zu Hause unter, in einer sehr sauberen Mansarde, in die sie die besten Möbel des Hauses stellte, ein recht schönes blau und weißes Bett und einige gute Stühle. Ganz neue Fächer aus Tannenholz standen ringsumher für die wenig zahlreichen Bücher des Redners; seine sehr zahlreichen Reden, Berichte, Druckschriften usw. füllten das übrige. Mit Ausnahme von Rousseau und Racine las Robespierre nur Robespierre. An den Wänden hatte die liebende Hand Madame Duplays überall die Bilder und Porträts aufgehängt, die man von ihrem Abgott gemacht hatte; wohin er sich umwandte, er konnte es nicht vermeiden, sich selbst zu sehen; rechts und links Robespierre, Robespierre noch einmal und immer wieder Robespierre.

Dem geschicktesten Politiker, der das Haus eigens zu

diesem Zwecke erbaut hätte, wäre es nicht so gut gelungen, wie es der Zufall gemacht hatte. Wenn es auch nicht ein Keller war, wie Marats Wohnung, so wog der schmutzige, dunkle Hof mindestens einen Keller auf. Das niedrige Haus, dessen grünliche Ziegel von Feuchtigkeit zeugten, mit seinem luftlosen Dachgärtchen, stand wie erstickt zwischen den riesigen Häusern der Rue Saint-Honoré, wo um diese Zeit in buntem Gemisch Bankleute und Adelige wohnten. Weiter unten lagen die fürstlichen Häuser der Vorstadt und die glänzende Rue Royale mit der bösen Erinnerung an die fünfzehnhundert Menschen, die bei der Hochzeit Ludwigs XVI. erstickt waren. Oben lagen die Paläste der Generalsteuerpächter auf dem Place Vendôme, die von dem Schweiß des Volkes erbaut waren.

Wie waren die Eindrücke der Besucher Robespierres, seiner Anhänger, seiner zu ihm pilgernden Verehrer, wenn sie in diesem ruchlosen Viertel, wo alles ihren Augen weh tat, den »Gerechten« zu sehen kamen? Schon das Haus redete eine deutliche Sprache. Schon auf der Schwelle wiederholte ihnen der Anblick des ärmlichen und trüben Hofes, die Werkstätte, der Hobel, die Bretter, das Wort des Volkes: »Hier wohnt der Unbestechliche.« – Und wenn sie die Treppe hinaufstiegen zur Mansarde, so wurden sie in ihrem Eindruck noch bestärkt: sauber und ärmlich, sichtlich ein Arbeitsraum, ohne anderen Schmuck als auf den Tannenbrettern die Papiere des großen Mannes, legte sie beredtes Zeugnis ab von seiner unermüdlichen Tätigkeit, einem gänzlich dem Volk geweihten Leben. Da war nichts von der theatralischen, gaukelhaften Art des verrückten Marat, der in seinem Keller sein Wesen trieb und in Wort und Gebaren stets veränderlich war. Hier gab es keine Willkür, alles war geregelt, ehrbar, ernst. Man wurde gerührt, man glaubte, zum erstenmal in dieser Welt das Haus der Tugend erblickt zu haben.

Dabei ist jedoch darauf zu achten, daß bei genauem Hinblick das Haus keine Handwerkerwohnung war. Das erste Möbel, dessen man in dem kleinen Salon unten ansichtig wurde, bewies es deutlich genug. Es war ein Klavier, damals selbst bei Bürgern ein seltener Gegenstand.

Das Instrument ließ auf die Erziehung schließen, welche die Fräulein Duplay, jede für sich, wenigstens einige Monate lang in dem benachbarten Kloster erhielten. Der Tischler war nicht gerade ein Tischler, sondern eher ein Unternehmer in der Bauschreinerei. Das Haus war klein, aber schließlich war es sein Eigentum; er wohnte in seinem Heim.

Hier hatte alles zwei Seiten; einerseits waren es Leute aus dem Volke, und dann auch wieder nicht aus dem Volke; sie kamen, wenn man will, aus dem betriebsamen, fleißigen Volke und waren durch Mühe und Arbeit erst kürzlich zu Kleinbürgern geworden. Der Übergang war sichtbar. Der Vater, ein hitziger, rauher Biedermann, die Mutter, eine willensstarke, heftige Frau, beide voll von Energie und Herzlichkeit, waren echte Leute aus dem Volk. Die jüngste der vier Töchter besaß noch deren Schwung und Feuer; die anderen legten es schon ab, besonders die älteste, welche die Patrioten mit respektvoller Höflichkeit Fräulein Cornelia nannten. Sie war bestimmt ein Fräulein; sie verstand auch Racine, als Robespierre einige Male im Familienkreise vorlas. Bei allem, was sie tat, im Haushalt wie am Klavier, hatte sie einen anmutig-strengen Stolz; mochte sie der Mutter in der Werkstatt helfen, beim Waschen oder bei der Zubereitung des Familienmahles, sie blieb immer Cornelia.

Robespierre verlebte hier, fern der Rednertribüne, ein Jahr als Schriftsteller und Journalist, den ganzen Tag bereitete er die Artikel und Reden vor, die er abends bei den Jakobinern vortragen sollte; – ein Jahr, das einzige, das er in dieser Welt wirklich gelebt hat.

Madame Duplay fand es wunderschön, ihn dazuhaben, und umgab ihn mit ängstlicher Hut. Man sieht es an der Lebhaftigkeit, mit der sie dem Ausschuß vom 10. August, der einen sicheren Ort in ihrem Hause suchte, erklärte: »Geht wieder fort, sonst stellt ihr Robespierre bloß.«

Er war das Kind des Hauses, der Abgott. Alle widmeten sich ihm. Der Sohn diente ihm als Sekretär und schrieb seine Reden wieder und wieder ab, so oft sie durchgestrichen waren. Der Vater Duplay und der Neffe hörten ihm unermüdlich zu und verschlangen alle seine Worte. Die Fräulein Duplay betrachteten ihn als einen Bruder; die jüngste, lebhaft und reizend, ließ keine Gelegenheit vorübergehen, den bleichen Redner zu erheitern. Bei einer solchen Gastfreundschaft wäre kein Haus trübe gewesen. Auf dem kleinen Hofe, der von Familienmitgliedern und Arbeitern belebt war, fehlte es nicht an Bewegung. Wenn Robespierre in seiner Mansarde eine Pause machte und von dem Tisch aus Tannenholz, an dem er schrieb, die Augen erhob, dann sah er vom Hause zum Schuppen, vom Schuppen zum Hause Fräulein Cornelia oder eine ihrer liebenswürdigen Schwestern gehen und kommen. Wie sehr mußte er in seinen demokratischen Gedanken durch ein so trautes Bild vom Leben des Volkes bestärkt werden. Das Volk – aber ohne seine Gemeinheit, ohne sein Elend und seine Laster, diese Gefährten des Elends! Dieses zugleich volkstümliche und edle Leben, bei welchem die häuslichen Sorgen an Bedeutung gewinnen durch die moralische Vornehmheit derjenigen, die sie auf sich nehmen! Die Schönheit, die den Haushalt führt, selbst im niedrigsten Stande, die Vortrefflichkeit des von lieber Hand bereiteten Mahles! – Wer hat nicht all das gefühlt? Und ich zweifele nicht, daß gerade der unglückliche Robespierre in seinem armen, dunklen, künstlichen Leben, das ihm die Verhältnisse von Geburt an bereitet hatten, den Reiz dieses naturgemäßen Lebens gefühlt und seinen milden Schein genossen hat.

Selbstverständlich war es schwierig, einer solchen Familie eine Entschädigung zu bieten. Ein abgefallener Jakobiner machte eines Tages Robespierre den Vorwurf, »daß er das Haus Duplay ausbeute, sich von ihnen ernähren lasse, wie Tartüffe von Orgon«, ein niedriger und grober Vorwurf von einem Manne, der unwürdig war, die Brüderlichkeit der Zeit und das Glück der Freundschaft zu empfinden.

Sicher ist, daß Robespierre nur unter der Bedingung, Pension zu zahlen, zu Madame Duplay zog. Das gebot ihm sein Zartgefühl. Man widersprach ihm nicht; man ließ ihn reden. Vielleicht mußte man sogar in den ersten Monaten, um ihn zufrieden zu stellen, Geld annehmen. Aber in dem furchtbaren Sturm seines kurzen Geschickes, im Drange eines jeden Tages verlor er die Sache aus den Augen und war überdies zweifellos des festen Glaubens, seine Freunde auf andere Weise schadlos zu halten. Er besaß tatsächlich nur sein Gehalt als Abgeordneter, das er sogar oft anzurühren vergaß. Wenn er die Pension für seine Schwester bezahlt, einige Ausgaben für Wäsche und Kleidungsstücke gemacht und den kleinen Savoyarden am Wege ein paar Sous gegeben hatte, so blieb ihm genau nichts mehr übrig. Die zehntausend Francs, die man am 9. Thermidor bei ihm gefunden haben will, sind ein Märchen seiner Feinde. Er schuldete damals Madame Duplay viertausend Francs Pension.

Lucile Desmoulins (April 1794)

Die Konstituierende Versammlung hatte befohlen, daß in jeder Gemeinde in dem Amtszimmer, wo die Ehen geschlossen und die Anmeldungen der Geburten und Todesfälle abgegeben wurden, ein Altar stehen sollte.

Die drei pathetischen Momente des menschlichen Geschicks wurden so am Altar der Gemeinde geweiht, und wäre die Religion der Familie mit der des Vaterlandes eins geworden, so würde dieser Altar bald der einzige geworden sein, und das Stadthaus wäre der Tempel gewesen.

Man hätte den Rat Mirabeaus befolgt: »Ihr könnt nichts ausrichten, wenn ihr nicht die Revolution entchristlicht.«

Mehrere Arbeiter aus dem Faubourg Saint-Antoine erklärten im Jahre 1793, daß sie ihre Ehe nicht für rechtmäßig hielten, wenn sie nicht vor der Gemeinde durch die Behörde geweiht würde.

Camille Desmoulins heiratete im Jahre 1791 in Saint-Sulpice nach katholischem Ritus; die Familie seiner Frau verlangte es so. Aber als im Jahre 1792 sein Sohn Horatius geboren wurde, trug er ihn selbst zum Rathaus und berief sich auf das Gesetz der Konstituierenden Versammlung. Es war das erste Beispiel der republikanischen Taufe.

Die rührendste Erinnerung aus der ganzen Revolution ist die an ihren großen Schriftsteller, den guten und beredten Camille, an seine reizende Lucile und die Tat, die ihnen beiden den Tod brachte (zu der sie ganz unmittelbar beitrug), der angesichts der allmächtigen Schreckensherrschaft so verwegene Vorschlag eines »Ausschusses der Gnade«.

Obwohl Camille im Jahre 1789 arm oder, besser gesagt, bedürftig, obwohl er von Natur äußerlich wenig begün-

SZENE AUS DEM STRASSENKAMPF

stigt war und zudem beinahe stotterte, hatte er durch sein anziehendes Herz, durch den Reiz eines außerordentlich scharfen Geistes seine hübsche, anmutige, untadelige und verhältnismäßig reiche Lucile erobert. Es war ein Bild von ihr vorhanden, vielleicht das einzige, eine kostbare Miniatur (Sammlung des Obersten Maurin). Was ist jetzt daraus geworden? In welche Hände ist es übergegangen? Dieses Kleinod ist Frankreichs Eigentum. Ich bitte den Erwerber, wer er auch sein mag, daran zu denken und es uns wiederzugeben. Es möge im Museum aufbewahrt werden, so lange, bis das Museum der Revolution, das man früher oder später gründen wird, fertig ist.[35]

Lucile war die Tochter eines früheren Finanzbeamten und einer sehr schönen und hervorragenden Frau, von der man behauptete, sie sei die Geliebte des Finanzministers Terray gewesen. Ihr Bild zeigt eine hübsche Frau aus ziemlich niedrigem Stande, wie ihn auch ihr Name beweist: Lucile Duplessis Laridon. Hübsch, aber vor allem eigensinnig, ein kleiner Desmoulins in Weibgestalt. Ihr reizendes, kleines, bewegtes, launisches, wetterwendisches Gesicht hat einen Hauch vom »freien Frankreich« (so heißt die schöne Flugschrift ihres Gatten). Das Genie ist darüber hingegangen, das fühlt man, die Liebe eines genialen Mannes*.

Ich kann mir das Vergnügen nicht versagen, das naive Blatt abzuschreiben, auf dem diese junge Frau von zwan-

---

* Sie liebte ihn so, daß sie mit ihm sterben wollte. – Und dennoch! Besaß er dieses opferfreudige Herz völlig und ohne Vorbehalt? – Wer kann es beweisen? Sie wurde von einem sehr minderwertigen Manne (dem allzu berühmten Fréron) heiß geliebt. Sie sieht verstört aus auf diesem Bilde, als trage ihr Leben an einer Wunde; die Gesichtsfarbe ist fahl und wenig schön. Arme Lucile! ich fürchte, du hast zuviel von diesem Kelch getrunken, die Revolution ist in dir. Ich meine zu fühlen, daß du in eine unentwirrbare Verstrickung geraten bist. Aber wie ruhmvoll hast du dich daraus gelöst durch den Tod!

zig Jahren ihre Erregung in der Nacht vom 10. August schildert:

»Am 8. August bin ich vom Lande zurückgekehrt; alle Geister waren schon in lebhaftester Gärung; ich hatte Marseillaiser zu Tisch, wir waren ziemlich vergnügt. Nach dem Essen waren wir bei Herrn Danton. Die Mutter weinte, trauriger als sie konnte man nicht sein; ihr Kleiner sah stumpfsinnig aus. Danton war entschlossen; ich selbst lachte wie verrückt. Sie fürchteten, daß die Sache nicht stattfinden würde; obgleich ich dessen nicht ganz sicher war, sagte ich ihnen, als ob ich es genau wüßte, daß sie doch stattfinden würde. ›Aber wie kann man so lachen?‹ fragte mich Madame Danton. ›Ach!‹ erwiderte ich. ›Das zeigt mir an, daß ich heute abend viele Tränen vergießen werde.‹ – Es war schönes Wetter; wir bummelten ein wenig auf der Straße; ziemlich viele Leute waren auf den Beinen. Einige Sansculotten gingen vorbei und schrien: ›Es lebe die Nation!‹ Dann kamen Truppen zu Pferde; schließlich ungeheure Mengen Truppen. Die Angst packte mich. Ich sagte zu Madame Danton: ›Wir wollen heimgehen.‹ Sie lachte über meine Furcht; aber da ich davon sprach, so hatte sie auch Furcht. Ich sagte zu ihrer Mutter: ›Adieu, Sie werden bald die Sturmglocke läuten hören.‹ Als wir bei ihr ankamen, sah ich, daß jeder sich bewaffnete. Camille, mein lieber Camille, kam mit einem Gewehr. O Gott! ich flüchtete in den Alkoven; ich legte den Kopf in beide Hände und begann zu weinen. Da ich indessen mich nicht so schwach zeigen und ganz laut zu Camille sagen wollte, ich wünsche nicht, daß er sich in all das hineinmische, so paßte ich den Augenblick ab, wo ich ohne Ohrenzeugen mit ihm sprechen konnte, und sagte ihm alle meine Befürchtungen. Er beruhigte mich und versicherte mir, daß er Danton nicht verlassen würde. Ich habe seither erfahren, daß er sich in Gefahr begeben hat.

Fréron hatte ein zum Sterben bereites Aussehen. ›Ich bin lebensmüde‹, sagte er, ›ich suche nur den Tod.‹ Bei jeder kommenden Patrouille glaubte ich, sie zum letztenmal zu sehen. Ich versteckte mich in den Salon, der ohne Licht war, um alle die Zurüstungen nicht zu sehen. Unsere Patrioten zogen ab; ich setzte mich neben einem Bett nieder, gedrückt, vernichtet, und schlummerte bisweilen ein; wenn ich sprechen wollte, redete ich dummes Zeug. Danton kam, um sich schlafen zu legen, er schien nicht sehr eifrig zu sein und ging fast gar nicht hinaus. Mitternacht kam heran, mehrere Male suchte man ihn, endlich ging er zur Kommune. Die Sturmglocke der Cordeliers läutete, sie läutete lang. Allein, in Tränen gebadet, am Fenster kniend, das Gesicht ins Taschentuch vergraben, hörte ich den Klang dieser fatalen Glocke. Danton kam zurück. Mehrere Male brachte man uns gute und schlechte Nachrichten; ich glaubte zu bemerken, daß man zu den Tuilerien zu ziehen beabsichtigte; schluchzend sagte ich es. Ich fürchtete, ohnmächtig zu werden. Madame Robert fragte bei jedermann nach ihrem Gatten: ›Wenn er umkommt‹, sagte sie zu mir, ›werde ich ihn nicht überleben. Dieser Danton, nach dem sie alle schreien! Wenn mein Gatte umkommt, dann habe ich Weibesmut genug, Danton zu erdolchen.‹ Camille kam um ein Uhr zurück; er schlief auf meiner Schulter ein. Madame Danton schien auf den Tod ihres Gatten gefaßt zu sein. Morgens feuerte man Geschütze ab. Sie hört es, erblaßt, wankt und fällt in Ohnmacht.

Was soll aus uns werden, mein armer Camille? ich kann kaum mehr atmen. Mein Gott! wenn du wirklich noch lebst, so rette doch Menschen, die deiner würdig sind. Wir wollen frei sein; o Gott! wie teuer wird das bezahlt!«

Lucile, die sich so naiv zeigt in ihrer weiblichen Schwachheit, wurde im Tode ein Held.

Man muß ihr Verhalten in dem entscheidenden Augenblick beobachten, wo zwischen Desmoulins und seinen Freunden darüber beraten wurde, ob er den entscheidenden und wahrscheinlich tödlichen Schritt tun und für Presse- und Redefreiheit eintreten solle, die durch die Verhaftung seines Freundes Fabre d'Églantine[36] unterdrückt worden waren, ob er es wagen solle, sich dem reißenden Strom der Schreckensherrschaft entgegenzuwerfen.

Wer sah da nicht die Gefahr, die dem armen Künstler drohte? Betreten wir das niedrige, ruhmvolle Haus (in der Rue de l'Ancienne-Comédie, nahe der Rue Dauphine). Im ersten Stockwerk wohnte Fréron. Im zweiten Camille Desmoulins und seine reizende Lucile. Ihre erschreckten Freunde kamen und baten sie, drangen in sie, suchten sie zurückzuhalten und zeigten ihnen den Abgrund. Ein durchaus nicht furchtsamer Mann, der General Brune, ein vertrauter Freund des Hauses, kam eines Morgens zu ihnen und riet zur Vorsicht. Camille lud Brune zum Frühstück ein und versuchte, ohne zu leugnen, daß er recht habe, ihm eine andere Meinung beizubringen. »Edamus et bibamus«, sagte er auf lateinisch zu Brune, damit Lucile ihn nicht verstünde, »cras enim moriemur.« Gleichwohl sprach er so rührend von seinem Entschluß, sich zu opfern, daß Lucile zu ihm eilte und ihn umarmte. »Laßt ihn in Frieden!« rief sie. »Laßt ihn, damit er seine Sendung erfülle: *er* wird Frankreich retten. Die, welche anderer Ansicht sind, bekommen nicht einmal von meiner Schokolade.«

Fréron, Camilles Freund und ein leidenschaftlicher Bewunderer seiner Frau, hatte gerade von seinem Anteil an der Einnahme Toulons berichtet, und wie er mit dem Degen in der Faust auf die Batterien gestiegen sei. Ich bin sehr geneigt, anzunehmen, daß Camille um so eher in den

Augen seiner Frau zu gewinnen wünschte. Er war nur ein großer Schriftsteller, er wollte ein Held sein.

Die siebente Nummer des »Alten Cordeliers«, die sich so verwegen gegen die beiden regierenden Ausschüsse wandte, und die achte gegen Robespierre (veröffentlicht im Jahre 1836) brachten Camille den Untergang und verwickelten ihn in den Prozeß gegen Danton.

Die lebhafte Erregung, die der Prozeß hervorrief, und die ungeheuere Menge, die in einer den Angeklagten günstigen Stimmung den Justizpalast umwogte, weckten die Meinung, daß, wenn es den Gefangenen im Luxembourg gelänge, hinauszukommen, sie das Volk mit fortreißen könnten. Aber das Gefängnis zerbricht den Mann; keiner hatte Waffen und fast keiner Mut.

Eine Frau sprang ihnen bei. Die junge Frau Desmoulins irrte, außer sich vor Schmerz, rings um das Luxembourg. Camille stand da, an die Gitter gepreßt, folgte ihr mit den Augen und schrieb die erschütterndsten Dinge, die je ein Menschenherz getroffen haben. Auch sie erkannte in diesem furchtbaren Augenblick, daß sie ihren Gatten heiß liebte. Jung und strahlend, wie sie war, hatten die Huldigungen der Militärs ihr Vergnügen gemacht, des Generals Dillon, Frérons. Fréron war in Paris, wagte jedoch nicht, etwas für sie zu tun. Dillon war im Luxembourg, zechte als echter Irländer und spielte mit jedem ersten besten Karten.

Camille hatte sich für Frankreich und für Lucile ins Verderben gestürzt.

Und sie stürzte sich für ihn ins Verderben. Am ersten Tage hatte sie Robespierres Herz zu rühren gesucht. Man hatte früher geglaubt, daß Robespierre sie heiraten würde. Sie erinnerte in ihrem Briefe daran, daß er ihr Trauzeuge, ihr erster Freund gewesen war, daß Camille nur für seinen Ruhm gearbeitet hatte, und sie fügte dieses

Wort – das Wort einer Frau, die sich jung, reizend und bedauernswert weiß, die ihr Leben als etwas Kostbares fühlt – hinzu: »Du wirst uns alle beide töten; ihn treffen, das heißt auch mich töten.«

Keine Antwort.

Sie schrieb an ihren Bewunderer Dillon: »Man spricht davon, einen neuen September zu veranstalten. Wäre es eines mutigen Mannes würdig, sich nicht, wenigstens solange er lebt, zu verteidigen?«

Die Gefangenen erröteten über diese Mahnung einer Frau und entschlossen sich zu handeln. Es scheint jedoch, daß sie erst beginnen wollten, wenn Lucile sich unter das Volk geworfen und die Menge aufgewiegelt hätte.

Der brave Dillon, der ein indiskreter Schwätzer war, spielte gerade Karten mit einem gewissen Laflotte und erzählte dem bei einem Glase Wein die ganze Geschichte. Laflotte ließ ihn reden und hörte zu. Laflotte war zwar Republikaner; aber er geriet – gefangen, ohne Ausweg, ohne Hoffnung – in eine furchtbare Versuchung. Am Abend (3. April) verriet er nichts und wartete die ganze Nacht, da er vielleicht noch schwankte. Am Morgen gab er seine Seele preis zum Tausch für sein Leben, verkaufte seine Ehre und sagte alles. Mit solch unwürdigem Mittel erwürgte man Danton, Camille Desmoulins und einige Tage später Lucile und mehrere andere Gefangene aus dem Luxembourg, die alle der Sache fernstanden und sich nicht einmal kannten.

Die einzige unter den Angeklagten, die großen Mut bewies, war Lucile Desmoulins. Sie zeigte sich unerschrocken und ihres großen Namens würdig. Sie gab zu, Dillon und den Gefangenen gesagt zu haben, wenn man einen neuen September veranstalte, so sei es ihre Pflicht, ihr Leben zu verteidigen.

Jedermann, welcher Richtung er auch angehören

mochte, zerriß dieser Tod das Herz. Sie war keine Politi-
kerin, keine Corday, keine Roland; sie war einfach Frau,
sie sah auf den ersten Blick wie ein junges Mädchen,
beinahe wie ein Kind aus. Was hatte sie denn getan? Etwa
einen Liebhaber retten wollen? Nein, sondern ihren Gatten, den guten Camille, den Anwalt der Menschheit. Sie
starb um ihrer Tugend willen, die unerschrockene, reizende Frau, um der Erfüllung der heiligsten Pflicht willen.

Ihre Mutter, die schöne, gute Madame Duplessis, war
entsetzt über diese Sache, die sie niemals hatte vermuten
können, und schrieb an Robespierre, der nicht antworten
konnte oder es nicht wagte. Er hatte Lucile geliebt, erzählte man, hatte sie heiraten wollen. Wenn er geantwortet hätte, so hätte man geglaubt, er liebe sie noch. Er hätte
sich damit eine Blöße gegeben und sich sehr kompromit-
tiert.

Jedermann verwünschte diese Vorsicht. Man fing an
nachzudenken. Man litt und fühlte sich gedrückt. Eine
Stimme herrschte im ganzen Volke ohne Unterschied der
Partei (eine von den Stimmen, die Unglück bringen):
»Nein, das ist zuviel!«

Was hatte man angerichtet, als man das Menschenherz
so sehr quälte? Man hatte einen grausamen Krieg gegen
die Ideen heraufbeschworen, eine fürchterliche, tierische,
blinde und entsetzliche Macht geweckt, die wilde Sinnen-
wut, die gegen die Grundsätze aufmarschiert, die, um
Blut zu rächen, Ströme von Blut vergießt, die Nationen
töten würde, um Menschen zu retten*.

---

* Gefängnis Luxembourg, 2. Germinal. 5 Uhr morgens.
»Der wohltuende Schlummer hat mein Leid gemildert. Man ist frei, wenn
man schläft; man hat nicht mehr das Gefühl, gefangen zu sein; der
Himmel hat Mitleid mit mir gehabt. Nur ein Augenblick ist mir gegen-
wärtig, ich sah Dich im Traum, ich umarmte Euch nacheinander, Dich,
Horatius und Durousse, der im Hause war; aber unser Kleiner hatte ein

Die Hinrichtung der Frauen. Sollen Frauen hingerichtet werden?

Dieser Tod der Frauen war entsetzlich. Die einfache politische Überlegung hätte das Schafott für die Frauen ausschließen müssen. Das tötete die Republik.

Der erhabene, unerschrockene, ruhige Tod Charlotte Cordays war der Beginn einer Religion.

Auge verloren durch böse Säfte, die hineingedrungen waren; und der Schmerz über dieses Unglück hat mich aufgeweckt. Ich fand mich in meiner Zelle wieder. Es dämmerte ein wenig. Da ich Dich nicht mehr sehen und Deine Antworten nicht mehr hören konnte – denn Du und Deine Mutter, ihr spracht mit mir –, bin ich wenigstens aufgestanden, um mit Dir zu sprechen und Dir zu schreiben. Aber als ich die Fenster öffnete, besiegte der Gedanke an meine Einsamkeit, an die schrecklichen Gitter, an die Riegel, die mich von Dir trennen, alle meine Standhaftigkeit. Ich zerschmolz in Tränen, oder vielmehr: ich habe unter Schluchzen in meinem Grabe gerufen: Lucile! Lucile! O meine liebe Lucile, wo bist du? (Hier bemerkt man die Spur einer Träne.) Gestern abend habe ich einen ähnlichen Zustand gehabt, und das Herz ist mir fast gebrochen, als ich im Garten Deine Mutter sah. Unwillkürlich warf ich mich auf die Knie vor das Gitter; ich habe die Hände gefaltet, wie um sie um Mitleid anzuflehen, sie, die, dessen bin ich sicher, ihren Kummer an Deinem Busen barg. Ich habe gestern ihren Schmerz ermessen können (hier ist wieder eine Tränenspur) an ihrem Taschentuch und an ihrem Schleier, den sie herabgezogen hatte, da sie den Anblick nicht ertragen konnte. Wenn Ihr kommt, dann soll sie sich mit Dir ein wenig näher setzen, damit ich Euch besser sehen kann. Das ist, glaube ich, ungefährlich. Meine Brille ist nicht ganz scharf; ich möchte, daß Du mir eine Brille kaufst, wie ich vor sechs Monaten eine hatte, nicht aus Silber, sondern aus Stahl, mit zwei Haltern, die man hinter die Ohren legt. Du mußt Nummer 15 verlangen; der Kaufmann weiß, was das bedeutet; aber vor allem, Lolotte, beschwöre ich Dich bei meiner ewigen Liebe: schicke mir Dein Bild; möge Dein Maler Mitleid mit mir haben, da ich nur leide, weil ich mit andern zuviel Mitleid gehabt habe; er soll Dir zwei Sitzungen täglich gewähren. Im Grauen meines Gefängnisses wird es mir ein Fest sein, ein Tag der Trunkenheit und des Entzückens, wenn ich dies Bild bekomme. Inzwischen schicke mir eine Locke von Deinen Haaren, damit ich sie an meinem Herzen trage. Meine liebe Lucile! nun bin ich wieder soweit wie in den Zeiten unserer ersten Liebe, wo jeder, der aus

Der Tod der Dubarry, einer armen, alten, dicken Person, die vor Furcht eine gräßliche Gänsehaut bekam, die schon im voraus den Tod im Fleisch fühlte und sich aus allen Kräften sträubte, schrie, sich schleifen ließ, weckte alle Fibern eines selbstverständlichen Mitleids. Das Messer, erzählte man, drang nicht in ihren feisten Nacken. Alle schauderten bei dem Bericht.

Aber der fürchterlichste Schlag war die Hinrichtung Luciles; keine ließ so viel klagende Wut zurück, keine wurde bitterer gerächt.

Deinem Hause kam, mir nur gerade darum interessant war. Als gestern der Bürger, der Dir meinen Brief brachte, zurückkam, fragte ich ihn: ›Nun, haben Sie sie gesehen?‹ wie ich früher den Abbé Landreville zu fragen pflegte; und ich überraschte mich dabei, wie ich ihn betrachtete, als wenn auf seinen Kleidern, auf seiner ganzen Person etwas von Deiner Gegenwart, etwas von Dir geblieben sei. Er hat eine barmherzige Seele, da er Dir meinen Brief unverzüglich brachte. Ich werde ihn, glaube ich, zweimal täglich sehen, morgens und abends. Dieser Bote unserer Leiden wird mir ebenso teuer, wie es früher der Bote unserer Freuden war. Ich habe in meiner Zelle einen Spalt entdeckt; ich habe mein Ohr daran gehalten und seufzen gehört; ich wagte ein paar Worte und vernahm die Stimme eines Kranken, der Schmerzen hatte. Er fragte mich nach meinem Namen, und ich nannte ihn. ›O mein Gott!‹ rief er aus, als er ihn hörte, und sank auf sein Bett zurück, von dem er sich erhoben hatte; und ich habe deutlich die Stimme Fabre d'Églantines erkannt. ›Ja, ich bin Fabre‹, sagte er, ›und Du bist auch hier! Die Gegenrevolution ist also im Gang?‹ Wir wagen indessen nicht, miteinander zu sprechen, aus Furcht, der Haß könne uns diesen schwachen Trost neiden, und wir könnten, wenn man uns hörte, getrennt und enger gefesselt werden; denn er hat ein geheiztes Zimmer, und das meinige würde ganz schön sein, wenn man das von einer Gefängniszelle sagen könnte. Ja, liebe Freundin! Du kannst Dir nicht denken, was es heißt, in Einzelhaft zu sitzen, ohne zu wissen warum, ohne verhört worden zu sein, ohne eine einzige Zeitung zu bekommen; das heißt, lebend und tot sein zugleich; das heißt, nur existieren, um zu fühlen, daß man in einem Sarge liegt! Man sagt, daß die Unschuld ruhig und mutig ist. Ach liebe Lucile! Du Heißgeliebte! Sehr oft ist meine Unschuld schwach wie die eines Gatten, eines Vaters, eines Sohnes! Wenn es noch Pitt oder Coburg wäre, die mich so hart behandelten! Aber meine Kollegen! Aber Robespierre, der meinen Haftbefehl unterzeichnet hat! Aber die Republik, nach allem, was ich für sie getan habe! Das ist der Dank, den ich für so viel Tugenden und Opfer empfange! Als ich hierherkam, sah ich Hérault-Séchelles, Simon, Ferroux,

234

Man merkte wohl, daß eine Gesellschaft, die sich nicht um die Erziehung der Frauen kümmert und darin nicht Meisterin ist, als verloren gelten kann. Die vorbeugende Arznei ist hier um so nötiger, als die heilende tatsächlich unmöglich ist. *Es gibt kein ernsthaftes Strafmittel gegen Frauen.* Schon allein das Gefängnis ist eine schwierige Sache. *»Quis custodiet ipsos custodes?«* Sie verderben alles und zerbrechen alles; kein Riegel ist stark genug. Aber sie auf dem Schafott zur Schau zu stellen – . . . Großer Gott! Eine Regierung, die diese Dummheit macht, guillotiniert

Chaumette und Antonelle; sie sind nicht so unglücklich, denn keiner ist in Einzelhaft. Mich, der ich mich seit fünf Jahren so großem Haß und so vielen Gefahren für die Republik aussetzte, der ich meine Reinheit inmitten der Revolution bewahrt habe, mich, der ich niemanden auf der Welt um Verzeihung zu bitten habe als Dich allein, meine liebe Lolotte – und Du hast sie mir ja gewährt, weil Du weißt, daß mein Herz trotz seiner Schwächen Deiner nicht unwürdig ist –, mich werfen Männer, die sich meine Freunde nannten, die sich Republikaner nennen, ins Gefängnis, in Einzelhaft, wie einen Verschwörer! Sokrates trank den Giftbecher; aber er durfte wenigstens seine Freunde und seine Frau im Gefängnis sehen. Wieviel härter ist es, von Dir getrennt zu sein! Der größte Verbrecher wäre zu hart gestraft, wenn er einer Lucile anders entrissen wurde als durch den Tod, der wenigstens den Schmerz einer solchen Trennung nur einen Augenblick lang fühlen läßt; aber ein Schuldiger wäre Dein Gatte nicht gewesen, und Du hast mich darum geliebt, weil ich für das Glück meiner Mitbürger allein atmete. Man ruft mich. Soeben haben mich die Kommissare des Revolutionsgerichtes verhört. Es wurde mir nur die Frage vorgelegt, ob ich an einer Verschwörung gegen die Republik teilgenommen habe. Welcher Hohn! Kann man den reinsten Republikanismus so schmähen! Ich sehe, welches Schicksal mich erwartet. Leb wohl, meine Lucile! meine liebe Lolotte, mein gutes Wölfchen! Bringe dem Vater meinen Abschiedsgruß. Du siehst in mir ein Opfer der Barbarei und des Undankes der Menschen. Meine letzten Augenblicke werden Dir keine Schande machen. Du siehst, daß meine Furcht begründet war, daß unsere Vorahnungen immer richtig waren. Ich habe eine in ihrer Tugend himmlische Frau geheiratet; ich bin ein guter Gatte und ein guter Sohn gewesen; ich wäre ein guter Vater geworden. Ich nehme die Achtung und das Bedauern aller wahren Republikaner, aller Menschen, ich nehme die Tugend und die Freiheit mit mir. Ich sterbe mit vierunddreißig Jahren; aber es ist ein Wunder, daß ich seit fünf Jahren an so vielen Abgründen der Revolution vorbeigewandelt bin, ohne hineinzustürzen, daß ich noch lebe, daß ich meinen sich selbst. Die Natur, die über alle Gesetze die Liebe stellt und die Erhaltung der Art, hat gerade darum dies Geheimnis (das auf den ersten Blick absurd erscheint) in die Frauen gelegt: *sie sind sehr verantwortlich und sie sind nicht strafbar.* Während der ganzen Revolution sind sie zur Gewalttat geneigt, intrigant und sehr oft schuldiger als die Männer. Aber wenn man sie schlägt, schlägt man sich selbst. Wer sie straft, straft sich selbst. Was sie auch getan haben mögen und welchen Eindruck sie immer machen: sie stürzen die Gerechtigkeit, zerstören völlig deren

Kopf noch ruhig auf das Kopfkissen aus meinen allzu zahlreichen Schriften stütze, die alle dieselbe Menschenliebe atmen, denselben Wunsch, meine Mitbürger glücklich und frei zu machen, die das Beil der Tyrannen nicht treffen wird. Ich sehe wohl, daß die Macht fast alle Menschen berauscht, daß alle mit Dionys von Syrakus sagen: ›Die Tyrannei ist eine schöne Grabschrift.‹ Aber tröste Dich, untröstliche Witwe! Die Grabschrift Deines armen Camille ist ruhmvoller: sie ist die der Brutus und Cato, der Tyrannenmörder! O meine liebe Lucile! ich war geboren, zu dichten, die Unglücklichen zu verteidigen, Dich glücklich zu machen und mit Deiner Mutter, meinem Vater und ein paar Leuten nach unserem Herzen ein Otaïti zu bilden. Ich hatte eine Republik erträumt, die jedermann begeistert hätte. Ich konnte nicht daran glauben, daß die Menschen so grausam und ungerecht wären. Wie hätte man denken sollen, daß einige Scherze in meinen Schriften gegen die Kollegen, die mich gereizt hatten, die Erinnerung an meine Dienste verwischen würden. Ich verhehle mir nicht, daß ich als Opfer meines Witzes und meiner Freundschaft für Danton sterbe. Ich danke meinen Mördern, daß sie mich mit ihm und Philippeaux sterben lassen; und da unsere Kollegen feige genug sind, uns im Stich zu lassen und ihr Ohr Verleumdungen zu leihen, die ich nicht kenne, die aber sicher größter Art sind, so sehe ich, daß wir sterben müssen als Opfer des Mutes, mit dem wir Verräter anzeigten, und unserer Wahrheitsliebe. Dieses stolze Zeugnis können wir mit uns hinabnehmen, daß wir als die letzten Republikaner zugrunde gehen. Verzeihung, liebe Freundin, Du mein wahres Leben, daß ich einen Augenblick lang unsere Trennung vergessen konnte und mich mit meinem Nachruf beschäftige. Ich sollte mich viel eher damit beschäftigen, Dich ihn vergessen zu machen, meine Lucile! mein gutes Herz! mein Hühnchen! Ich beschwöre Dich, quäle Dich nicht zu sehr damit und rufe mich nicht durch Deine Schreie; sie würden mir das Herz zerreißen, wenn ich im Grabe liege; lebe für meinen Horatius, erzähl ihm von mir. Du sollst ihm sagen, was ich ihm nicht mehr sagen kann. Wie ich ihn geliebt habe! Trotz meiner Qual glaube ich, daß es einen Gott gibt. Mein

Begriff, machen, daß man sie verneint und schmäht. Wenn sie jung sind, kann man sie nicht bestrafen. Warum? Weil sie jung sind, weil sie die Liebe, das Glück, die Fruchtbarkeit bedeuten. Wenn sie alt sind, kann man sie nicht bestrafen. Warum? Weil sie alt sind, das heißt: sie waren Mütter, sie sind geheiligt geblieben, und ihre grauen Haare gleichen denen der eigenen Mutter. Und wenn sie noch gar schwanger sind! Ach, da wagt die arme Gerechtigkeit nicht ein Wort mehr zu sagen; sie ist es, die sich wandeln, sich demütigen und, wenn nötig, selbst ungerecht werden muß. Hier ist eine Macht, die dem Gesetz trotzt; wenn das Gesetz hartnäckig bleibt, um so schlimmer! Dann schadet es sich ungemein, es erscheint fürchterlich, mutlos, als ein Feind Gottes.

Vielleicht werden die Frauen gegen all das Einspruch erheben; vielleicht werden sie fragen, ob es nicht sie für immer minderwertig machen heißt, wenn man ihnen das Schafott verweigert; sie werden sagen, daß sie handeln und die Folgen ihrer Taten tragen wollen. Und dennoch! Was soll man tun? Es ist nicht unsere Schuld, daß die Natur sie zwar nicht, wie man behauptet, schwach, aber anfällig macht und zeitweise krank; daß sie ebensosehr der Natur unterworfen wie selbständige Menschen sind, daß sie abhängig sind vom Lauf der Gestirne und also

---

Blut wird meine Fehler, meine menschlichen Schwachheiten auslöschen; und was Gutes in mir war, meine Tugenden, meine Liebe zur Freiheit, das wird Gott lohnen. Ich werde Euch eines Tages wiedersehen, o Lucile! o Anette! Ist der Tod, der mich von dem Anblick so vieler Verbrechen befreit, für mich, der ich so empfindsam war, ein großes Unglück? Leb' wohl, mein Herz; leb' wohl, mein Leben, meine Seele, Du meine Gottheit auf dieser Erde! Ich hinterlasse Dir gute Freunde, alle tugendhaften und empfindsamen Menschen. Leb' wohl, Lucile, meine liebe Lucile! Lebt wohl, Horatius, Anette! Leb' wohl, lieber Vater! Ich sehe das Ufer des Lebens vor mir entschwinden. Noch sehe ich Lucile! Ich sehe sie –! Meine gefesselten Arme pressen Dich an mich! Meine gebundenen Hände umarmen Dich, und mein Dir fernes Haupt ruht an Deiner Brust. Nun gehe ich in den Tod!«

durch ihre Ungleichmäßigkeit von manchen bedeutsamen Funktionen des politischen Lebens ausgeschlossen. Gleichwohl haben sie hier oft einen ungeheuern und bis heute meistens verhängnisvollen Einfluß. Es ist in unseren Revolutionen zutage getreten. In der Hauptsache sind die Frauen an ihrem Mißlingen schuld; ihre Ränke haben sie unterwühlt, und ihre (oft verdiente, politisch immer unkluge) Hinrichtung hat der Gegenrevolution vorzüglich genützt.

Eins müssen wir jedoch hervorheben. Wenn sie infolge ihres leidenschaftlichen Temperamentes in der Politik gefährlich sind, so sind sie andererseits vielleicht in der Verwaltung viel brauchbarer als der Mann. Ihre sitzende Lebensgewohnheit, die Sorgfalt, mit der sie alles erledigen, ihre natürliche Lust, auszugleichen, zu gefallen und zufriedenzustellen, machen sie zu ausgezeichneten Subalternbeamten. Man kann das heute bei der Verwaltung der Post beobachten. Die Revolution, die alles erneuerte, hätte, als sie den Mann im Außendienst anstellte, die Frau sicher mit Erfolg im Bürodienst verwendet. Ich finde eine Frau unter den Beamten des Ausschusses für die öffentliche Wohlfahrt. (Staatsarchiv, Handschriftliche Register der Komiteeprotokolle, 5. Juni 1793, Seite 79.)

SIEBENUNDZWANZIGSTES KAPITEL

*Catherine Théot, die Mutter Gottes. Robespierre
als Messias (Juni 1794)*

Die Zeit war reif für Schwärmerei. Das Übermaß der Aufregungen hatte die Vernunft gebrochen, gedemütigt, entmutigt. Von der Vendée abgesehen, wo man nur

Wunder sah: ein Gott war erschienen in Artois. Im Jahre 1794 standen dort die Toten auf. Im Lyoner Lande hatte eine Prophetin großen Erfolg; hunderttausend Seelen, erzählt man, flehten dort um einen Wanderstab und gingen davon, ohne zu wissen wohin. In Deutschland breiten sich die zahllosen Sekten der Schwarmgeister nicht nur unter dem Volke, sondern auch in den höchsten Ständen aus; der König von Preußen gehörte dazu. Aber kein Mensch in Europa erregte bei diesen Mystikern ein so lebhaftes Interesse wie der erstaunliche Maximilian. War sein Leben, seine Erhebung zur höchsten Gewalt allein durch die Macht des Wortes nicht das größte aller Wunder? Er bekam mehrere Briefe, die ihn zum Messias erklärten. Ein paar Leute sahen deutlich das Sternbild Robespierre am Himmel. Am 2. August 1793 sprach der Präsident der Jakobiner, ohne ihn zu nennen, mit deutlicher Anspielung von dem »Heiland, dessen Ankunft bevorstünde«. Unzählige hatten sein Bild wie ein Heiligenbild zu Hause hängen. Frauen und sogar Generale trugen einen kleinen Robespierre auf der Brust, küßten das geweihte Bildchen und beteten es an. Merkwürdiger ist, daß selbst die, die ihn ständig sahen und in seiner nächsten Umgebung lebten, daß seine »frommen Frauen« – eine Baronin und eine Dame, die ihm beim Polizeiwesen half – ihn gleichfalls wie ein Wesen aus einer anderen Welt betrachteten. Sie falteten die Hände und sagten: »Ja, Robespierre, du bist Gott.«

Von dem kleinen (zerstörten) Hause, in dem der Sicherheitsausschuß seinen Sitz hatte, bis zu den Tuilerien, wo der Wohlfahrtsausschuß war, erstreckte sich ein dunkler Gang. Dahin legten die Polizisten die versiegelten Päckchen. Kleine Mädchen trugen die Briefe und Päckchen von da zu der großen Jüngerin des zukünftigen Heilands, der erwähnten Dame.

Ich habe an anderer Stelle von der alten Idiotin der Rue

Montmartre gesprochen, die vor zwei Gipsfiguren den Satz murmelte: »Gott erhalte Manuel und Pétion![37] Gott erhalte Manuel und Pétion!« Und so zwölf Stunden täglich. Zweifellos hat sie im Jahre 1794 ebenso viele Stunden für Robespierre gemurmelt.

Der strenge Cévenol, Rabaut-St. Étienne, hatte sehr richtig vorhergesagt, daß diese lächerlichen Possen, diese Umgebung von Kriechern und die Geduld, mit der Robespierre sie ertrug, der wunde Punkt, die Achillesferse seien, an der man den Helden durchbohren würde. Girey-Dupré schnitt die Sache in einer lustigen und beißenden Satire an, aber nur beiläufig. Und vielleicht war sie der Gegenstand des Lustspieles von Fabre d'Églantine, das man verschwinden ließ, um dessentwegen Fabre selbst wahrscheinlich verschwand.

Um jedoch die Anklage einbringen zu können, bedurfte es einer Tat, einer Gelegenheit, die man ergreifen konnte. Robespierre gab sie selbst.

Da er bei seinen Polizeiinstinkten unersättlich und gierig war auf Tatsachen, die er gegen seine Feinde und den von ihm befehdeten Sicherheitsausschuß verwenden konnte, so stöberte er gern in den Mappen dieses Ausschusses. Er fand darin Papiere, die sich auf die Herzogin von Bourbon bezogen, nahm sie mit und weigerte sich, sie wieder herauszugeben. Das weckte die Neugier. Der Ausschuß verschaffte sich Abschriften und sah, daß diese Robespierre so wichtige Sache den Illuminismus betraf.

Welchen geheimen Beweggrund hatte er, die Illuminaten zu schützen und zu verhindern, daß man ihre Angelegenheit verfolgte?

Diese Sekten sind den Politikern niemals gleichgültig gewesen. Der Herzog von Orléans[38] stand in innigen Beziehungen mit den Freimaurern und den Templern, deren Großmeister er gewesen sein soll. Die Jansenisten waren in der Zeit der Verfolgung eine geheime Gesellschaft geworden und hatten durch die ungemeine Geschicklichkeit, mit der sie auf geheimnisvolle Weise für die Verbreitung der »Kirchennachrichten« sorgten, die besondere Aufmerksamkeit der Jakobiner auf sich gezogen. Das geniale Gemälde, welches diesen Vorgang darstellte, bildete im Jahre 1790 den einzigen Schmuck der Bibliothek der Jakobiner. Robespierre wohnte von 1789-1791 in der Rue de Saintonge im Marais, in der Nähe der Rue de Touraine, fast an der Pforte des Heiligtums, wo die vom untergehenden Jansenismus Besessenen ihre letzten Wunder taten. Das Hauptwunder war die Kreuzigung der Frauen, die, wenn sie vom Kreuz herabstiegen, besser essen konnten als vorher. Es war leicht vorauszusehen, daß die Schwärmerei nach der Schreckensherrschaft einen neuen, gewaltigen Ausbruch erleben würde. Aber wer würde daraus Nutzen ziehen?

Im Schlosse der Herzogin predigte ein Adept; der Kartäuser Dom Gerle, ein Kollege Robespierres, in der Konstituierenden, der die Versammlung, als handelte es sich um etwas Alltägliches, durch die Forderung in Erstaunen setzte, sie solle den Katholizismus zur Staatsreligion erheben. Dom Gerle verlangte auch um die gleiche Zeit, daß die Versammlung die Weissagungen einer Verrückten, der jungen Suzanne Labrousse, als wahr erkläre. Dom Gerle blieb mit seinem früheren Kollegen immer in Verbindung; er besuchte ihn oft und ehrte ihn als seinen Beschützer; und zweifellos wohnte er, um ihm zu gefallen, ebenfalls bei einem Tischler. Er hatte von ihm einen Bürgerschein bekommen. Der Kartäuser war ein guter Republikaner und trotzdem ein Prophet. In einer Dachkammer des Studentenviertels war der Geist über ihn gekommen mit Hilfe einer alten idiotischen Frau, die man die Mutter Gottes nannte. Bei den Mysterien der Catherine Théot (so hieß sie) leisteten zwei junge, reizende Frauen Hilfe, eine braune und eine blonde, sie wurden die »Sängerin« und die »Taube« genannt. Sie führten der Dachkammer Kundschaft zu. Royalisten gingen hin, Magnetiseure, Einfältige, Gauner, Dummköpfe. Wie weit sich ein so ernster Mensch wie Robespierre in solche Narrheiten einlassen konnte, weiß man nicht. Nur wußte man, daß die Alte drei Sessel hatte, einen weißen, einen roten und einen blauen; sie pflegte auf dem ersten zu sitzen, ihr Sohn, Dom Gerle, links von ihr auf dem zweiten; für wen aber war der andere, der Ehrensitz zur Rechten der Mutter Gottes? Sollte er nicht für einen älteren Sohn bestimmt sein, *für den Heiland, der da kommen sollte?*

So lächerlich die Sache an sich sein konnte, und aus welchem Interesse heraus man sie auch als solche dargestellt hat, so beweisen doch zwei Momente darin den Versuch einer groben Verbindung zwischen dem christlichen Illuminismus, dem revolutionären Mystizismus und der Inauguration einer Prophetenherrschaft.

»Das erste Insiegel des Evangeliums war die Verkündigung des Wortes, das zweite die Trennung der Kulte, *das dritte die Revolution, das vierte der Tod der Könige,* das fünfte die Vereinigung der Völker, das sechste der Kampf des Würgengels, das siebente die Auferweckung der Auserwählten durch die Mutter Gottes und die allgemeine Glückseligkeit, *überwacht von den Propheten.* Wo wird die Mutter Gottes am Tage der Auferweckung sein? Auf ihrem Thron im Panthéon *zwischen ihren Propheten.*«

Der Spion Sénart, der sich aufnehmen ließ, um sie zu verraten, und sie dann auch verhaftete, fand, wie er erzählte, bei der Mutter Gottes einen in ihrem Namen geschriebenen Brief an Robespierre, als an ihren ersten Propheten, den Sohn des höchsten Wesens, den Erlöser, den Messias.

Die beiden Gascogner Barrère und Vadier, die zusammen den boshaften Bericht der Ausschüsse an den Konvent verfaßten, brachten (als Zutaten in den Hexensalat) ganz merkwürdige Dinge hinein; so zum Beispiel irgendein Bild des kleinen Capet[39], das man in Saint-Cloud gefunden hatte. Das gab einen Vorwand, in dem Bericht von Royalismus zu sprechen und von der Wiederaufrichtung des Königtums. Die aus der Fassung geratene Versammlung wußte zuerst nicht, was sie glauben sollte. Allmählich verstand sie. Unter dem düsteren und verdrießlichen Vortrag Vadiers spürte sie die mächtige Komik der Posse. Scherze im Munde eines Menschen, der seinen Ernst bewahrt, bringen oft ein tolles, unwiderstehliches Gelächter hervor. Die Wirkung war so gewaltig, daß die Versammlung selbst unter dem Beil der Guillotine, im Feuer und bei den größten Qualen gelacht hätte. Man wand sich auf den Bänken.

Begeistert beschloß man, der Bericht solle an die vierundvierzigtausend Gemeinden der Republik, an alle Behörden und an die Armeen geschickt werden. Eine Auflage von etwa hunderttausend wurde festgesetzt.

Nichts trug so unmittelbar zum Sturze Robespierres bei.

ACHTUNDZWANZIGSTES KAPITEL

Die Damen Saint-Amaranthe (Juni 1794)

Diese Geschichte mit der Mutter Gottes verschlimmerte sich durch eine andere, viel weniger verdiente Anklage, deren Gegenstand Robespierre war.

Man behauptete ohne Grund, daß der Apostel der Jakobiner bis in die Spielhöllen Anhänger und unter den

Damen, welche die Spieler empfingen, Schülerinnen gesucht habe.

In Wirklichkeit verwechselte man boshafter- und verleumderischerweise den älteren mit dem jüngeren Robespierre, der diese Häuser oft besuchte.

Der jüngere Robespierre, ein Anwalt von Beruf, ein gefälliger und banaler Redner, Gesellschafts- und Vergnügungsmensch, hatte kein ausreichendes Empfinden dafür, welche Rücksichten der hohe und gefürchtete Ruf seines Bruders verlangte. Bei seinen Missionen, wo sein Name ihm eine große und schwer zu spielende Rolle auferlegte, wachte er zu wenig darüber. Überall und sogar in den Klubs sah man ihn in Begleitung einer äußerst zweideutigen Frau.

Bei seiner Jugend und seinem guten Herzen hatte er lebhaft die Hoffnung begrüßt, sein Bruder könne die Revolution dämpfen. Er verbarg diese Hoffnung durchaus nicht und trug den Hindernissen und Aufschüben, denen ihre Verwirklichung unterlag, zu wenig Rechnung. In der Provence bewies er Menschlichkeit und schonte girondistische Gemeinden. In Paris hatte er den Mut, mehrere Personen zu retten, unter anderen den Direktor der geistlichen Verwaltung (der später Schwiegervater von Geoffroy-Saint-Hilaire wurde).

In seinem gegen die Schreckensherrschaft gewandten Übereifer geschah es ihm bisweilen, daß er hitzige Patrioten, die sich ohne Vorbehalt für die Revolution eingesetzt hatten, zum Schweigen brachte und demütigte. In Jura zum Beispiel gebot er herrisch dem Abgeordneten Bernard de Saintes Ruhe. Dieser sehr ergreifende Vorgang flößte den Gegenrevolutionären des Jura unbegrenztes Vertrauen ein. Leichtsinnig meinten sie (einer von ihnen, Nodier, berichtet es): »Wir genießen den Schutz der Herrn de Robespierre.«

DIE FURIEN DER GUILLOTINE

In Paris besuchte der jüngere Robespierre häufig ein durchaus verdächtiges Haus im Palais-Royal, gegenüber der Freitreppe, an der Ecke der Rue Vivienne, das alte Stadthaus der Helvétius. Die Freitreppe war, wie man weiß, der Mittelpunkt der Spekulanten, Börsenjobber, Gold- und Assignatenhändler, der Weiberverkäufer. Prächtige Spielhäuser waren rings herum, in denen die Aristokraten verkehrten. Ich habe an anderer Stelle gesagt, wie alle alten Parteien, je weiter sie sich auflösten, zwischen Weibern und Spiel dort zu Tode kamen. Die Mitglieder der Konstituierenden endeten da, die Talleyrand, die Chapeliers. Da verschleppten sich die Orléanisten. Manche Girondisten kamen hin. Auch der junge Robespierre, der durch seine Tätigkeit im Fürstendienst angekränkelt war, liebte es, Überreste der alten Gesellschaft dort aufzusuchen.

Das Haus, worin er spielte, wurde von zwei sehr hübschen royalistischen Damen gehalten, einem Mädchen von siebzehn Jahren und dessen Mutter, die noch nicht vierzig war. Die letztere, Madame de Saint-Amaranthe, war, wie sie sagte, Witwe eines Leibgardisten, der am 6. Oktober getötet worden war, und hatte ihre Tochter in eine Familie verheiratet, die im Polizeiwesen einen berühmten Namen besaß, nämlich mit dem jungen Sartine, dem Sohne des Ministers von der Pompadour Gnaden, den Latude unsterblich gemacht hat.

Madame de Saint-Amaranthe ließ in aller Öffentlichkeit vor den Augen der Spieler die Bilder des Königs und der Königin hängen. Dieses Kennzeichen des Royalismus schadete dem Hause nicht. Die Reichen blieben Royalisten. Aber diese Damen trugen Sorge, hohe Beschützer unter den Patrioten zu haben. Die kleine Saint-Amaranthe wurde sehr geliebt von Jacobin Desfieux, einem Agenten des Sicherheitsausschusses (während der Ausschuß unter Chabots Leitung stand); er war ein vertrauter Freund Prolys und wohnte in demselben Zimmer, auch war er mit Junius Frey befreundet, dem prächtigen patriotischen Bankier, der Chabot seine Schwester zur Frau gab. All das war in dem Prozeß gegen Desfieux zutage getreten, der wie der gegen Proly in den Prozeß der Hébertisten verlief.

Als Desfieux am 24. März mit Hébert hingerichtet worden war, stellte Saint-Just dem Sicherheitsausschuß eine Note zu gegen das Haus, das jener zu besuchen pflegte, und dieser ließ am 31. die Saint-Amaranthe und Sartine verhaften. (Nationalarchiv, Sicherheitsausschuß, Register 642, 10. Germinal.)

Aber der jüngere Robespierre war ebenso wie Desfieux dem Hause befreundet; daher genossen diese Damen zweifellos den Vorzug, ziemlich lange ohne Urteil gefangen zu sitzen. Der Sicherheitsausschuß, an den er sich wenden mußte, um Aufschub für sie zu erlangen, war von der Sache unterrichtet. Und der hatte so ein Mittel, ein Schwert gegen seinen Feind in der Hand. Da konnte man ihn festnageln! Wenn die Sache geschickt gemacht wurde, dann konnte Robespierre als der Schutzherr der Spielhöllen erscheinen.

Robespierre? Welcher von den beiden? Man hütete sich zu sagen: der Jüngere. Das hätte der Sache ihre ganze Bedeutung genommen.

Er wurde bald benachrichtigt, zweifellos von seinem Bruder selbst, der ihm beichtete. Er sah den Abgrund und schauderte.

Man weiß nicht, ob er sich zu den Ausschüssen begab oder ob die Ausschüsse zu ihm schickten. Sicher ist, daß sich am Abend des 25. Prairial (14. Juni) zwei schlimme Vorgänge zwischen ihm und ihnen abspielten.

Er überlegte, daß die Sache nicht wiedergutzumachen

war, daß ihre Wirkung durch einen Widerstand verstärkt werden würde, daß er Vorteil daraus ziehen und als Erwiderung auf ihre nichtige Schadenfreude eine neue Gewalt über die Ausschüsse erlangen müsse, mit der er sie vielleicht treffen könne, daß er auf jeden Fall einen entscheidenden Schritt auf seinem Wege zur richterlichen Diktatur tun müsse.

Als daher der alte Vadier mit lauernder Miene zu ihm sagte: »Morgen bringen wir den Bericht über die Angelegenheit Saint-Amaranthe ein«, gab er wider Erwarten eine lässige Antwort.

Jeder glaubte, Robespierre stände mit der Saint-Amaranthe in Verbindung, und dabei kannte er sie allem Anschein nach nicht einmal. Die Unwahrscheinlichkeit der Sache hielt niemanden ab. Daß ein so düster-ernster Mensch, der so fieberhaft tätig war und so erbittert sein tragisches Geschick erfüllte, sich in einem solchen Hause, bei so übelbeleumdeten Damen wie ein Barrère, wie ein Marquis in der Schreckenszeit zu zerstreuen suchte, das fand man natürlich! Die Wut machte sie leichtgläubig und legte ihnen die Binde um die Augen.

Dennoch war zu befürchten, daß Billigkeit und gesunder Menschenverstand wieder ein wenig zu ihrem Rechte kamen und daß wenigstens ein paar Leute die so einfache Sache bedachten: es gibt zwei Robespierre.

Im Juni fand unter großem Lärm und mit unglaublichen Zurüstungen die feierliche Hinrichtung der angeblichen Mörder Robespierres statt, unter die man auch die Saint-Amaranthe eingereiht hatte.

Das Drama der Hinrichtung, das außerordentlich sorgfältig und wirksam vorbereitet war, wies vierundfünfzig Personen auf; alle trugen das Kleid, das bisher nur Charlotte Corday getragen hatte, das dunkelrote Hemd der Elternmörder und der Mörder der Väter des Volkes, der

Abgeordneten. Der Aufzug brauchte von der Conciergerie bis zum Place de la Révolution drei Stunden, und die Hinrichtung dauerte eine Stunde. In dieser langen Spanne von vier Stunden konnte also das Volk die »Mörder Robespierres«[40] ansehen, zählen, kennenlernen, ausforschen und ihre ganze Geschichte erfahren.

Kanonen folgten den Karren und eine Unmenge Truppen. Ein pompöser und furchtbarer Apparat, wie man ihn seit der Hinrichtung Ludwigs XVI. nicht mehr gesehen hatte. »Wie –«, meinte man, »das alles, um *einen* Mann zu rächen! Und was würde man erst beginnen, wenn Robespierre König wäre?«

Fünf oder sechs hübsche und drei ganz junge Frauen waren dabei. Darauf besonders wurde das Volk aufmerksam, das konnte es nicht verschmerzen; – und zu diesen reizenden Frauen gehörte deren ganze Familie, die Saint-Amaranthe mit all den Ihrigen, die Renault mit den Ihrigen, eine vollkommene Tragödie auf jedem Wagen, Weinen und Klagen wechselseitig, Rufe hin und her zum Herz zerbrechen. Madame de Saint-Amaranthe, die anfangs stolz und entschlossen war, wurde jeden Augenblick ohnmächtig.

Eine italienische Schauspielerin, Fräulein Grandmaison, beanspruchte das meiste Interesse. Sie war früher die Geliebte Sartines und blieb ihm auch nach seiner Heirat mit der jungen Saint-Amaranthe treu.[41] Für ihn hatte sie sich zugrunde gerichtet. Da saßen sie zusammen auf demselben Karren, die beiden Unglücklichen, die im Tode Schwestern geworden waren und um die gleiche Liebe starben.

Ein Gerücht lief in der Menge um, eine scheußliche Verleumdung, Saint-Just habe die junge Saint-Amaranthe besitzen wollen und sie aus Eifersucht und Wut angezeigt.

Daß Robespierre so die Saint-Amaranthe, die man für seine Jüngerinnen hielt, im Stich gelassen hatte, das gab Anlaß zu maßlosem Staunen.

Alle Bedingungen des Schreckens und des Lächerlichen schienen in dieser Angelegenheit vereinigt. Der Sicherheitsausschuß, der die Sache gemacht hatte, hatte in seinem wilden Drama, in dem sich Wahres und Falsches mischten, Komödie und Tragödie zugleich übertroffen und alle großen Meister in den Schatten gestellt. Der Unveränderliche und Unbestechliche, auf den heimlichen Wegen seiner leichtfertigen Kunststücke ertappt und, beider Masken beraubt, in seiner Blöße gezeigt: das war der Bosheit ein gefundenes Fressen, und man glaubte alles, griff alles begierig auf, ließ kein Wort aus. Philosoph bei dem Tischler, Messias bei den alten Weibern in der Rue Saint-Jacques – und Spielhalter im Palais-Royal! Man braucht nur diese drei Rollen nebeneinander aufmarschieren zu lassen und sich das blasse Gesicht des unerbittlichen Sittenrichters dazuzudenken! Shakespeare konnte dagegen nicht an, Molière war überwunden; Talma und Garrick waren nichts daneben.

Und wenn man dann gleichzeitig an den feigen Egoismus dachte, mit dem er die Seinigen vorschob und sie im Stich ließ! An die unendliche Klugheit dieses Heilandes, dieses Retters, der nur sich selber rettete und seine Apostel mitsamt Maria Magdalena dem Judas auslieferte, damit sie statt seiner ans Kreuz kämen! Oh! Wut und Verachtung schäumten über in allen Herzen!

Gestern noch Diktator, Papst und Gott, glitt der unglückliche Robespierre heute hinab in den Abgrund der Schande.

So scharf, brennend und unaufhaltsam war der Eindruck der Verleumdung auf die wohlvorbereiteten Seelen. Sein ganzes Leben lang hatte er sich fadenscheiniger Anklagen bedient. Und nun, an diesem letzten Tage, schienen sie ihm heimgezahlt werden zu sollen in einer schwarzen Flut blutigen Schlammes . . .

Fürchterlich waren die Schmähungen, die am folgenden Morgen die Kolporteure ausriefen! »Die heilige Guillotine«, »Die Vierundfünfzig in roten Mänteln«, »Die Mörder Robespierres«, so tönte ihr heulender Ruf, und noch lauter brüllten sie: »Die Geheimnisse der Mutter Gottes!« Es regnete kleine Schmähschriften, und Millionen Sticheleien, welche die stürmische Stunde gebar, flogen unter diesem Titel umher. Diese Kolporteure, Anhänger Marats und Héberts, die immer noch ihren Beschützern nachtrauerten, sorgten durch ihr infernalisches Geschrei, daß der Bericht, der auf einen Befehl hin in beinahe hunderttausend Exemplaren bereits gedruckt war, in die allerbreiteste Öffentlichkeit gelangte.

Man stellte diesen Leuten nach. Aber da half nichts: Der Kampf der großen Gewalthaber wurde auf ihrem Rücken ausgefochten. Die Gemeinde Robespierres setzte sie entschlossen in Haft. Aber der Sicherheitsausschuß ließ sie sofort wieder frei. Sie wurden nur um so wilder und rasender in ihrem Geschrei. Von der Versammlung bis zu den Jakobinern und von da bis zum Hause Duplay, gegenüber der Himmelfahrtskirche, hallte die ganze Rue Saint-Honoré wider von ihren Rufen, die Fensterscheiben zitterten davon. Der »große Zorn des Vater Duchesne«[42] schien triumphierend wiedergekehrt zu sein in ihren schamlosen Mäulern und ihren verzerrten Gesichtern.

Gleichgültigkeit gegen das Leben.
Der Lauf der Liebe in den Gefängnissen
(1793-1794)

Die übermäßige Häufigkeit der Todesstrafe hatte ihre gewöhnliche Wirkung hervorgebracht: eine erstaunliche Gleichgültigkeit gegen das Leben.

Die Schreckenszeit war in der Hauptsache eine Lotterie. Sie traf wie aus Zufall, sehr oft traf sie daneben. Sie verfehlte so ihren Gegenstand. Das große Opfer an Mühen und Blut, das furchtbare Anwachsen des Hasses waren ganz umsonst. Man fühlte undeutlich, aber instinktiv die Nutzlosigkeit dessen, was geschah. Die Folge war eine große Entmutigung, eine reißende, unheilvolle Demoralisation, eine Art moralischer Cholera.

Wenn das moralische Gefühl stumpf wird, dann treten zwei Gegensätze zutage. Die einen, entschlossen zu leben um jeden Preis, lassen sich im dicksten Sumpf nieder. Die anderen kommen vor Überdruß und Ekel dem Tode zuvor oder fliehen ihn wenigstens nicht.

In Lyon hatte es so begonnen[43]; die allzu häufigen Hinrichtungen hatten die Zuschauer abgestumpft; einer von ihnen sagte bei der Rückkehr: »Wie soll ich es anfangen, guillotiniert zu werden.« In Paris entschlüpften fünf Gefangene den Gendarmen; sie hatten nur noch einmal ins Vaudeville gehen wollen. Der eine kam zum Gericht zurück. »Ich kann die anderen nicht wiederfinden. Können Sie mir sagen, wo unsere Gendarmen sind? Geben Sie mir bitte Auskunft.«

Solche Anzeichen bewiesen allzu deutlich, daß die Schreckensherrschaft endgültig ihre Kraft verlor. Die unnatürliche Anspannung konnte nicht von Bestand sein.

Die Natur, die allmächtige, unzähmbare Natur, die nirgendwo kräftiger Wurzel schlägt als auf den Gräbern, erschien siegreich wieder unter tausend unerwarteten Gestalten. Krieg, Schrecken und Tod, alles, was gegen sie zu sein schien, brachten ihr neue Triumphe. Niemals waren die Frauen so stark. Sie übertrafen sich selbst, hielten alles in Bewegung. Die Härte des Gesetzes machte die Schwächen des Gewährens gleichsam rechtmäßig. Sie meinten dreist, wenn sie dem Gefangenen ihre Gunst schenkten: »Wenn ich heute nicht liebenswürdig bin, dann ist es morgen zu spät.« Morgens begegnete man jungen, hübschen Leuten ohne Bart, die mit verhängtem Zügel ihr Kabriolett führten; das waren menschenfreundliche Frauen, welche die Machthaber des Tages aufsuchten und sie mit Bitten bestürmten. Von da bis zu den Gefängnissen führte das Mitleid sie einen weiten Weg. Ob es nun Trösterinnen von draußen oder Gefangene drinnen waren: Keine wehrte sich. Den letzteren bot ja die Schwangerschaft eine Möglichkeit, leben zu bleiben.

Ein Wort wurde unaufhörlich wiederholt und bei jeder Gelegenheit gebraucht: Die Natur! Der Natur folgen! Überlaßt euch der Natur! usw. Das Wort »Leben« ersetzte es im Jahre 1795: Leben wir unser Leben! Sein Leben versäumen, usw.

Man hatte Angst, es zu versäumen, man ergriff es im Vorbeischweben, man geizte mit jedem Krümchen, das es ihnen bot. Man stahl dem Schicksal alles, was man erwischen konnte. Die Menschenwürde war ganz vergessen. In diesem Sinne war die Gefangenschaft eine völlige Befreiung. Würdige Männer, ernste Frauen gaben sich her zu tollen Aufzügen, zu Verspottungen des Todes. Die beliebteste Belustigung war die Vorprobe des höchsten Dramas, das Anprobieren der letzten Toilette und das Einüben des Todesganges. Diese schauerlichen Possen ließen gewagte

Zurschaustellungen der Schönheit zu, man wollte ein Bedauern für das erwecken, was der Tod ereilen sollte. Wenn man einem Royalisten Glauben schenken soll, so unternahmen vornehme, gesittete Damen auf wackeligen Stühlen das Wagnis. Selbst in der düsteren Conciergerie, in die man nur gebracht wurde, wenn man sterben mußte, sahen die tragischen, geweihten Eisenstäbe, die Zeugen der mannhaften Predigten Madame Rolands, oft zu gewissen Stunden sehr viel weniger ernste Vorgänge; Nacht und Tod hüllten sie in ihr Geheimnis.

Die Assignaten flößten kein Vertrauen ein[44], und man beschleunigte ihren Umsatz. Ebenso besaß der Mensch keine Sicherheit, länger zu dauern als das Papier; so überstürzten sich die Liebesverhältnisse, wurden gebrochen und erneuerten sich in ungewöhnlich schnellem Wechsel. Das Dasein verdunstete sozusagen. Nichts Festes gab es mehr, alles war flüssig und bald flüchtiges Gas.

Lavoisier[45] hatte gerade seinen großen modernen Gedanken aufgestellt und bewiesen: fest, flüssig und gasförmig, die drei Formen der gleichen Substanz.

Was ist der Leib des Menschen und das Leben? Ein festgewordenes Gas.*

---

* Ich finde zu meiner Freude bei Liebig (Neue Briefe über die Chemie, Brief XXXVI) die sehr wichtige Beobachtung, die mir trotz der äußersten Veränderlichkeit des physischen Wesens den festen Bestand und die Unabhängigkeit meiner Seele garantiert: »Ist das einmal erreichte, bewußte, denkende und empfindende Wesen, welches das Mensch genannte Gefäß mit kondensierter Luft bewohnt, eine einfache Wirkung seines Baues und seiner inneren Verfassung? Viele glauben es. Aber wenn das wahr wäre, so müßte der Mensch dem Ochsen oder jedem anderen niederen Tiere gleich sein, von dem er sich nach Zusammensetzung und Verfassung nicht unterscheidet.« Je mehr mir die Chemie beweist, daß ich materiell dem Tiere gleiche, um so mehr verpflichtet sie mich, meine Kräfte, die so verschieden und den seinigen so überlegen sind, zu einem anderen Prinzip in Verhältnis zu setzen.

ROBESPIERRES STURZ (9. THERMIDOR, 27. JULI 1794)

Untergang aller Parteien durch die Frauen

Wenn die Frauen anfangs der revolutionären Begeisterung eine neue Fackel anzündeten, so darf man doch nicht vergessen, daß sie dagegen unter dem Antrieb einer blinden Reizbarkeit auch frühzeitig zum Rückschritt beitrugen und selbst dann, wenn ihr Einfluß durchaus Achtung verdiente, oft den Tod der Parteien vorbereiteten.

Lafayette wäre durch die Uneigennützigkeit seines Charakters, die Nachahmung amerikanischer Verhältnisse, die Freundschaft mit Jefferson usw. sehr weit gekommen. Er wurde besonders durch den Einfluß schmeichelnder Frauen aufgehalten, die ihn umstrickten, und sogar durch den seiner Frau, deren offenbare Ergebung, deren Kummer und Tugend sein Herz mächtig rührten. Er hatte in ihr einen tüchtigen Anwalt des Königtums im Hause, der durch seine stummen Tränen wirkte. Sie konnte sich nicht darüber trösten, daß ihr Gatte des Königs Kerkermeister wurde. Sie war eine geborene Noailles und lebte mit ihren Eltern fast ausschließlich im Kloster der Miramionen, einem der bedeutendsten Herde des royalistischen Fanatismus. Schließlich floh sie in die Auvergne und verließ ihren Gatten, der dann allmählich der Verteidiger des Königtums wurde.

Die Besieger Lafayettes, die Girondisten, waren gleichfalls, wie man gesehen hat, durch die Frauen großen Unannehmlichkeiten ausgesetzt. Wir haben an anderer Stelle die kühnen Unvorsichtigkeiten Madame Rolands erwähnt. Wir haben gesehen, wie das Genie Vergniauds bei den allzu süßen Klängen der Harfe Fräulein Candeilles eindämmerte und erschlaffte.

Robespierre hängte man sehr mit Unrecht die leichtsinnigen Streiche seines Bruders an, trug ihm aber mit Recht den Götzendienst nach, den er mit sich treiben ließ, und die lächerliche Anbetung, die ihm seine blinden Anhänger zollten. Er kam in der Tat durch die Sache der Catherine Théot tödlich zu Fall.

Und wenn wir uns von den Republikanern zu den Royalisten wenden, machen wir dieselbe Beobachtung. Die Unvorsichtigkeiten der Königin, ihr Ungestüm und ihre Fehler, ihre Beziehungen zum Auslande trugen mehr als irgend etwas anderes dazu bei, das Schicksal des Königtums zu beschleunigen.

Die Vendéerinnen arbeiteten frühzeitig daran, den Bürgerkrieg vorzubereiten und ins Werk zu setzen. Aber ihr blindwütender Eifer war auch einer der Gründe, die ihn mißglücken ließen. Die Hartnäckigkeit, mit der sie der großen Armee folgten, die im Oktober 1793 die Loire überschritt, trug mehr als etwas anderes zu ihrer Auflösung bei. Der fähigste der Vendéer, Herr de Bonchamps, hatte gehofft, daß die verzweifelte und dadurch zum Äußersten entschlossene Vendée Frankreich, dessen Streitkräfte an den Grenzen waren, durcheilen würde, wenn sie ihr starkes, tiefgelegenes Bocage verlassen hätte und in das offene Land geführt sei. Dieser Ansturm eines wütenden Keilers erforderte eine reißende Schnelligkeit, eine gewaltige Schwungkraft, eine heldenkühne Entschlossenheit der Männer und Soldaten. Bonchamps hatte nicht in Berechnung gezogen, daß zehn- oder zwölftausend Frauen sich den Männern der Vendée anhängen und sich mitnehmen lassen würden.

Sie hielten es für zu gefährlich, im Lande zu bleiben. Da sie überdies abenteuerlich waren und ihr leidenschaftlicher Eifer, mit dem sie den Bürgerkrieg begonnen hatten, nicht nachgelassen hatte, so wollten sie sich ebenfalls der höchsten Gefahr desselben aussetzen. Sie schworen, daß sie schneller und besser als die Männer marschieren und bis ans Ende der Welt gehen würden. Die einen waren Frauen mit sitzenden Lebensgewohnheiten, die anderen Nonnen (wie die Äbtissin von Fontevrault), aber alle begrüßten freudig den ihnen unbekannten Reiz des Kreuzzuges und eines freien, kriegerischen Lebens. Und warum sollte die Revolution, die von den Männern so schlecht bekämpft wurde, nicht von den Frauen besiegt werden, wenn Gott es wollte?

Man fragte die Tante eines meiner Freunde, die bis dahin eine wackere Nonne war, was sie bezwecke, indem sie diesem großen, buntgemischten Heere folge, bei dem sie vielen Zufällen ausgesetzt sei. Sie antwortete kriegerisch: »Dem Konvent Furcht einzujagen.«

Sehr viele Vendéerinnen glaubten, daß die weniger begeisterten Männer ihre Hilfe nötig brauchten und durch ihre Energie angefeuert werden müßten. Sie wollten dafür sorgen, daß ihre Gatten und Liebhaber frisch drauflos marschierten, und ihren Priestern Mut einflößen. Beim Übergang über die Loire waren die Barken wenig zahlreich, und sie verbrachten die Wartezeit damit, zu beichten. Die Priester hörten sie ab und saßen dabei auf den Hügeln am Ufer. Der Vorgang wurde durch einzelne verirrte Schüsse aus dem Geschütz der Republikaner gestört. Einer der Beichtiger floh. Sein Beichtkind erwischte ihn wieder: »Lieber Vater, bitte die Absolution!« »Meine Tochter, sie ist dir gewährt!« – Aber sie ließ ihn nicht los, sondern hielt ihn an der Soutane fest; er mußte unter dem Feuer aushalten.

So unerschrocken diese Damen waren, bildeten sie dennoch ein großes Hemmnis für die Armee. Sie waren in fünfzig großen Wagen zusammengepfercht; außerdem waren Tausende auf Karren untergebracht oder zu Pferd, oder sie gingen zu Fuß im bunten Gemisch. Viele schleppten Kinder mit sich. Einige waren schwanger. Sie fanden bald die Männer anders, als sie beim Ausmarsch waren. Die Tugenden des Vendéers hingen von seinen Gewohnheiten ab; außerhalb seiner Heimat war er demoralisiert. Das Vertrauen zu seinen Führern, seinen Priestern schwand; er hatte die ersteren im Verdacht, fliehen und sich aus dem Staube machen zu wollen. Bei den Priestern erschien alles in schamloser Offenheit: ihre Streitsucht, die Schurkerei des Bischofs von Agra, die Intrigen Berniers, ihre bis dahin verheimlichten Unsitten. Die Armee verlor ihren Glauben an sie. Kein Mittelpunkt war mehr vorhanden; gestern gläubig, wurden sie heute plötzlich Zweifler, viele hatten vor nichts mehr Achtung.

Die Vendéerinnen wurden grausam bestraft für den Anteil, den sie am Bürgerkriege genommen hatten. Von den nun folgenden Ersäufungen abgesehen: bei Mans wurden einige dreißig Frauen unmittelbar in der Schlacht erschossen. Viele andere, das ist wahr, wurden von den Soldaten gerettet, die den zitternden Damen den Arm reichten und sie aus dem Getümmel brachten. Man barg sie, soweit es anging, in den Familien der Stadt. Marceau rettete in einem ihm zugehörigen Kabriolett ein junges Mädchen, das all die Seinigen verloren hatte. Es lag ihr wenig daran, am Leben zu bleiben, und sie tat nichts, um ihrem Retter zu helfen; so wurde sie verurteilt und kam um. Einige heirateten die Männer, die sie gerettet hatten; diese Ehen nahmen einen bösen Ausgang; die unversöhnliche Bitterkeit kehrte bald zurück.

Ein junger Beamter aus Mans namens Goubin fand am Abend nach der Schlacht ein armes Mädchen, das sich unter einer Haustür verbarg und nicht wußte, wohin es gehen sollte. Da er selbst unbekannt in der Stadt war und kein sicheres Haus wußte, so nahm er sie mit nach Hause.

Da die Unglückliche vor Frost oder Furcht zitterte, so überließ er ihr sein eigenes Bett. Als kleiner Gehilfe mit sechshundert Francs Gehalt besaß er nur ein Stübchen, einen Stuhl und ein Bett, sonst nichts. Acht Nächte nacheinander schlief er auf dem Stuhl. Dann wurde er müde und krank und bat sie, angekleidet bei ihr schlafen zu dürfen; das erlaubte sie. Überflüssig zu sagen, daß es kam, wie es kommen mußte. Eine günstige Gelegenheit ermöglichte es dem Mädchen, zu ihren Eltern zurückzukehren. Es stellte sich heraus, daß sie reich und aus gutem Hause war, und – das ist das erstaunlichste – sie besaß auch ein Gedächtnis. Sie ließ Goubin sagen, daß sie ihn heiraten wolle, und erhielt die Antwort: »Nein, Fräulein, ich bin Republikaner; die Blauen sollen blau bleiben.«

Die Frauen und die Reaktion

Mehrere Ursachen beschleunigten nach dem 9. Thermidor die Reaktion.

Die übermäßige Anspannung der revolutionären Regierung war es und der Überdruß an einer Ordnung der Dinge, welche dem Verstande und dem Herzen die härtesten Opfer auferlegte. Überströmend wurde das Erbarmen, blind, unwiderstehlich.

Man braucht sich nicht darüber zu wundern, wenn die Frauen die hauptsächlichsten Geschäftsführer der Reaktion wurden.

Die gewollte Vernachlässigung der Kleidung, die Annahme volkstümlicher Sprache und Sitten, das Ungezwungene der Zeit sind mit dem Namen Zynismus gebrandmarkt worden. In Wirklichkeit war jedoch die republikanische Obrigkeit in ihrer wachsenden Härte einmütig darin, als Gewähr für die bürgerliche Tugend strenge Sitten einzuführen.

Die moralische Zensur wurde nicht nur von den Behörden, sondern auch von den Volksvereinen ausgeübt. Mehr als einmal wurden Ehebruchsprozesse bei der Kommune und den Jakobinern anhängig gemacht. Beide treffen die Entscheidung, daß der unmoralische Mann »verdächtig« ist. Eine schwere, unheilvolle Benennung, die damals gefürchteter war als jede andere Strafe.

Niemals verfolgte eine Regierung die öffentlichen Dirnen energischer.

Daher stammt die Hilfe, die man unehelichen Müttern gewährte, worüber so viel geredet worden ist. Tatsächlich werden die meisten Mädchen, die einen Fehltritt begangen haben, wenn man sie nicht unterstützt, öffentliche Dirnen. Das verlassene Kind kommt in die Armenhäuser, das heißt, es stirbt.

Die Ball- und Spielhäuser (die damals mit den Häusern der Prostitution gleichbedeutend waren) waren beinahe verschwunden.

Die Salons, in denen die Frauen bis zum Jahre 1792 so sehr geglänzt hatten, wurden im Jahre 1793 geschlossen.

Die Frauen hielten sich ihrer Wirksamkeit für beraubt. Unter dieser ungeselligen Regierung wären sie nur Gattinnen und Mütter geworden.

Die Entspannung erfolgte am 9. Thermidor. Ein unerhörtes Überschäumen, ein wütendes Bacchanal begann am gleichen Tage.

Auf dem langen Wege, den man Robespierre zum Schafott machen ließ, boten die Fenster, die zu den höchsten Preisen gemietet wurden, den fürchterlichsten Anblick. Unbekannte Gestalten, die sich seit langer Zeit verborgen hatten, waren ans Licht gekommen. Sehr viele Reiche und Mädchen standen auf den Balkonen zur Schau. Dank des gewaltsamen Rückschlages des öffentlichen Gefühls wagte sich ihre Wut offen zu zeigen. Die Frauen besonders boten ein unerträgliches Schauspiel. Schamlos, halb nackt, unter dem Vorwande, man sei im Juli, den Busen mit Blumen überladen, auf die Fensterkissen gestützt und mit halbem Leibe auf die Rue Saint-Honoré hinausgelehnt, die Männer hinter ihnen, schrien sie mit greller Stimme: »In den Tod! Auf die Guillotine!« Kühn legten sie an diesem Tage die großen Toiletten wieder an, und abends gingen sie »zum Souper«. Niemand tat sich mehr Zwang an.

De Sade[46] wurde am 10. Thermidor aus der Haft entlassen.

Als der Todeszug bei der Himmelfahrtskirche ankam, machten die Schauspielerinnen vor dem Hause Duplay eine Szene. Furien vollführten einen Rundtanz. Ein Kind stand an der Brücke mit einem Eimer Ochsenblut und besprizte mit einem Besen das Haus. Robespierre schloß die Augen.

Abends rannten dieselben Bacchantinnen nach Saint Pélagie, wo die Mutter Duplay saß, und schrien, sie seien die Witwen der Opfer Robespierres. Sie ließen sich von den erschreckten Gefangenenwärtern die Türen öffnen, erwürgten die alte Frau und hingen sie an einer Gardinenstange auf.

In Paris wurde es wieder sehr lustig. Hungersnot herrschte freilich. Im Westen und Süden mordete man ungestört. Das Palais Royal war überfüllt von Spielern und Mädchen, und die Damen, halbnackt, stellten die öffentlichen Dirnen in den Schatten. Dann begannen die »Bälle der Opfer«, bei denen die schamlose Unzucht ihre falsche Trauer in einer wüsten Orgie austobte.

Der »empfindsame Mensch« spekulierte seufzend in Assignaten und Nationalgütern. Die »schwarze Bande«[47] weinte heiße Tränen um Verwandte, die sie niemals besessen hatte. Die Marquisen und Gräfinnen, die royalistischen Schauspielerinnen kehrten frech nach Frankreich zurück, kamen aus den Gefängnissen oder aus ihren Schlupfwinkeln hervor und arbeiteten unermüdlich daran, den Schrecken royalistisch zu machen; sie umstrickten die Terroristen, fingen die Thermidorianer in ihre Netze, trieben sie zu Mordtaten und wetzten ihnen das Messer, um die Republik im Blut zu ertränken. Zahlreiche Montagnards: Tallien, Bentabole, Rovère hatten sich vornehm verheiratet. Der Schlächter Legendre, der lange Zeit am Boden lag wie ein angestochener Ochse, wütete plötzlich unter dem Ansporn der Contat wieder los; diese boshafte Suzanne aus Beaumarchais' »Figaro« warf dem Stier die Schlinge über und trieb ihn mit gesenkten Hörnern mitten unter die Jakobiner.

Diese Dinge brauchen wir nicht zu erzählen. Sie gehören alle nicht mehr zur Revolution. Sie bilden den Anfang der langen Reaktion, die nun schon ein halbes Jahrhundert dauert.

SCHLUSS

Der Hauptfehler dieses Buches ist, daß es seinen Titel nicht erfüllt. Es handelt nicht über die »Frauen der Revolution«, sondern über einige Heldinnen, einige mehr oder weniger berühmte Frauen. Es spricht von besonders hervorbrechenden Tugenden. Unendlich viele heimliche Opfer wurden dargebracht, die um so verdienstvoller sind, als kein Ruhm von ihnen kündet.

Was die Frauen im Jahre 1789, beim Aufgang der Morgenröte, was sie im Jahre 1790, als die Sonne am höchsten stand, bedeuteten, in der heiligen Stunde der Verbrüderungen, mit wie begeistertem Herzen sie den Altar der Zukunft errichteten – und schließlich im Ausgang des Jahres 1792, als sie sich dieses Herz ausreißen und alles, was sie liebten, zum Opfer bringen mußten! – wer vermöchte das zu schildern? Ich habe es an anderer Stelle unternommen, ein flüchtiges Bild davon zu zeichnen, aber wie unvollständig ist das!

Während der zehn Jahre, die dieses historische Werk in Anspruch nahm, habe ich auf meinem Lehrstuhl im Collège de France versucht, die großen Gegenstände des Einflusses der Frau und der Familie wieder aufzunehmen und zu vertiefen.

Besondes im Jahre 1848 lehrte ich, die Frau müsse den Anfang machen mit der Erneuerung unserer Verhältnisse. Ich sprach zur Republik: ihr werdet den Staat nicht fest begründen ohne eine moralische Reform der Familie. Das zerrüttete Familienleben wird nur am Sitz des neuen Altars erstarken, der von der Revolution gegründet wurde.

Was hat die große Mühe genützt? Und wie haben diese Worte gewirkt? Wo ist die wohlwollende, sympathische Zuhörerschaft?

Soll ich mit dem alten Villon sprechen: »Wo ist der Schnee vom vorigen Jahr?«

Aber die Mauern wenigstens denken noch daran, der Saal, der von der mächtigen Stimme Quinets widerhallte, und das Gewölbe, in dem ein prophetisches Wort Mickiewicz' in feurigen Buchstaben geprägt wurde.

Ja, ich sagte zu den Frauen: Keiner ist mehr am Staate interessiert als ihr, denn keiner trägt schwerer als ihr das Gewicht des allgemeinen Unglücks.

Der Mann gibt sein Leben hin und seinen Schweiß. Ihr gebt eure Kinder.

Wer bezahlt mit seinem Blute? Die Mutter.

Sie leistet den größten Beitrag zu unseren Angelegenheiten, den wertvollsten Einsatz.

Wer hat mehr als ihr das Recht, die Pflicht, sich über dieses Interesse aufzuklären und sich durchaus um die Schicksale des Vaterlandes zu kümmern?

Frauen, die ihr dieses Buch lest, zerstreut eure Aufmerksamkeit nicht bei den wechselnden Anekdoten dieser Lebensbilder. Beachtet wohl die ersten und die letzten Seiten.

Was lest ihr auf den ersten?

Die Empfänglichkeit, das Herz, das Mitleid mit dem Elend der Menschen trieb euch im Jahre 1789 in die Revolution. Ihr hattet Mitleid mit der Welt und ihr brachtet es soweit, daß ihr sogar die Familie opfern konntet.

Und was besagt der Schluß des Buches?

Wieder trugen Empfänglichkeit, Mitleid, Schauder vor dem Blut, sorgende Liebe zur Familie mehr als alles andere dazu bei, euch in die Arme der Reaktion zu treiben.

Der Schauder vor dem Blut! Und der weiße Schrecken in den Jahren 1795 und 1815 vergoß durch seine Gewalttaten mehr Blut als das Schafott im Jahre 1793.

Die Liebe zur Familie! Für eure Söhne, für ihr Leben und ihr Wohlergehen verleugnetet ihr den Gedanken von 1792, die Erlösung der Welt. Ihr suchtet bei den Starken Schutz. Doch was wurde aus euren Söhnen? So jung ich damals noch war, mein Gedächtnis täuscht mich nicht: wart ihr nicht alle in Trauer bis zum Jahre 1815?

Täuschte euch euer Herz im Jahre 1789, als es die Welt erlösen wollte? Die Zukunft wird sagen: nein. Aber nichts ist so sicher, als daß es euch während der Reaktion dieser Zeit getäuscht hat, als ihr der Familie die Welt opfertet und dann später sehen mußtet, wie die Familie dahingerafft und Europa mit den Gebeinen eurer Kinder besät wurde: die Vergangenheit hat es euch gelehrt.

Noch etwas anderes soll sich für euch aus diesem Buch ergeben.

Vergleicht, ich bitte euch, das Leben eurer Mütter mit eurem eigenen, ihr volles, starkes, an Taten und edlen Leidenschaften reiches Leben. Und dann blickt, wenn ihr könnt, auf die Nichtigkeit, die Langeweile, die Lässigkeit, in der eure Tage dahinschleichen. Was ist euer Anteil, eure Rolle in diesem erbärmlichen Halbjahrhundert der Reaktion?

Soll ich euch offen sagen, woher der Unterschied kommt?

Sie liebten die Starken und die Lebendigen. Ihr liebt die Toten.

Lebendig nenne ich die, deren Taten und Werke die Welt erneuern, sie wenigstens in Bewegung setzen, die sie durch ihre Tätigkeit in Atem halten und mit ihr treiben in dem starken Winde, von dem die Segel des Jahrhunderts geschwellt sind, deren Aufschrift lautet: *Vorwärts!*

Und die Toten? So nenne ich, Madame, den Taugenichts, der Sie mit zwanzig Jahren durch seine Frivolität amüsiert, den gefährlichen Menschen, der Sie mit vierzig auf die Wege frommer Ränke leitet, der Sie mit Belanglosigkeiten, zwecklosen Zerstreuungen, unfruchtbarer Langeweile unterhält.

Wie! Während man vor euch das lebendige Leben der Welt verbirgt, während der strahlende moderne Geist in seiner gewaltigen Fruchtbarkeit seine Wunder jeden Tag und jede Stunde vervielfältigt, während Dampf und Photographie, Eisenbahn und elektrischer Telegraph (der bald das Gewissen der Erde sein wird), während die mechanischen und chemischen Künste euch mit ihren Wohltaten, ihren unendlichen Gaben überschütten, ohne daß ihr es wißt (und sogar das Kleid, das ihr tragt, ist das Ergebnis von zwanzig Wissenschaften), während das Leben so verschwenderisch reich ist, will man euch in die Gruft einschließen!

Will man euch benutzen, die Ruine zu retten, die nicht mehr zu retten ist.

Wenn ihr das Mittelalter liebt, so hört das prophetische Wort, das ich aus einem seiner Gesänge, einer alten, eigenartigen und erhabenen Prose[48] übersetze:

> Neues überwindet Altes,
> Schatten wird vom Licht verjagt,
> Nacht entflieht vor Tageshelle . . .

. . . . . .
Knie hin! Und sage Amen!
Du hast genug an Kraut und Stroh –
Laß die alten Dinge – Und voran! –

Ihr Töchter des langen Friedens, der sich seit 1815 hinschleppt, lernt eure Lage wohl erkennen.

Seht ihr da hinten all die schwarzen Wolkenbälle, die zu bersten beginnen? Und hört ihr, wie unter euren Füßen der Boden bebt, wie die unterirdischen Vulkane grollen, und wie die Natur seufzt?

Dieser dumpfe Friede, der für euch eine Zeit der Lässigkeit und der Träume war, wurde für ganze Völker der Alp, der sie am Boden hielt. Er ist zu Ende. Ich kenne euer Herz, danket Gott, der das lastende, bleierne Siegel hebt, unter dem die Welt keuchte.

Dieses Wohlbehagen, in dem eure Weichheit erschlaffte, mußte enden. Um nur eine Gefahr zu erwähnen: wer sähe nicht die barbarische Raubgier des Nordens herannahen: Rußlands trügerisch blendenden Zauber und byzantinische Arglist, die Kosakenwildheit gen Westen hetzt?

Vergesset, vergesset, daß ihr Töchter des Friedens wart! Heute seid ihr in der hohen und schweren Lage, in der eure Mütter waren in den Tagen der großen Kämpfe. Wie bestanden sie die Prüfungen? Es ist Zeit für euch, danach zu fragen.

Sie nahmen nicht allein das Opfer auf sich, sie liebten es, sie kamen ihm zuvor.

Das Schicksal, die Notwendigkeit, die ihnen Furcht einzujagen glaubten und mit Schwertern in den Händen zu ihnen kamen, fanden sie stark und lächelnd, fern von weichlichen Klagen, von Verwünschungen gegen den Tod.

Und stärker versuchte sie das Geschick. Es traf das, was

sie liebten. Und da fand es sich noch größer, und sie sagten unter ihrem Trauerflor: »Der Tod! Ja. – Aber ein Tod, der unsterblich macht!«

Darauf hörte ich viele von euch erwidern: »Auch wir werden stark sein! Mögen sie kommen, die Prüfung und die Gefahr! Die großen Entscheidungen werden uns immer bereit finden. Wir werden ihnen nicht unterliegen.«

Der Gefahr? Ja, vielleicht; aber den Entbehrungen? Dem lange dauernden Wechsel der Lage, der Gewohnheiten? Da liegt die Schwierigkeit und die Klippe selbst für ein edles Herz!

Dem verschwenderischen, üppigen Leben entsagen, leiden, fasten – einverstanden, wenn es sein müßte! Aber sich aus dieser Welt von eleganten Nichtigkeiten losmachen, die bei dem Zustand unserer Sitten die Poesie der Frau auszumachen scheinen! Ach, das ist zu viel! Viele würden lieber sterben!

In den sogenannten glücklichen Jahren, die 1848 herbeiführten, als der moralische Horizont sich so sehr verdunkelt hatte, als das dumpfe Dasein, das durch keine Hoffnung, durch keine Erprobung gehoben wurde, in sich selbst zusammensank, forschte ich oft in mir, welche Gelegenheit, welche Möglichkeit zur Erneuerung noch übrig bleibe.

Von einer Menge Leute umgeben, von denen einige Vertrauen hatten, viele andere dagegen von beunruhigenden Anzeichen einer Baufälligkeit des türkischen Reiches erschreckt waren, blickte ich besorgt um mich. Was sah ich vor meinem Lehrstuhl? Eine glänzende Jugend. Eine reizende, sympathische Zuhörerschaft, die scharfsinniger war als je eine. Waren sie Anhänger einer Idee? O ja! Mehr als einer hat es bewiesen! Aber dennoch bildete für viele die Übersättigung mit Kultur eine Klippe, die unendliche

Neugier, die Beweglichkeit des Geistes, die wechselnden Neigungen zu dem einen oder anderen System, eine Schwäche für geistreiche Utopien, die eine harmonische Welt versprechen, ohne Kampf und Streit, welche alle nutzlose Entbehrung wiedergutmachen und die Notwendigkeit des Opfers und die Gelegenheit zur Hingabe von der Erde verschwinden lassen würde.

Das Opfer ist das Gesetz dieser Welt. Wer wird sich opfern?

So lautete die Frage, die ich mir traurig vorlegte.

»Gott gebe mir einen Stützpunkt«, sagte der Philosoph, »und ich will die Erde von der Stelle bewegen.«

Keinen anderen Stützpunkt gab es als die Willigkeit zum Opfer.

Würde die Pflicht genügen, sie zu wecken? Nein, dazu braucht es der Liebe.

»Wer liebt noch?« Das ist die zweite Frage, die der Moralist sich vorlegen mußte.

Eine unangebrachte Frage? Keineswegs! Trotz der kalten Welt, des wachsenden Interessenkampfes, des Egoismus, der politischen Ränke, der Banken, der Börse, von denen wir uns rings umgeben sehen.

»Wer liebt?« (Die Natur gab mir die Antwort.) Wer liebt? Die Frau.

»Aus Liebe liebt sie eines Tages. Aus Muttergefühl. Um neues Leben zu wecken.«

Ich wandte mich also an die Frau, an die Mutter, damit sie den großen sozialen Anstoß gäbe.*

---

* Die Weisen werden sagen: »So verlassen Sie also den festen Boden der Idee und begeben sich auf die Irrwege des Gefühls.«

Darauf würde ich erwidern: »Wenige, sehr wenige Ideen sind neu. Fast alle, die in unserem Jahrhundert zum Durchbruch kommen und es mit fortreißen wollen, sind schon sehr oft, und immer nutzlos, aufgetaucht. Die Wirksamkeit einer Idee beginnt nicht so sehr mit der ersten Bestim-

Der gute Ballauche hatte trotz aller seiner dunklen, mystischen Romane bisweilen lichte Augenblicke und wahre Intuitionen. Eines Tages legten wir ihm, um ihn in Verlegenheit zu bringen, die Frage vor: »Was ist die Frau nach Ihrer Ansicht?« Er sann einige Zeit nach. Seine sanften Augen, die wie die einer verirrten Hündin aussahen, wurden noch unsteter als gewöhnlich. Endlich sagte der Greis, errötend wie ein junges Mädchen bei einer Liebeserklärung: »Die Frau ist eine erste Weihe.«

Ein herrliches Wort, ein tiefes Wort, unerschöpflich wahr und zart, in hundert Graden und Formen.

Die Frau ist die Weihe der Tat, die unerhört sanfte und geduldige Macht, die zur Weihe zu leiten weiß.

Sie ist selbst der Gegenstand der Weihe. Sie weiht zur Schönheit, die sie selbst ist, zur Schönheit in ihren verschiedenen Graden, vor allem zum erhabensten Grade, der Schönheit des Opfers.

Das schwere, tragische Opfer, das oft durch den Kampf, die Mühe, die es kostet, abstößt – in der Mutter ist es

---

mung ihres Begriffs als mit ihrer endgültigen Festsetzung, wenn sie in der heißen Glut der Liebe empfangen, von der Kraft des Herzens befruchtet, zur Blüte treibt.

Erst dann ist sie kein Wort mehr, sondern ein lebendes Wesen; und als solches wird sie geliebt und begeistert aufgenommen, wie ein teures Neugeborenes, das die Menschheit in ihre Arme nimmt.

Wir sind reich, überreich an Ideen und Systemen. Welches wird uns retten? Mehr als eins vermöchte es. Das hängt von der Stunde der Entscheidung und von unseren Umständen ab, die sehr verschieden sind, entsprechend der Verschiedenheit der Zeiten und Völker.

Das Große und Schwierige ist, daß die fruchtbare Idee im entscheidenden Augenblick auf einen wohlvorbereiteten Herd des moralischen Willens trifft, auf heldenmütige Begeisterung, Hingabe, Opferwilligkeit. Wo soll ich den zündenden Funken finden in der erkalteten Welt? Das sagte ich mir.

Und ich fand den unauslöschlichen Funken, den Herd, der noch brennen wird, wenn die Welt in Trümmern liegt, die unsterbliche Glut des Mutterherzens.«

harmonisch, es wird einbegriffen in ihre eigene Harmonie, das ist ihre höchste Schönheit.

Anderswo ringt das Opfer, reißt sich los und zerreißt sich. In ihr lächelt es und ist dankbar. Wenn sie ihr Leben hingibt für das, was sie liebt, für ihre Fleisch gewordene, lebende Liebe (für ihr Kind meine ich), dann klagt sie noch, daß sie wenig gibt.

Jedes Ding fleht sie an, ihrer Kraftlosigkeit beizustehen, alles ladet sie ein, die Wiege auszustatten. Ach! Warum hat sie keinen Edelstein von oben, keinen Stern Gottes! Der goldene Zweig der Sibylle, dieser untrügliche Führer, dünkt ihr zu wenig für seine ersten schwankenden Schritte. Der Lichtstrahl, auf dem Beatrice die geliebte Seele von einer Welt zur anderen emporsteigen ließ, war zweifellos glänzend hell, aber besaß er die Wärme des feuchten Strahles, der im Auge einer Mutter zittert?

Sie, die jedes Ding zur Hilfe ruft, hat viel mehr in sich, ihren Sohn zu beschenken.

Sie besitzt ihr eigenstes, ihre tiefe Mutternatur, die unbegrenzte Opferfreudigkeit.

Doch Danke! Wir brauchen sie nicht mehr. Gott und das Vaterland stellen keine Forderungen mehr an sie.

Die einzigartige Macht, wenn sie in Wahrheit für das Kind erworben ist, umfaßt alles.

Um was bitten wir dich, Weib? Um nichts anderes, als daß du für den, den du liebst, deine eigene Natur in ihrer ganzen Wahrhaftigkeit verwirklichst – das ist: deine Opferwilligkeit.

Es ist einfach, und es enthält vieles.

Darin ist zunächst begriffen, daß du die vergänglichen Liebschaften vergißt und sie deiner großen, deiner dauernden Liebe opferst.

Die kleine künstliche Welt, die kleinen Künste der Schönheit mögen ein Opfer werden der alles beherrschenden Schönheit der Natur, die in dir ist, wenn du sie suchst, und aus der du die geliebte Seele erschaffen und wachsen lassen sollst.

Zum Opfer fallen sollen schließlich (und das ist der Prüfstein, aber auch der Ruhm und der Erfolg) die schlaffen Zärtlichkeiten, die nur den Egoismus verdecken. – Die Opferwilligkeit soll herrschen, die da sagt: »Nicht für mich, sondern für alle! Möge er mich lieben; aber vor allem: möge er groß sein!«

Da steckt, ich weiß, die Unendlichkeit des Opfers. Und das ist auch das Ende der weihenden Tat, das muß der Sohn von seiner Mutter in sich aufnehmen, damit muß er ihrer würdig sein: *Lieben, aber nicht für sich, die Welt höher gelten lassen als sich.*

Was bleibt ihm zu wünschen, wenn er diese göttliche Kraft der Liebe, der Aneignung erlangt? Diese Weite des Herzens, welche die Kraft nicht mindert, sondern im Gegenteil zur völligen Hingabe tüchtig macht? Er ist groß von diesem Tage an und könnte nicht größer werden. – Denn dann ist in ihm die Welt.

Nervi bei Genua, 29. März 1854

1 Rousseaus »Emile« erschien 1761 und enthielt das Bekenntnis
des Autors zu einem reinen, unverfälschten natürlichen Leben, fern von den Schäden und Verbildungen der Kultur. Die
Liebe zur Natur, die Abgeschlossenheit vor allen Einflüssen,
die der Einfachheit des natürlichen Menschen fremd sind und
ihn verderben, weil sie ihm fremd sind, verbürgen allein ein
glückliches Leben. – Die interessante Geschichte des »Emile«,
die Verfolgungen und die Verbannung, die er seinem Autor
eintrug, erzählt Rousseau selbst im elften Buch seiner »Bekenntnisse«.

2 Jean Calas, ein hugenottischer Kaufmann aus Toulouse,
stand im Verdacht, seinen ältesten Sohn erdrosselt zu haben,
weil dieser zum Katholizismus übertreten wollte. Trotz seiner
Unschuldsbeteuerungen wurde Calas gefoltert und hingerichtet (1762). Die Sache erregte ungeheures Aufsehen in der
ganzen zivilisierten Welt. Voltaire setzte – nach einem Worte
d'Alemberts – »Frankreich und ganz Europa in Bewegung«,
um die Kassation des Urteils herbeizuführen. Damals ent-
stand sein berühmter »Traktat über die Toleranz aus Veranlassung des Todes von Jean Calas«. Seine Bemühungen hatten
drei Jahre später Erfolg. Der Hingerichtete wurde für un-
schuldig erklärt, und der König bewilligte den Hinterbliebe-
nen 36 000 Livres Schadenersatz. – Ähnlich liegt der Fall
Sirven, der sich fast gleichzeitig und ebenfalls im Gerichtsbe-
zirk Toulouse abspielte. Hier sollte der hugenottische Vater
mit Hilfe der Seinigen seine zum Katholizismus neigende
Tochter im Brunnen ersäuft haben. Als die Familie erfuhr,
daß ihre Verhaftung bevorstand, floh sie in die Schweiz und
bat Voltaire um seine Hilfe. Inzwischen sprach das Toulouser
Gericht das Todesurteil über die Eltern, die Verbannung über
die Geschwister und die Konfiskation des Vermögens aus.

Voltaire war jahrelang in dieser Sache tätig, bis schließlich der Prozeß revidiert und das ungerechte Urteil für nichtig erklärt wurde. – De la Barre, ein noch junger Mensch, wurde 1766 in Abbeville in der Picardie wegen Verhöhnung der Religion gefoltert und hingerichtet. Voltaire konnte erst eingreifen, als es zu spät war. Auch gelang es ihm nicht, eine nachträgliche Ehrenerklärung des Gerichteten durchzusetzen.

3 »Figaros Hochzeit« von Beaumarchais erschien 1779 und wurde fünf Jahre später, als der Widerstand des Königs endlich überwunden war, im Odéon in Paris mit ungeheurem Erfolge aufgeführt. Das Stück: wie der listige Figaro die Versuche des Grafen Almaviva, seine reizende Suzanne zu verführen, zu vereiteln weiß, ist eine verwegene Satire gegen die höfischen Sitten und gegen die Rechtspflege der Zeit. – Der »Figaro« ist die Fortsetzung des »Barbier von Sevilla«. Beide Stücke hat Mozart zu seinen gleichnamigen Opern verwendet. – Eine zweite Fortsetzung des »Barbier von Sevilla«: »La Mère coupable« blieb fast unbeachtet.

4 Das flandrische Regiment und das Dragonerregiment waren erst kurz vorher zur Verstärkung der Gardes du corps nach Versailles gezogen worden. Der König plante, unter dem Schutz dieser Regimenter nach Metz abzureisen.

5 Die Vetofrage beschäftigte die Versammlung seit Monaten, und das Volk folgte den Verhandlungen mit glühendem Interesse. Schon am 30. August wollte der Marquis de Saint-Huruge, einer der Volksredner des Palais-Royal, mit 1500 Mann auf Versailles ziehen, um die Ausstoßung der »dummen, bestochenen und verdächtigen« Abgeordneten zu fordern, die das aufschiebende Veto des Königs vertraten. Das Palais-Royal schickte Deputationen ins Rathaus, damit die Stadtverwaltung dafür sorgen solle, daß das königliche Veto nicht zur Annahme käme. Wiederholt wurden Abgeordnete der Nationalversammlung aus dem gleichen Grunde von der Menge bedroht. In Versailles bat das Volk Mirabeau unter Tränen, das absolute Veto aufzugeben, und argumentierte ganz richtig, daß die Nationalversammlung überflüssig sei, wenn der König dieses Recht hätte.

6 Am 1. Oktober gaben die Gardes du corps den Offizieren des flandrischen Regimentes, der Dragoner und der Schweizer ein großes Fest. Das Königspaar und der Hof waren zugegen. Marie Antoinette und ihre Damen verteilten eigenhändig weiße Kokarden – die Farben der Bourbonen – unter die Offiziere, die sich in Manifestationen gegen die Nationalversammlung ergingen und die Nationalkokarde zu Boden warfen und mit Füßen traten. Schließlich kam es zu Ausschreitungen aller Art. Am 3. Oktober fand ein zweites Fest statt und verlief ähnlich.

7 Schon im Jahre 1788 brachen große Aufstände in der Dauphiné aus, besonders in der Hauptstadt Grenoble. Als hier die königliche Verordnung über die Aufhebung der Gerichtshöfe, der sogenannten Parlamente, verlesen wurde, erhob sich das Volk und plünderte den Palast des Gouverneurs. Damit die Bewegung einen offiziellen Charakter bekommen sollte, zwang sie die Parlamentsmitglieder, an den Vorgängen tätig teilzunehmen. Große Bauernhaufen zogen in die Stadt, um sich ebenfalls zu beteiligen. Die rasch organisierte Bürgerwehr und die Garnison war machtlos. Erst als Kanonen gegen die Aufständischen gerichtet wurden, ließen diese das Parlament frei. Große Truppenmengen mußten zusammengezogen werden, um die Erhebung zu dämpfen. Es kam aber noch Wochen hindurch in Stadt und Land täglich zu größeren und kleineren blutigen Zusammenstößen. Die Vorgänge in der Dauphiné sind besonders bemerkenswert, weil die Frauen eine sehr tätige Rolle darin spielen.

8 Feuillants. – Der Name eines Klubs gemäßigter Konstitutioneller, die sich im Kloster der Feuillantinermönche versammelten. Lafayette war ihr Führer. Der Klub wurde später völlig royalistisch.

9 *Compte rendu.* – Der Rechenschaftsbericht über den Zustand der Finanzen, 1781. (s. Einleitung.)

10 Nach dem Sturm auf die Bastille mußte sich der König zu dem demütigenden Entschluß bequemen, den kurz vorher entlassenen Necker wieder ins Ministerium zu berufen. Als Necker, der nach seiner Entlassung abgereist war, in Paris

eintraf, wurde er dort als Opfer seines Liberalismus hoch bewillkommt.

11 Montesquieu entwickelt seine Verfassungstheorien besonders in »De l'Esprit des Lois«. Er umgrenzt deutlich den Unterschied zwischen Monarchie und Despotie. Seine ideale Verfassung ist ein Kompromiß zwischen Monarchie und Demokratie und trägt wesentliche Züge der englischen. Hier finden sich auch bereits die Grundlinien des allgemeinen Wahlrechts. – So machte er die Franzosen mit dem Ideal einer konstitutionellen Monarchie vertraut.

12 Nach ihrem Roman »Corinne ou l'Italie«.

13 König von Rom. – Der Sohn Napoleons I. aus seiner Ehe mit Marie Louise von Österreich.

14 Turgot war von 1774-1776 Finanzminister. Er stand in hohem Ansehen wegen seiner volkswirtschaftlichen Schriften, die er als Intendant in Limoges verfaßt hatte. Sein Standpunkt war der physiokratische, der des *laissez faire*. Das französische Bürgertum erwartete viel von seinem Ministerium. Tatsächlich arbeitete er ein Reformprogramm aus, das zunächst eine Art Selbstverwaltung der Provinzen und für später eine Repräsentativregierung des ganzen Reiches vorsah. Danach wären die besitzenden Klassen zur Bildung eines Parlamentes bestimmt gewesen. Seit Turgots Zeiten wurden die Fragen der Verfassung und der Volksvertretung im ganzen gebildeten Frankreich aktuell. – Die praktischen Erfolge von Turgots Ministerium waren gering. Ein kleiner Ansatz zur Befreiung des Handels und der Gewerbe wurde gemacht. Als er versuchte, den Grundsatz größerer Sparsamkeit bei Hofe einzuführen, kam er über die Intrigen derer, die es anging, zu Fall.

15 Anacharsis Cloots war ein preußischer Baron, aber trotzdem ein begeisterter Anhänger der Revolution. Seine besondere Idee war die »Republik der Menschheit«. – Er wirkte später für den Anschluß Belgiens an das revolutionäre Frankreich. Auch war er einer der eifrigsten Förderer der antichristlichen Propaganda. Auf sein Betreiben vor allem ist es zurückzuführen, daß der Bischof von Paris seine kirchlichen Funktionen

niederlegte (s. Einl.). Das wurde in der Folge sein Verderben. Robespierre, der ihn früher unterstützt hatte, trat nun aus religiösem Haß gegen ihn auf und bezichtigte ihn des Verrats, weil er für zwei »verdächtige« Bankiers eingetreten war. Cloots wurde daraufhin aus dem Jakobinerklub ausgeschlossen. Bald danach verhaftete man ihn, weil er sich nach einer Dame erkundigt hatte, die auf der Verdächtigenliste stand. Er wurde mit den Anhängern Héberts, mit deutschen Agenten und einigen Kommunisten zusammen vor das Revolutionstribunal gestellt (man nannte das Verfahren, gegen Leute, die wegen der verschiedensten Vergehungen angeklagt waren, zusammen zu verhandeln, ein »Amalgam«). Der Prozeß wurde nur pro forma betrieben und dauerte drei Tage. Am 24. März 1794 wurden sämtliche Angeklagte hingerichtet.

16 Camille Desmoulins gehörte zur Partei Dantons, die man damals schon die »Partei der Müden« nannte, und begann im Dezember 1793 in seinem »Vieux Cordelier« für größere Milde in der Verfolgung der Gegner der Revolution einzutreten. Dies geschah zwar zunächst im Einverständnis mit Robespierre, wurde aber gleichwohl die Ursache zu Desmoulins, Dantons und seiner ganzen Partei Untergang. Aus dem Vorschlage für ein »Komitee der Milde« wurde unter dem Drängen und Hetzen der Royalisten und Girondisten, die sich hinter Danton bargen, in den folgenden Nummern des »Vieux Cordelier« ein scharfer Angriff gegen die revolutionäre Regierung überhaupt. Danton, Desmoulins und andere wurden verhaftet und nach kurzem Prozeß – es war wiederum ein »Amalgam« – im April 1794 guillotiniert. (Vgl. auch das fünfundzwanzigste Kapitel des Buches.) –

Cordeliers nannte man ursprünglich die Franziskanermönche. Der Klub der Cordeliers wurde 1790 von Danton gestiftet. Er hatte seinen Sitz im Franziskanerkloster in Paris und war der Sammelpunkt der radikal-revolutionären Elemente im Bürgertum, während die Jakobiner gemäßigter waren. Die Cordeliers sympathisierten mit der Volksrevolution. Sie errangen unter Dantons Führung bald einen großen Einfluß auf den Gang der Dinge, traten in enge Beziehungen zu den Jakobinern und wußten diese, die oft zauderten, bei wichtigen Anlässen zum Handeln zu drängen.

17 Chalier aus Lyon, ein Freund Marats, war zuerst Priester, dann mystischer Kommunist. Er war der Abgott der Armen in Lyon und der Hauptbetreiber der blutigen Unruhen gegen die Girondisten. Lyon geriet eine Zeitlang völlig unter seinen Einfluß. Als die Gironde sich wieder erholt hatte, wurde er im Jahre 1793 hingerichtet. – Leclerc war Chaliers eifrigster Anhänger, ging nach seinem Tode nach Paris, setzte dort die kommunistische Propaganda fort, wurde schließlich in den Prozeß der Hébertisten verwickelt und mit diesen hingerichtet. – Jacques Roux, der Führer der Kommunisten in Paris, ist einer der interessantesten Männer der Volksrevolution. Auch er war Priester gewesen, schloß sich aber sofort der Revolution an, lebte mit 200 Franken Rente und einem Hunde in einem düsteren Hause im Zentrum der Stadt und predigte in den Arbeiterquartieren den Kommunismus. Bald spielte er eine große Rolle im Klub der Cordeliers, bis Robespierre es für richtig hielt, ihn zu vernichten. Roux hielt nämlich im Konvent eine feurige Rede gegen die Agioteure und Lebensmittelspekulanten und griff die Verfassung an. Robespierre setzte daraufhin seinen Ausschluß bei den Cordeliers durch, womit Roux sich als reif für die Guillotine betrachten durfte. Seine Beliebtheit beim Volke hielt ihn zwar zunächst noch. Weder die Beschuldigung, der Urheber der Krawalle gegen die Seifenhändler gewesen zu sein (Ende Juni 1793), noch die Verdächtigung, er habe eine für die Cordeliers bestimmte Assignatennote unterschlagen – das war übrigens völlig aus der Luft gegriffen! –, untergrub sein Ansehen. Im Gegenteil: seine treuesten Anhänger – die Sektion der Gravilliers – machten ihn zum Präsidenten. Nun klagte ihn die Kommune des Attentates auf die Souveränität des Volkes an. Das wirkte. Das Kriminalpolizeigericht, dem Roux zuerst vorgeführt wurde, verwies wegen der Schwere der Klage die Sache vor das Revolutionstribunal. Roux wartete das Urteil, das nur auf Tod lauten konnte, nicht ab, sondern brachte sich

während der Verhandlung drei Stiche bei. Man schaffte ihn ins Lazarett, unterwegs erstach er sich zum vierten Male, diesmal tödlich. Mit seinem Tode ging die kommunistische Bewegung innerhalb der Revolution zu Ende.

18 Wild und blutig war der Krieg der Vendée. Vierzigtausend Vendéer griffen im Juni 1793 Nantes an, wurden aber von einer republikanischen Armee geschlagen. Als nun die Republik einen Vernichtungskrieg gegen die Vendée beschloß, verließen die Bewohner das Land. 20-30 000 Menschen zogen in die Bretagne, wurden jedoch auf die Loire zurückgedrängt und überschwemmten Nantes. Die Einwohner von Nantes steckten sie in die Gefängnisse, die bald überfüllt waren. Nun rückte die »königliche« Armee der Vendéer zum zweitenmal auf Nantes vor. Entsetzliche Grausamkeiten bezeichneten ihren Weg. In Montaigu z. B. wurde ein großer Brunnen mit lebenden republikanischen Soldaten vollgestopft, dann warf man schwere Steine darauf. Lebendige Menschen wurden bis zum Hals begraben, und man vergnügte sich damit, den Kopf alle möglichen Qualen ausstehen zu lassen. In Nantes wußte man also, was bevorstand, wenn es dieser Armee gelang, die Stadt zu nehmen. Die patriotischen Waffenfähigen waren gering an Zahl, dazu bildeten die tausende vendéeische Auswanderer in der Stadt eine große Gefahr. Deren mußte man sich entledigen. Und der gräßliche Ruf: »Alle ins Wasser!« scholl durch die Stadt. Man fing mit den Priestern an und ersäufte schließlich mehr als zweitausend Männer und Frauen. – Inzwischen beschloß der Wohlfahrtsausschuß erneut eine energische Aktion gegen die Vendée. Nantes wurde entsetzt. Man schlug sechzehn verschanzte Lager auf und ließ zwölf »höllische Kolonnen« auf das Land los, um es zu verheeren, die Hütten der Bauern niederzubrennen und die Einwohner zu ermorden.

19 Der Dauphin wurde 1793 dem Schuster Simon zur Erziehung übergeben. – Madame de Lamballe fand in den Septembertagen im Gefängnis La Force ihren Tod. Kommissare hatten versucht, sie und andere gefangene Damen der Königin zu retten. Man behauptet, Leute aus der Umgebung des Herzogs

von Orléans hätten ihren Mord veranlaßt, weil es ihnen gefährlich schien, daß diese Vertraute der Königin am Leben blieb.

20 Am 20. Februar 1790 wurden die Gelübde und die Klosterorden beiderlei Geschlechts aufgehoben; doch versäumte es die Versammlung, auch die Ordensgesellschaften aufzulösen, die sich dem öffentlichen Unterricht und der Krankenpflege widmeten. Diese wurden erst am 1. August 1792 nach dem Sturm auf die Tuilerien abgeschafft. – Die Schwestern des Ordens La Sagesse dienten den Priestern als Emissärinnen und waren eifrigst tätig, den Aufstand zu schüren.

21 Die Geschichte seiner leidenschaftlichen und unglücklichen Liebe zur Gräfin d'Houdetot schildert Rousseau selbst im neunten Buch seiner »Bekenntnisse«. Er lebte damals (1757) in der Eremitage bei Montmorency und die Gräfin auf einem Gut in der Nähe. Dieses Erlebnis und besonders dessen Folgen, die Intrigen derjenigen, die er für seine wahrsten Freunde gehalten hatte, machten einen gänzlich neuen Menschen aus Rousseau, als der er schon in den letzten Büchern der »Julie«, die um diese Zeit entstanden, erscheint.

22 Als in den ersten Monaten 1792 der Krieg gegen Österreich zur Beratung stand, berief der König ein girondistisches Ministerium, Roland bekam das Innere, und Madame Roland war der einflußreichste »Mann« im Ministerium. Unter der neuen Regierung begann der Krieg. Im Juni 1792 wurde dieses »Ministerium der Sansculotten« entlassen, da es der feuillantistischen Nationalversammlung nicht mehr genehm war. Der »Spaziergang in den Tuilerien« vom 20. Juni sollte den König zur Rückberufung der girondistischen Minister – vor allem Rolands – veranlassen. Doch mußte zuerst das Blut des 10. August geflossen sein, bevor die Portefeuilles wieder in die Hände der Gironde kamen. Diesmal wurde auch Danton Minister, er bekam die Justiz. Von Roland ging nun am 24. August nach dem Falle Longwys der großen Anstoß erregende Vorschlag aus, Regierung und Nationalversammlung müßten nach Blois oder in den Süden fliehen und Paris der Invasion überlassen. Der zweite Fehler Rolands war seine unentschiedene Haltung in den Septembertagen und seine

Feindseligkeit gegen die Kommune. Man vermutete sogar damals, Roland konspiriere mit den Royalisten, und nahm eine Haussuchung bei ihm vor, die übrigens resultatlos blieb. Es nutzte nicht viel, daß er öffentlich bekannt gab, infolge royalistischer Umtriebe sei der Lebensmittelverkehr unterbunden, und daß er dieser Bekanntmachung eine aufreizende Form gab: Roland und mit ihm die Gironde hatte den Kontakt mit dem Volke verloren, und der ließ sich auch in der Folge nicht wieder herstellen. – Nach der Hinrichtung des Königs trat Roland von seinem Ministerposten zurück.

23 Als die Versammlung von Versailles nach Paris übergesiedelt war, beschloß sie ein strenges Aufstandsgesetz. (Siehe Einl.) In Zukunft brauchte nur ein Beamter der Stadtverwaltung die rote Fahne zu entfalten, so war der Belagerungszustand proklamiert.

24 In dem girondistischen Ministerium, das Ludwig XVI. im März 1792 berief, bekam Dumouriez, der spätere Feldherr der Republik, das Äußere. – Brissot war der Führer der Gironde und als solcher damals einer der einflußreichsten Männer.

25 Nach dem Ausschluß der Girondisten aus dem Konvent am 2. Juni 1793 begaben sich viele Girondistenführer in die Bretagne und die Normandie, um das Volk zur Erhebung gegen die radikalen Parteien des Konvents zu bringen. Marat war besonders verhaßt. Ihm gab man die Schuld, daß die Revolution so außerordentlich blutig geworden war. Die Girondisten hatten jedoch in den Provinzen wenig Erfolg. Einige hundert Menschen kamen zusammen, erlitten im Gefecht bei Vernon eine Niederlage, und damit war die ganze Bewegung »gegen die Anarchie« gescheitert.

26 Marat gehörte zu den wenigen, die vom Beginn der Revolution an eine energische und konsequente Änderung des alten Zustandes verlangten, die Kompromissen mit den früheren Mächten durchaus abgeneigt waren. Er war es, der in seinem »Ami du peuple« den berühmt gewordenen Satz schrieb, man würde nichts ausrichten, wenn man nicht zuvor ein paar tausend Aristokratenköpfe abschlüge. Auch vertrat er eine Reihe radikaler Neuerungen auf sozialem Gebiete und sym-

pathisierte mit den Kommunisten. Die bürgerlichen Girondisten haßten den »Anarchisten« glühend, und Marat vergalt ihren Haß reichlich. Ihm waren die Girondisten das große Hemmnis für den Fortschritt der Revolution. Er bekämpfte sie daher aus allen Kräften und betrieb mit allen Mitteln ihren Untergang, als er befürchtete, sie würden überhaupt die Bewegung zum Scheitern bringen. Als Dumouriez' Verrat bekannt wurde, kamen die Dinge ins Rollen. Kühn bezichtigte Marat die Girondisten im Konvent der Mittäterschaft und wäre beinahe in offener Sitzung totgeschlagen worden, wenn ihn nicht seine Kaltblütigkeit gerettet hätte. Die gleiche Bezichtigung enthielt eine Adresse der Jakobiner, die Marat als Vorsitzender unterzeichnete. Nun brachte die Gironde eine Anklage wegen Aufreizung gegen Marat ein. Der Konvent beschloß tatsächlich die Erhebung der Anklage. Da aber das Volk auf seiten Marats stand und eine drohende Haltung einnahm, so wurde Marat vor dem Revolutionstribunal freigesprochen und im Triumph auf den Schultern seiner Anhänger durch die Straßen in den Konvent getragen. Um die Gironde war es jetzt geschehen. Marat organisierte den Aufstand vom 31. Mai und 2. Juni und setzte in der Nacht vom 30. zum 31., trotzdem darauf die Todesstrafe stand, mit eigener Hand die Sturmglocke des Rathauses in Bewegung. Sie läutete zum Untergang der Gironde (s. Einl.). – Seit Beginn der Revolution war Wasser und Brot Marats Nahrung. Er ist niemals der Gefahr aus dem Wege gegangen, mußte sich oft versteckt halten und wiederholt nach England fliehen. Bei seiner Ermordung stellte man den Bestand seines Vermögens fest: eine Assignatennote zu 25 Franken.

27 Gemeint ist die Festung Condé an der Ostgrenze. Diese hatten die Österreicher als Garantie von Dumouriez verlangt, daß er Belgien ohne Kampf räume und auf Paris marschiere, um dort die konstitutionelle Monarchie wieder herzustellen (März 1793).

28 Fouquier-Tinville war der öffentliche Ankläger beim Revolutionstribunal. Er fungierte als Staatsanwalt bei allen Sensationsprozessen in der Konventszeit.

29 Die »Chronique de Paris« war ein girondistisches Blatt. Sie
hatte übrigens schon am 11. und 12. Juli Anspielungen auf
Marats Tod gebracht, wodurch der Bestand eines girondistischen Komplotts, das Charlotte Corday leugnete, nicht eben
unwahrscheinlich wurde.

30 Der Besitzer des Palais-Royal war der Herzog von Orléans,
Philipp Égalité. Seine Vergnügungen und seine Politik verschlangen ungeheures Geld. So vermietete er das Palais und
die Gärten an Kaufleute, Cafétiers und Unternehmer aller,
auch der zweifelhaftesten Art, und zog sehr hohe Zinsen daraus.

31 Madame Elisabeth, Ludwigs XVI. Schwester, aber im übrigen eine ziemlich belanglose Dame, wurde Ende April 1794,
nach Verkündigung des Gesetzes über den Schrecken, hingerichtet. Es war ein völlig überflüssiger Mord.

32 In den Tagen der Septembermorde war Danton Justizmini-
ster und neben Roland die führende Persönlichkeit in der
Regierung. Wie weit sein Anteil an den Metzeleien in den
Gefängnissen geht, darüber herrscht keine völlige Klarheit.
Es fanden damals viele geheime Beratungen zwischen ihm,
den wichtigsten Parteiführern und den Häuptern der Kommune statt, die den Aufstand inszenierte. Sicher ist, daß der
Justizminister nichts tat, um die Lynchprozesse in den Gefängnissen zu verhindern. Und sicher ist ferner, daß nach den
Septembermorden vom Justizministerium aus ein Aufruf an
die Departements erging, sie sollten dem Beispiel von Paris
folgen und sich auch der Royalisten entledigen. –

Einige Wochen später legte Danton den Posten als Justizminister nieder und widmete sich ganz der Diplomatie und
dem Kriege. Er deckte den Verrat Dumouriez' auf. Er verhin-
derte die Verschwörung im Norden, die den Engländern und
den Emigranten von Jersey den Weg nach Frankreich öffnen
sollte. Er erreichte es durch seine wuchtigen, zündenden Reden, daß das Volk von Paris und in den Provinzen immer neue
Opfer an Menschen und Gut für den Krieg brachte. – Über
sein Verhalten im Prozeß des Königs war man lange unklar.
Heute ist festgestellt, daß er am 15. Januar – er kam gerade

von Belgien zurück – vor dem zögernden und schwankenden Konvent eine entscheidende Rede für die Verurteilung Ludwigs hielt. – Später beherrschte er eine Zeitlang den Wohlfahrtsausschuß, bis der Einfluß Robespierres ihn verdrängte. – Als er selbst vor dem Revolutionstribunal stand, mußte man ihm das Wort abschneiden, weil seine wirkungsvolle Verteidigungsrede das Volk in Aufruhr zu bringen drohte. Der Prozeß wurde dann kurz abgebrochen.

33 Chaumette, der Prokurator der Kommune, gehörte der Partei seines Substituten, des »tollen« Hébert, an, die im Volke breiten Boden hatte. Sie stand dem Kommunismus der Jacques Roux usw. nahe, hielt es aber zunächst einmal für richtig, die öffentliche Gewalt in die Hände zu bekommen, bevor sie ihr soziales Programm in die Praxis umzusetzen begann. Der Wohlfahrtsausschuß entledigte sich ihrer und richtete die Führer im März 1794 hin. Die wahren Gründe für die Verhaftungen sind unbekannt. – Chaumette insbesondere, der erst im April hingerichtet wurde, war der Irreligiosität beschuldigt. Er hatte ausgedehnte Propaganda gemacht für den Kultus der Vernunft und den Katholizismus energisch befehdet. Er war es, der mit Cloots den Bischof von Paris zur Niederlegung seiner geistlichen Funktionen bestimmte. Die Anklage wegen Irreligiosität wurde erst möglich, als der Konvent Robespierres sehr katholikenfreundliches Dekret über die »Freiheit der Kulte« angenommen hatte. – Chaumette war sehr gutmütig, er lebte ärmlich und war der Liebling der Armen.

34 In dem Monat des Festes der Vernunft führte der Konvent auch den republikanischen Kalender ein, dessen Einteilung von Romme, und dessen Namen von Fabre d'Églantine herrührten: Vendémiaire, Brumaire und Frimaire (Weinmonat, Nebelmonat und Reifmonat) für den Herbst, vom 22. September bis 20. Dezember; Nivôse, Pluviôse und Ventôse (Schneemonat, Regenmonat und Windmonat) für den Winter, vom 21. Dezember bis 20. März; Germinal, Floréal und Prairial (Keimmonat, Blühmonat, Wiesenmonat) für das Frühjahr, vom 21. März bis 18. Juni; Messidor, Thermidor

und Fructidor (Erntemonat, Hitzmonat und Fruchtmonat) für den Sommer, vom 19. Juni bis 16. September. Es folgten fünf »Sansculottentage« vom 17. bis 21. September. Jeder Monat war in drei Dekaden eingeteilt, die Tage hießen Primidi, Duodi, Tridi usw., der zehnte Tag, Decadi, war Feiertag. Er eröffnete eine neue Ära mit dem Tage der Verkündigung der Republik in Frankreich, dem 22. September 1792.

35 Das Bild von Lucile Desmoulins ist heute im Musée Carnavalet in Paris.

36 Fabre d'Églantine gehörte der Partei Dantons an und betrieb besonders eifrig den Kampf gegen den Wohlfahrtsausschuß. Er versuchte sogar, den Konvent gegen den Ausschuß zur Empörung zu bringen. Der Ausschuß ließ ihn daher unter dem Vorwande, er habe zugunsten der Indischen Handelskompagnie, mit deren Angelegenheiten er betraut war, eine Fälschung begangen, verhaften. Man behauptete, eine große royalistische Verschwörung stecke hinter der Sache. (Woran so viel wahr ist, daß der berühmte Baron von Batz, ein royalistischer Agent, welcher der Revolution sehr viel zu schaffen machte, in die Sache verstrickt war.) So wurde Fabre als Fälscher hingerichtet, obwohl der Wohlfahrtsausschuß in Wirklichkeit nur einen gefährlichen Gegner los werden wollte. Der äußerst verwickelte Prozeß Fabre ist einer der interessantesten von den vielen Sensationsprozessen der Revolution.

37 Manuel war Vorgänger Chaumettes als Prokurator der Kommune. Pétion war Bürgermeister von Paris. Beide wurden in den Sturz der Gironde verwickelt.

38 Der Herzog von Orléans war Großmeister der Freimaurerloge, der alle bekannten Männer der Revolution angehört haben. Auf diesem neutralen Boden fanden sich Männer von so verschiedener Partei- und Geistesrichtung wie Robespierre und Danton. Wichtige Akte der Revolution, wichtige Beschlüsse der Nationalversammlung – so wahrscheinlich die Nacht vom 4. August 1789 – wurden in den Logen vorbereitet. – Die Jansenisten, Anhänger des holländischen Bischofs Jansenius, dessen Lehre sich auf die Fundamentalsätze der

Prädestination und der Gnade stützen. Jansenius verlangte strenge Frömmigkeit und Tugend. Er fand in Frankreich eine zahlreiche Gefolgschaft, die bald kirchenpolitisch sich zu betätigen begann.

39 *Le petit Capet* ist der Dauphin, Ludwigs XVI. Sohn, der beim Schuster Simon untergebracht war. Er galt bei den Emigranten als Ludwig XVII. – Die Republik verbürgerlichte die Bourbonen und gab ihnen den Namen Capet, nach dem Gründer der Dynastie. Ludwig XVI. wurde so der »Bürger Capet«.

40 Am 25. Mai 1794 erschien ein junges Mädchen, Cécile Renault, im Hofe des Hauses Duplay und verlangte Robespierre zu sprechen. Da sie sehr verwirrt schien, schöpfte man Verdacht, untersuchte sie und fand zwei kleine Messer in ihren Taschen. Man folgerte daraus die Absicht eines Attentates auf Robespierre, und der Sicherheitsausschuß ließ den Vater des Mädchens, einen royalistischen Papierhändler, sowie ihren Bruder und mehrere Beamte verhaften. Man verknüpfte die Sache mit dem Fall Ladmiral, der von der Treppe des Konvents aus auf Collot d'Herbois geschossen hatte, und mit der Sache Saint-Amaranthe, machte eine royalistische Verschwörung daraus und richtete alle »beteiligten« Personen, im ganzen vierundfünfzig, hin.

41 Unter den vierundfünfzig Opfern der Guillotine war auch der junge Sartine selbst. – Die Schauspielerin Grandmaison wurde weniger ihrer Beziehungen zu Sartine, als ihrer Freundschaft mit dem Baron von Batz wegen hingerichtet. Der berühmte Agent hatte sich ihrer bei einer ganzen Reihe seiner royalistischen Geschäfte bedient. – Unter den Verurteilten war auch eine arme Schneiderin von siebzehn Jahren, namens Nicolle. Sie hatte niemandem etwas zuleide getan und war nur wie durch Zufall in die Angelegenheit verwickelt worden. Kein Mensch wußte, warum sie guillotiniert wurde, sie selbst am wenigsten.

42 »Père Duchesne« war der Titel eines radikal-republikanischen sehr populären Blattes, das von dem »tollen« Hébert herausgegeben wurde.

43 Im Jahre 1793 geriet Lyon unter die Gewalt der Royalisten.
    Um die Stadt der Republik zurückzugewinnen, blieb dem
    Konvent nichts anderes übrig als sie zu belagern. Das ge-
    schah, und im Oktober wurde Lyon von einer revolutionären
    Armee genommen. An den Royalisten nahm man furchtbare
    Rache. Man wollte die Stadt völlig zerstören, begnügte sich
    aber schließlich mit zahllosen Hinrichtungen und Massener-
    schießungen unter den revolutionsfeindlichen Einwohnern.
    Wie in den Pariser Septembertagen und wie in Nantes nahm
    man außerdem eine »Massenentleerung der Gefängnisse« vor.
    Der radikale Bergparteiler Collot d'Herbois war mit der Exe-
    kution beauftragt, deren moralische Wirkung in Frankreich
    der revolutionären Regierung großen Abbruch tat.

44 Bis zum 9. Thermidor hatte die revolutionäre Regierung etwa
    6 ½ Milliarden Assignaten ausgegeben. Nach Robespierres
    Sturz nahmen die Ausgaben der nun wieder girondistischen
    Regierung ein bei weitem schnelleres Tempo an, in fünfzehn
    Monaten betrug die Summe der Assignatenemissionen dreißig
    Milliarden!! – Dazu kamen noch ungeheure Summen an fal-
    schen Assignaten. In England errichtete der Graf Artois eine
    Fabrik von Assignaten, die denen der Republik völlig ähnlich
    waren. Das Unternehmen beschäftigte bald siebzig Arbeiter
    und konnte zuerst eine Million, später zwei Millionen Franken
    pro Tag an falschen Scheinen nach Frankreich schicken. Auch
    die englische Regierung – das Pittsche Ministerium – gab
    falsche Assignaten aus, und es gab eine sehr erregte Debatte
    im Unterhaus, als der berühmte Dichter Sheridan diese Ma-
    nipulationen aufdeckte. – Diese Fälschungen, besonders aber
    die Aufhebung des Maximalpreises für Lebensmittel unter
    der Reaktion im Dezember 1794 führte eine kolossale Ent-
    wertung der Assignaten herbei. – Auch die ungemessene Spe-
    kulation in Papiergeld tat das ihrige, um die Krisis zu ver-
    schlimmern. Schon in »normalen« Zeiten betrug der Wechsel-
    kurs bis zu 200 Francs Assignaten für ein Pfund Sterling.
    Nach dem Dezember 1794 bezahlte man für 100 Francs Assi-
    gnaten in französischem Geld nur noch 19 Francs bar, nach
    einem halben Jahr 2 Francs, nach einem weiteren Vierteljahr

15 Sous (60 Pf)!! Eine Wagenfahrt kostete damals bis zu 6000 Francs in Assignaten!

45 Der große Chemiker Lavoisier, der ein guter Republikaner war, wurde zusammen mit Malesherbes, dem Verteidiger Ludwigs XVI. vor dem Konvent, mit Madame Elisabeth und einigen anderen Ende April 1794 hingerichtet.

46 De Sade ist der bekannte Verfasser unzüchtiger Schriften, wie der »Justine«. Die Bezeichnung »Sadismus« für eine bestimmte Art geschlechtlicher Perversität geht auf ihn zurück. Er wurde seiner Lebensführung und seiner Publikationen wegen gefangen gehalten.

47 *Bande noir.* In den wenigen Jahren von 1790-1794 waren für ungefähr fünfzehn Milliarden ziffernmäßigen Wertes an Nationalgütern zum Verkauf gestellt und zu äußerst billigen Bedingungen angeboten worden. Die natürliche Folge war eine grenzenlose Kaufgier. Es bildeten sich überall »schwarze Banden«, die untereinander in Verbindung standen und mit allen Mitteln, durch Bearbeitung der Ortsbehörden, durch Nachweis gefälschter Erbansprüche usw., das Kaufgeschäft betrieben. – Alle Energie des Konvents und seiner in die Provinzen entsandten Delegierten nutzte nichts gegen diese Riesenbetrügereien.

48 Proses sind gereimte Kirchengesänge der Katholiken.

JULES MICHELET

Michelet gehört zu den wenigen Großen, deren Genie nicht auf eine Formel zu bringen ist. Er hat den Ruhm, trotz Taine der größte Historiker Frankreichs zu sein. Bei der außerordentlichen Entwicklung des historischen Geistes in Frankreich würde dieser Titel allein ihm einen Platz unter den Ersten des neunzehnten Jahrhunderts sichern. Gewiß: die neunzehn Bände seiner »Geschichte Frankreichs«, die zehn Bände seiner »Geschichte der Revolution« sind in Einzelheiten hier und da überholt; die exakte Forschung hat kleine Irrtümer berichtigt, hat Ungenauigkeiten und unvollständige Angaben, die nicht auf Michelets Rechnung, sondern auf die seines unzulänglichen Materials zu setzen sind, mit Quellen und Dokumenten, mit Akten und Papieren gestützt und erweitert, nachgewiesen und verbreitert, verlängert und im Grunde genommen langweilig gemacht. Keiner aber der Späteren hat vermocht, Michelet zu ersetzen, ihn besser zu machen. Er hatte das Gefühl für die großen Zusammenhänge, die Weite des Blickes, die ihm gestattete, lange Zeitläufte zu übersehen, die Gegenwart nicht von der Vergangenheit erdrücken, das Entfernte nicht vom Nahen verdunkeln zu lassen. Und er besaß jene Kenntnis des Herzens, jene intuitive Gewißheit von der psychologischen Folgerichtigkeit menschlichen Geschehens, menschlichen Handelns – die bei weitem nicht immer die logische Folgerichtigkeit zu sein braucht –, die ihn auch da in den allermeisten Fällen richtig entscheiden ließ, wo seine Quellen nicht ausreichten.

Aber Michelet ist mehr als ein genialer Gelehrter. Er ist Künstler, Künstler durch und durch. Er besitzt die große, seltene Gabe, jeden Stoff, den er anpackt, lebendig zu machen. Aus verstaubten Akten, aus verblichenen Papieren formt sich ihm menschliches Erleben, menschliche Leidenschaft. Verschollene Zeiten, vergessene Begebenheiten, mit denen höchstens noch die meist unfruchtbare Neugier gelehrter Sonderlinge oder fleißiger Spezialisten vertraut war, werden, mit seinem Auge angesehen, von seinem feinen Geiste gegliedert und gestaltet, neu, jung, gegenwärtig, bedeutungsvoll. Dieses warme Leben erfüllt jede Seite seiner »Geschichte Frankreichs«. Darum wird dieses vielbändige Werk in Frankreich immer wieder gelesen, darum ist die Kenntnis Michelets ein wesentliches Erfordernis französischer Bildung.

Zeitlich nahe und menschlich am nächsten steht ihrem Autor die Geschichte der französischen Revolution. Als er die Arbeit begann, lagen diese heroischen Jahre vor ihm wie ein wüstes Chaos von zahllosen Tatsachen, Bewegungen, Richtungen, Interessen, Leidenschaften, Kämpfen, Verbrechen, Opfern. Er hat das Chaos gemeistert wie keiner von den wenigen vor ihm, von den vielen neben ihm und nach ihm. Erst von seiner Darstellung aus konnte man die Bedeutung jener Vorgänge ermessen, und zwischen den beiden Polen: Goethe, dessen geniale Erkenntnis aus dem Donner der Geschütze vor Valmy die Stimme einer neuen Freiheit der Völker vernahm und sie in tiefer Ergriffenheit begrüßte, und Michelet, der die französische Revolution als das größte Erlebnis des neuzeitlichen Europa ein für alle Male festlegte, lebte keiner, der an das Riesenausmaß jener Tage den entsprechenden Maßstab gelegt hätte.

Alle Mittel der Darstellung, alle Gewalten des Wortes stehen Michelet zu Gebote. Er wirkt suggestiv. Ein so feiner, heller Geist wie Pierre Loti hat es auf seinem eigensten Gebiete erfahren. Loti erzählt, wie er das Buch »La Mer« seines großen Landsmannes las. Er wußte, daß Michelet das Meer nur vom Ufer, höchstens von Küstenfahrten her kannte, daß er niemals größere Seereisen gemacht hatte. Gleichwohl: nach der Lektüre sah er das Meer mit Michelets Augen, seine eigene Auffassung vom Meer gestaltete sich um, wurde abhängig von der des anderen. Und Loti war seit Jahrzehnten mit allen Meeren der Erde vertraut, hatte unzählige Seereisen gemacht, hatte das Meer als Seemann und als Künstler betrachtet, erforscht und dargestellt.

Unerhört vielseitig war Michelet. Über Meer und Gebirge, über Vögel und Insekten hat er Bücher geschrieben *(»La Mer«, »La Montagne«, L'Oiseau«, »L'Insecte«)*. Glänzend sind seine Aufsätze über Luther, über Vico, über die großen Geister Frankreichs (in *»Histoire et Philosophie«*). Die Kulturgeschichte der Hexen *(»La Sorcière«)* und der Studenten *(»L'Étudiant«)* war ihm ebenso vertraut wie die Geschichte des Rechtes und dessen Ursprünge *(»Les Origines du Droit«, »Bible de l'Humanité«)*. Innig versenkte er sich in die Seele des Volkes *(»Le Peuple«)*, in das Leben und Wesen der Primitiven, der Einfachen. Und sicher und scharf erfaßte er das Problem der Kompliziertesten: der Jesuiten *(»Les Jésuites«, »Le Prêtre et la Femme«)*.

So verschieden diese Themata sind: der Reichtum seines Geistes bewältigte sie mühelos. Bei keinem seiner Bücher hat man Langeweile, keines macht den Eindruck, als sei es erzwungen, nur um des Schreibens willen geschrieben. Im Gegenteil: es ist, als ob der Autor sich zusammennehmen, sich der Fülle seiner Gedanken erwehren müsse, um sein Buch nicht allzu stark zu befrachten.

293

Viel Ungesagtes steckt hinter allem, was er sagt, vieles sieht er für sich, ohne es dem Leser sichtbar zu machen. Er muß sich Zwang antun, muß vieles für sich behalten, kann vieles nur andeuten: der Rahmen eines Buches ist zu eng, um den Reichtum seiner großen Probleme, den Drang seines inneren Miterlebens hineinzupassen.

Michelet besitzt die große Liebe zum Leben, zu allem Lebendigen. Er liebt den Menschen, er liebt das Leben der Natur in ihren großen und kleinen Geschöpfen, in der Nervosität des Meeres, in der stummen Verhaltenheit des Gebirges. Diese Liebe ist der Kern seines Wesens, ist der Grundakkord, auf den sein Werk gestimmt ist. Diese Liebe umfaßt alle Gegensätze, sofern sie nur selbst wieder Ausdrucksformen des Lebens sind. Sie läßt ihn Charlotte Corday, »den Engel des Mordes«, bewundern und Marat, der Corday Opfer, »den Dämon des Patriotismus«, loben. Und sie schließt in sich den Abscheu vor allem Kranken und Toten, sie bedingt den Kampf gegen alles Faule, Angefressene, Vergiftete, der wie die Liebe seinem Werke immanent ist. Diese Liebe treibt ihn unter die Oberfläche der Dinge, sie heißt ihn, das Leben an seinen Quellen suchen. Nicht umsonst hat er Duports Satz: »Pflüget in die Tiefe!« so oft und so gern zu dem seinigen gemacht. – Diese Liebe läßt ihn nicht den sozialen Ausgleich, aber die soziale Gerechtigkeit fordern. Diese Liebe und diese Gerechtigkeit sind seine Religion, sein Glaube. Aus ihnen soll die neue Menschheit werden, und fern im Ablauf seiner eigenen müden Zeit sieht er das Morgenlicht des jungen Tages auf eine frohe, weil gerechte Welt scheinen.

Auferstehung! Erneuerung! Neues Leben! Die Erfüllung dieser Zukunft liegt im Weibe, in der Mutter. Darum ist ihm das Verhalten der Geschlechter zueinander das Zentralproblem unserer Zeit. Darum handeln seine tiefsten Bücher, seine schönsten Sätze von der

Frau, von der Liebe *(»La Femme«, »L'Amour«)*. Es ist hier nicht der Ort, mehr über diese Bücher zu sagen; sie liegen längst in deutschen Ausgaben vor, teilen aber mit den besten deutschen Büchern das Schicksal, wenig gekannt zu sein.

Schließlich noch ein Wort über »die Frauen der Revolution«. Auch dieses Buch ist weit mehr als reine Historie, als gelassene Darstellung. Es ist ein Buch der Pietät, einer unsentimentalen, männlichen Pietät, die vom Vergangenen her an das Gegenwärtige appelliert. So blutig und beklagenswert die Opfer jener katastrophalen Jahre sind: wir haben keinen Grund, sie ungeschehen zu wünschen. Denn sie gaben Gelegenheit, sie gaben besonders den Frauen Gelegenheit, zu zeigen, wessen der Mensch fähig ist, wenn das brutale Muß der Ereignisse oder die werbende Gewalt eines neuen, hohen Zieles ihn aller Rücksichten auf eigenes und fremdes Behagen enthebt und ihn in die Verkettung eines souveränen Schicksals zwingt. Alles höchste Menschliche erlebt in der Revolution seine elementaren Ausbrüche. Jedes größte Opfer wird gefordert und freiwillig gegeben. Auch und vor allem von den Frauen. Immer sind sie tatbereit und immer todesbereit. Niemals weichen sie den Entscheidungen aus, oft erzwingen sie diese. So werden sie vorbildlich für das Kommende. –

So wird Michelets Buch ein Appell an seine eigene Zeit, an die schlaffe Zeit des beginnenden zweiten Kaiserreiches. Zwar reichte sein Wort nicht aus, um den drohenden Verfall aufzuhalten. Und der totale Zusammenbruch von 1870 war nötig, um Frankreich aufzurütteln. Seither aber ist man energisch daran gegangen, einen neuen Boden für die äußere und innere Erstarkung der Nation zu bereiten. Wie groß Michelets Anteil an dieser Arbeit ist, das läßt sich in Zahlen und Maßen nur schwer feststellen, ergibt sich aber leicht aus jedem Gespräch mit gebildeten Franzosen.

Möge das Buch auch in Deutschland seinen guten Weg gehen! Es ist einer der wertvollsten Beiträge zur Kenntnis des modernen französischen Geistes. Und darüber hinaus sichert ihm sein allgemein-menschlicher Gehalt bleibende Bedeutung.

R. K.

VERZEICHNIS DER ABBILDUNGEN

Essays, betrachtende Prosa

– Maximen und Reflexionen
Text der Ausgabe von 1907 mit den Erläuterungen und der Einleitung
Max Heckers. Nachwort von Isabella Kuhn. it 200
– Reise-, Zerstreuungs- und Trostbüchlein
Herausgegeben von Christoph Michel. it 400
– Über die Deutschen
Erweiterte Ausgabe mit Illustrationen, einem Nachwort, Nachweisen
und Register. Herausgegeben von Hans J. Weitz. it 325
– Goethes Letzte Schweizer Reise
Dargestellt von B. Schnyder-Seidel. Mit zeitgenössischen Abbildungen. it 375

Werner Helwig. Capri. Magische Insel
Mit Fotos von Benedikt Blatter, Herbert List und Werner Helwig.
it 390

Hermann Hesse. Dank an Goethe
Betrachtungen, Rezensionen, Briefe. Mit einem Essay von Reso
Karalaschwili. it 129
– Schmetterlinge
Betrachtungen, Erzählungen, Gedichte. Zusammengestellt und mit
einem Nachwort versehen von Volker Michels. it 385

Erhart Kästner. Griechische Inseln
Mit einem Nachwort von Heinrich Gremmels. it 118
– Kreta
Aufzeichnungen aus dem Jahre 1943. Mit einem Nachwort von
Heinrich Gremmels. it 117
– Die Lerchenschule
Aufzeichnungen von der Insel Delos. it 57
– Ölberge, Weinberge
Ein Griechenland-Buch. Mit Zeichnungen von Helmuth Kaulbach
it 55
– Die Stundentrommel vom heiligen Berg Athos. it 56
it 117/118 in farbiger Kassette.
it 55/56/57 in farbiger Kassette.

London. Eine europäische Metropole in Texten und Bildern.
Herausgegeben von Norbert Kohl. it 322

Louis Sébastien Mercier. Mein Bild von Paris
Mit 43 Wiedergaben nach zeitgenössischen Kupferstichen. Mit einem
Nachwort von Jean Villain. it 374